U0800364

即学即用
菜鸟学纳税（图解案例版）

北京铨瑞会计师事务所　编著

中国铁道出版社有限公司
CHINA RAILWAY PUBLISHING HOUSE CO., LTD.

图书在版编目（CIP）数据

即学即用！菜鸟学纳税：图解案例版 / 北京铨瑞会计师事务所编著. —北京：中国铁道出版社有限公司，2019.10
ISBN 978-7-113-25858-0

Ⅰ.①即… Ⅱ.①北… Ⅲ.①企业管理—税收管理—中国—图解 Ⅳ.① F812.423-64

中国版本图书馆 CIP 数据核字（2019）第 115246 号

书　　名：即学即用！菜鸟学纳税（图解案例版）
作　　者：北京铨瑞会计师事务所

策划编辑：王淑艳
责任编辑：陈　胚　　**编辑部电话：**010–51873457　　**邮箱：**wangsy20008@126.com
封面设计：光大印艺
责任校对：王　杰
责任印制：赵星辰

出版发行：中国铁道出版社有限公司 (100054，北京市西城区右安门西街 8 号)
网　　址：http://www.tdpress.com
印　　刷：中煤（北京）印务有限公司
版　　次：2019 年 10 月第 1 版　2019 年 10 月第 1 次印刷
开　　本：787mm×1092mm　1/16　印张：17.25　字数：253 千
书　　号：ISBN 978-7-113-25858-0
定　　价：49. 80 元

版权所有　侵权必究

凡购买铁道版图书，如有印制质量问题，请与本社读者服务部联系调换。电话：（010）51873174

打击盗版举报电话：（010）51873659，传真（010）63549480

前　言
PREFACE

会计的历史悠久,《周礼》中把主管会计的官员称为“司会”,《周礼》称：司会掌邦国会计之法度，“以参到考成，以月要考成，以岁会考成”。凡一日之计，由每笔账目核算而成，表现为“零星算之”，故为“计”；凡一旬之会计记录，由十日账目总合而成，故称之为“会”。会计就是用数字和文字记录业务收支的方法。经过几千年的发展，现代会计更趋完善，也更严谨。

目前，会计门槛不算高，找工作相对比较容易，这吸引了大量的年轻人。以往人们认为会做账就能当会计，有这种想法的人应该是不了解会计工作，会计不仅仅要会做账，还要熟悉财务管理、税法的知识，这才能算是一名优秀的会计人员。本书要解决的是税务的问题。

本书精彩看点如下：

1. 编写依据

2018年政府提出“减税降费”的重大举措，深化增值税改革力度最大，推出一系列优惠政策，如扩大进项税抵扣范围，降低税率等；企业所得税也进一步扩大税前抵扣项目，另外个人所得税、印花税、车辆购置税、耕地占用税等也进行重新修订或立法。本书根据最新税法变化编写。

2. 基础解读

秉承基础实用的原则，本书对税务从头到尾进行图解：

（1）根据企业经营特点，从采购到销售业务涉税税种全方位解析。适合零基础学习税法的读者。

（2）根据税种要素编写，详细清晰，在法律允许范围内进行税务筹划，为企业合理合法节税。

（3）税法与案例结合编写，简单易懂，容易操作。

（4）提供纳税操作方法，化解税务风险，是财务人员的案头必备工具书。

3. 全真实训

为了更真实地接近会计工作，本书案例以实际业务为蓝本，基本是企业日常遇到的税务问题。

本套图书

本套图书包括《即学即用！菜鸟学会计（图解案例版）》《即学即用！菜鸟学出纳（图解案例版）》《即学即用！菜鸟学财报分析（图解案例版）》《即学即用！菜鸟学成本核算与成本分析（图解案例版）》《即学即用！菜鸟学纳税（图解案例版）》，皆为入门类图书，会计知识与实务操作并行讲解，达到实战演练的目的。

本书读者

本书适用于会计初学者、会计专业学生、开辟第二职业的好学者以及在职会计人员。本书用真实的例子为读者营造了一个真实的会计实战氛围，是职场小白的好帮手。

编　者

目 录
CONTENTS

第3章 企业采购阶段涉税会计处理

第 4 章 企业销售阶段涉税会计处理

第 5 章　期末结算利润涉及税金的核算

第6章 增值税的筹划

第 7 章 企业所得税的纳税筹划

第 8 章 消费税税务筹划

第 9 章 个人所得税纳税筹划

第 10 章 契税纳税筹划

第 1 章 税的家族

目前，我国企业应缴或代扣的税种约为 18 种。包括增值税、消费税、资源税、城镇土地使用税、城市维护建设税、土地增值税、耕地占用税、房产税、车船使用税、关税、印花税、契税、车辆购置税、环境保护税、企业所得税、个人所得税、烟叶税、教育费附加等。

1.1 税收概况

税收是满足社会公共需要的分配形式。税收具有强制性、无偿性和固定性三项基本特征。

1.1.1 我国历年税收收入情况

税收收入对世界各国政府来说，都是十分重要的。图 1-1 是 2010 年至 2018 年第一至第二季度我国税收收入的情况。

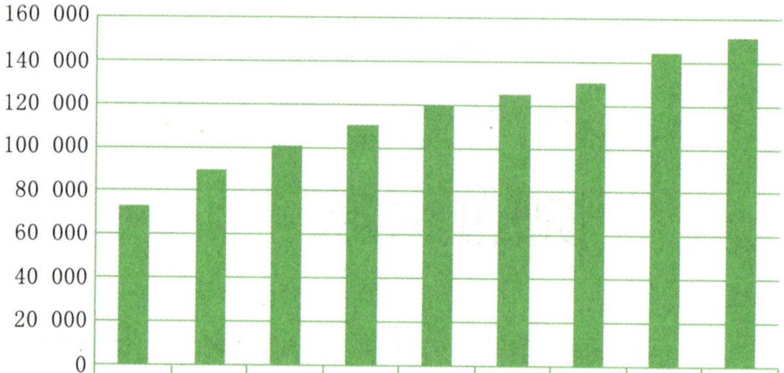

	2010 年	2011 年	2012 年	2013 年	2014 年	2015 年	2016 年	2017 年	2018 年
■ 税收收入合计（亿元）	73 202	89 720. 3	100 600	110 497	119 158	124 892	130 354	144 360	156 401

图 1-1　2010~2018 年上半年税收收入

从图 1-1 可以看出，我国税收收入基本是逐年递增的。一般来说，一个国家的经济发展水平决定税收规模（总量）和结构。图 1-2 为我国税收收入占 GDP 百分比。

从图 1-2 可以看来，2012 年至 2017 年我国税收收入是逐年递增的，但占国内生产总值（GDP）却是逐年下降的，这与我国近年颁布的一系列税收减免与优惠政策是息息相关的。2018 年略有上升。

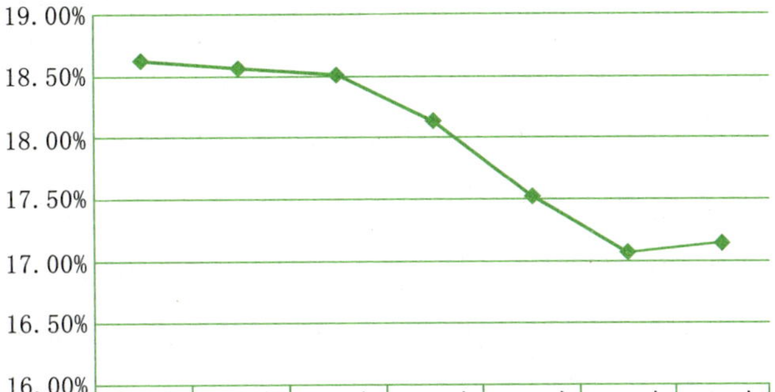

	2012 年	2013 年	2014 年	2015 年	2016 年	2017 年	2018 年
税收占 GDP 百分比（%）	18.62%	18.56%	18.50%	18.13%	17.52%	17.07%	17.37%

图 1-2　2012~2018 年我国税收收入占 GDP 百分比

1.1.2 税种分类

我国征收的税种，按其性质和作用分类，如图 1-3 所示。

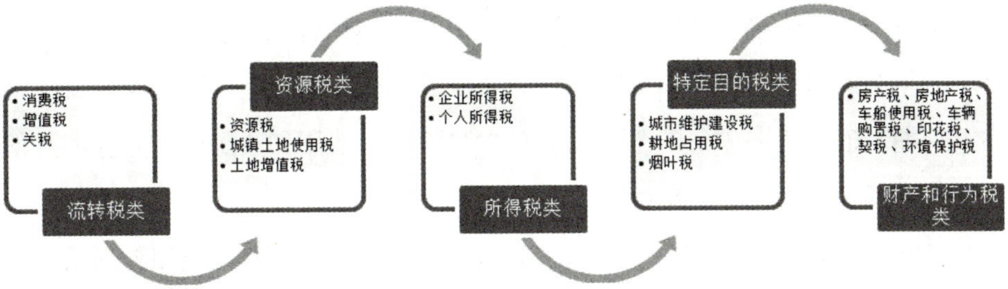

图 1-3

1. 对流转额的征税

对流转额的征税简称流转税，或商品和劳务税。它是对销售商品或提供劳务的流转额征收的一类税收。

流转税的征税范围十分广泛，采用比例税率或定额税率。计算简便，易于征收。流转税形式上由商品生产者或销售者缴纳，但其税款常附着于卖价，易转嫁给消费者负担，而消费者却不直接感到税负的压力。

我国当前开征的流转税主要有：增值税、消费税和关税。

2. 对资源的征税

对资源的征税是对开发、利用和占有国有自然资源的单位和个人征收的一类税。征收这类税有两个目的：一是为了取得资源消耗的补偿基金，保护国有资源的合理开发利用；二是为了调节资源级差收入，以利于企业在平等的基础上开展竞争。

我国对资源的征税主要有：城镇土地使用税、资源税、土地增值税。

3. 对所得额的征税

对所得额的征税简称所得税。税法规定应当征税的所得额，一般是指以下方面：一是指有合法来源的所得。包括生产经营所得（如利润等），提供劳务所得（如工资、薪金、劳务报酬等），投资所得（如股息、利息、特许权使用费收入等）和其他所得（如财产租赁所得、遗产继承所得等）。二是指纳税人的货币所得，或能以货币衡量或计算其价值的经济上的所得。不包括荣誉性、知识性的所得和体质上、心理上的所得。三是指纳税人的纯所得，即纳税人在一定时期的总收入扣除成本、费用以及纳税人个人的生活费用和赡养近亲的费用后的净所得。这样，使税负比较符合纳税人的负担能力。

所得税按照纳税人负担能力（即所得）的大小和有无来确定税收负担，实行“所得多的多征，所得少的少征，无所得的不征”的原则。通常对纳税人在一定时期（通常为一年）的合法收入总额减除成本费用和法定允许扣除的其他各项支出后的余额，即应纳税所得额征收的税。

我国当前开征的所得税主要有：企业所得税、外商投资企业和外国企业所得税、个人所得税。

4. 对财产的征税

对财产的征税是对纳税人所拥有或属其支配的财产数量或价值额征收的税。包括对财产的直接征收和对财产转移的征收。开征这类税收除为国家取得财政收入外，对提高财产的利用效果、限制财产的不必要的占有量有一定作用。

我国对财产的征税主要有：房产税（外资为城市房地产税）、契税、车辆购置税、车船使用税（外资为车船使用牌照税）。

5. 对行为的征税

对行为的征税也称行为税，这类税的设置比较灵活，其中有些税种具有临时税的性质。

我国对行为的征税主要有：印花税、城市维护建设税、耕地占用税。

1.1.3 征税机关

在 2018 年以前，征税主要由国税与地税负责征收。2018 年，“两会”期间中央出台了关于《深化党和国家机构改革方案》，其中涉及税务方面的方案为：省级及以下国地税机关合并，同时规定，社会保险费由税务部门统一征收。

国税、地税机构合并后，实行以国家税务总局为主与省（自治区、直辖市）政府双重领导管理体制。《深化党和国家机构改革方案》也提出了地方机构改革时间表，要求所有地方机构改革任务在 2019 年 3 月底前基本完成。合并后，纳税人只需到一个办税场所的一个窗口，就可以完成原国、地税对应的税种申报；如采用网上办税方式申报，纳税人使用原国税、地税电子税务局任意一方的用户名加密码或数字证书均可登录网上税务局。

国税、地税合并后怎么报税

（1）网络申报纳税

由于相当一部分企业单位都是通过网络申报纳税的，国家有一个电子税务局，专供纳税人办理税务事宜所用，方便快捷。进入纳税界面，打开纳税申报按钮，企业该月份应申报的税种，如增值税、消费税等，可以在菜单项目看到，点击申报就可以了；此外还有查询、作废、打印、导出等功能。

（2）实地纳税

现在一般都是比较特殊的事项才会去大厅实地纳税，比如逾期未申报、需要补申报的、企业变更事项等，一般都会去大厅申报。

1.1.4 申报期限

纳税申报期限是根据各个税种的特点确定的，各个税种的纳税期限因其征收对象、计税环节的不同而不尽相同，同一税种也可以因为纳税人的经营情况不同、财务会计核算不同、应纳税额大小不等，申报期限也不一样，可以分为按期申报纳税和按次申报纳税。按期申报纳税，是以纳税人发生纳税义务的一定期间为纳税申报期限；不能按期纳税申报的，实行按次申报纳税。纳税人、扣缴义务人如遇国家法定的公休假日，可以顺延。纳税申报期限的最后一天是法定休假日的，以休假日的次日为期限的最后一天。如果没有发生税金，也要按时进行零申报。

1
- 增值税纳税人、消费税纳税人以 1 个月或 1 个季度为 1 个纳税期的，自期满之日起 15 日内申报缴纳

2
- 企业所得税按年计算，分月或分季预缴。月份或季度终了后 10 日内申报并预缴税款，年度终了后 45 日内申报，4 个月内汇算清缴

3
- 外商投资企业和外国企业所得税按年计算，分季预缴。季度终了后 10 日内申报并预缴税款，年度终了后 4 个月内申报，5 个月内汇算清缴

4
- 个人所得税的申报期限：扣缴义务人每月所扣缴的税款，自行申报纳税的纳税人每月应纳的税款，都应当在次月 10 日内申报并缴纳

5
- 个体工商户的生产经营所得税，按年计算，分月预缴，月份终了后 15 日内申报并预缴税款，年度终了后 3 个月内汇算清缴

6
- 对企事业单位的承包经营、承租经营所得税，按年计算，在年度终了后 30 日内申报纳税。在一年内分次取得承包经营、承租经营所得的，在取得每次所得后的 7 日内申报并预缴税款，年度终了后 3 个月内汇算清缴

7
- 从中国境外取得所得的纳税人，在年度终了后 30 日内申报纳税

8
- 每月 15 日前，申报城建税、教育费附加、地方教育费附加

9
- 印花税，年底时申报一次（全年的）

10
- 房产税、土地使用税，每年 4 月 15 日前、10 月 15 日前申报。但是，各地税务要求不一样，按照单位主管税务局要求的期限进行申报

11
- 车船使用税，每年 4 月份申报缴纳。各地税务要求也不一样，按照单位主管税务局要求的期限进行申报

1.2 税务登记的办理

2016 年 10 月 1 日开始“五证合一”，证照号码将从 15 位升位到 18 位，纳税人可选择税务机关变更登记，月初申报完成后再变更税务登记号。

1.2.1 税务登记申报流程

“五证合一”后税务登记的办理分为两种情况：一是没有税控设备；二是有税控设备。

1. 没有税控设备

对于没有税控设备（白色的金税盘或黑色的税控盘）的企业，需要重新签订委托缴税协议（TIPS），重新刻制发票专用章，涉及企业名称变更的企业需要重新刻制企业公章。

2. 有税控设备

对于有税控设备的企业，需要重新签订委托缴税协议（TIPS），重新刻制发票专用章，涉及企业名称变更的企业需要重新刻制企业公章。在税务系统变更成新的 18 位税号（即营业执照上的统一社会信用代码）后，企业需办理税控设备内税号及相关信息的变更，届时将有短信或电话通知变更，亟需变更的企业可以联系办税大厅查询国税系统内的税号是否已变为新税号，变为新税号后才可办理税控设备变更。税控设备变更流程如下：

（1）将未开具的空白发票作废。

（2）联系税控设备服务公司做好资料备份。

（3）完成上月抄报税后携带营业执照原件、作废票和税控设备前往行政服务中心做好税控设备变更。

对于变更当月已开过票的企业，请确保当月开具的发票状态均为已报送，若有发票未报送，请点击办税厅抄报并将情况告知窗口办事人员。

“五证合一”变更期间，企业申报入口继续使用老税号登陆，登录不成功的使用新税号登陆，密码不变。一般纳税人取得的老税号专用发票在认证期限内依然可以认证，不受“五证合一”变更影响。

1.2.2 税务变更流程

在工商部门办理“五证合一、一照一码”变更手续后，按照征管法相关规定，需在新的工商执照办领后及时办理相关变更事项（最迟不得超过30日）（由于数据同步时间滞后因素可在变更3日后办理税务变更）。

（1）发票专用章重新刻制。由于新证登记的号码是企业的统一社会信用代码，与企业的老税号不同，所以需及时刻制新的发票专用章。

（2）发票领购簿重新发放。在领取新证后到办税服务厅领购发票时，及时申请换领新的发票领购簿。

（3）专用发票认证。企业取得的老税号专用发票，短期内（一般纳税人档案保留期限为1至3个月）仍可认证抵扣，但应以老税号登认证系统认证，新税号专用发票请以新税号登录认证系统认证，并请及时（30日内）通知客户更改开票信息。

（4）发票开具防伪税控系统重新发行步骤。尽早（不得超过30日）办理税控开票系统的重新发行手续，并请携带金税盘（税控盘）、空白发票、开票主机、发票领购簿。主要步骤如下：①发票退票或撤销；②时钟授权；③注销抄报税；④重新发行；⑤重新购票；⑥数据迁移及设备调试。

表 “五证合一、一照一码”营业执照换发申请表（样式）

注册号：

基本信息					
企业名称	德高科技有限公司				
住　所（经营场所）	广州白云区长青街12号				
法定代表人（执行事务合伙人、投资人、负责人）信息					
姓名	张浩然	身份证号码	112234196576832654		
固定电话	0755-87345325	移动电话	13079564354	电子邮箱	zhang@126.com
缴回相关证照情况	营业执照正本1个，副本2个；组织机构代码证正本1个，副本2个； 国税税务登记证正本1个，副本2个；地税税务登记证正本1个，副本2个； 社会保险登记证正本1个，副本2个；统计登记证正本1个，副本2个。				
未领取相关证照情况	申请人声明，本企业没有领取组织机构代码证□正本□副本；国税税务登记证□正本□副本；地税税务登记证□正本□副本；社会保险登记证□正本□副本；统计登记证□正本□副本。本企业承诺对上述声明的真实性负责并承担法律责任。				

续上表

<table>
<tr><td>遗失相关证照情况</td><td colspan="5">申请人声明，本企业领取的组织机构代码证□正本□副本；国税税务登记证□正本□副本；地税税务登记证□正本□副本；社会保险登记证□正本□副本；统计登记证□正本□副本遗失，并经报纸公告，本企业承诺对上述声明的真实性负责并承担法律责任。</td></tr>
<tr><td colspan="6">指定代表或者共同委托代理人信息</td></tr>
<tr><td>姓名</td><td>马欣玉</td><td>身份证号码</td><td>112234197008183794</td><td>联系电话</td><td>0755-82653442</td></tr>
<tr><td>委托时限</td><td colspan="5">年　　月　　日至　　年　　月　　日</td></tr>
<tr><td colspan="6">指定代表或委托代理人的权限：□核对登记材料中的复印件并签署核对意见；
□修改有关表格的填写错误；
□领取换发后的营业执照。</td></tr>
<tr><td colspan="6">（指定代表或委托代理人、具体经办人身份证明复印件粘贴处）</td></tr>
<tr><td colspan="6">本企业提交的换发营业执照材料真实有效，并对真实性承担法律责任。
企业盖章：德高科技有限公司 ★ 财务专用章　　法定代表人（执行事务合伙人、负责人）签字：
年　月　日</td></tr>
<tr><td>登记机关审查意见</td><td colspan="5">根据《省工商局等九部门〈关于全面推进“五证合一、一照一码”登记制度改革〉的通知》（浙工商企 [2015]10 号）等规定，换发新版营业执照，该申请人提交的换发新版营业执照材料齐全、符合法定形式，准予换照。
审查员签字：张灵　　2019 年 2 月 1 日</td></tr>
</table>

联络员身份证件复印件粘贴处

姓名陈卫东　身份证件号码 23101119901211076　移动电话 151321985567

固定电话＿＿＿＿＿　电子邮箱＿＿＿＿＿

财务负责人身份证件复印件粘贴处

姓名温可欣　身份证件号码 110354197511269876　移动电话 13365389712

固定电话＿＿＿＿＿　电子邮箱＿＿＿＿＿

换照情况					
统一社会信用码				副本数量	本
发照人		领照人		日期	

第2章

企业筹建期间涉税会计核算

新设立的企业，从办理税务登记，到开始生产经营，往往要经过一定的筹建期。筹建期发生的费用称为开办费。企业筹建期间也会取得一定数量的增值税扣税凭证。如进行基础建设、购买办公和生产设备、建账建制、招聘员工、联系进销渠道等。

根据《中华人民共和国城市维护建设税暂行条例》及《征收教育费附加的暂行规定》规定，由于城建税与教育费附加按实际缴纳的增值税、消费税为计税依据，所以对于辅导期一般纳税人预缴增值税不需要预缴城建税及教育费附加。

2.1 开办费的确定

开办费指企业在批准筹建之日起，到开始生产、经营（包括试生产、试营业）之日止的期间（即筹建期间）发生的费用支出。包括筹建期人员工资、办公费、培训费、差旅费、印刷费、注册登记费以及不计入固定资产和无形资产购建成本的汇兑损益和利息支出。筹建期是指企业被批准筹建之日起至开始生产、经营（包括试生产、试营业）之日的期间。

2.1.1 开办费的开支范围

《企业所得税法》及其实施条例对开办费的开支范围尚无明确规定。结合相关财务规定，开办费的具体开支范围应主要有以下方面。

1. 筹建人员开支的费用

（1）筹建人员的劳务费用：具体包括筹办人员的工资奖金等工资性支出，以及应交纳的各种社会保险。在筹建期间发生的如医疗费等福利性费用，如果筹建期较短可据实列支，筹建期较长的，可按工资总额的14%计提职工福利费予以解决。

（2）差旅费：包括市内交通费和外埠差旅费。

（3）董事会费和联合委员会费。

2. 企业登记的费用

企业登记的费用主要包括工商等政府机关登记费、政府机关注册的代理费、验资费、审计费、税务登记费、公证费、注册资本印花税等。

3. 筹措资本的费用

主要是指筹资支付的手续费以及不计入固定资产和无形资产的汇兑损益和利息等。

4. 人员培训费

人员培训费主要有以下两种情况：

（1）引进设备和技术需要消化吸收，选派一些职工在筹建期间外出进修学习的费用。

（2）聘请专家进行技术指导和培训的劳务费及相关费用。

5. 企业筹建期间发生的资产的折旧、摊销、报废和毁损等。

6. 注册资本的费用

主要是指资金往来的手续费以及不计入固定资产和无形资产的汇兑损益和利息等。以外币汇入的注册资本因投资合同中规定的记账汇率和实际汇率不同产生的差额属于资本公积，不属于开办费。

7. 中外合资企业筹建费

中外合资经营企业、中外合作经营企业在其所签订的合资、合作协议，合同被批准之前，合资、合作各方为进行可行性研究而共同发生的费用，可准予列为企业的筹建费。除中外合资经营企业、中外合作经营企业外的其他企业，经投资人确认由企业负担的进行可行性研究所发生的费用。

8. 其他费用

（1）筹建期间发生的办公费、广告费、业务招待费等。

（2）印花税、车船税等。

（3）经投资人确认由企业负担的进行可行性研究所发生的费用。

（4）其他与筹建有关的费用，例如资讯调查费、诉讼费、文件印刷费、通信费以及庆典礼品费等支出。

2.1.2 不能计入开办费的支出

不能计入开办费的支出包括以下项目。

1. 取得各项资产所发生的费用

包括购建固定资产和无形资产时支付的运输费、安装费、保险费和购建时发生的相关人工费用。

2. 规定应由投资各方负担的费用

如投资各方为筹建企业进行了调查、洽谈发生的差旅费、咨询费、招待费等支出。我国政府还规定，中外合资进行谈判时，要求外商洽谈业务所发生的招待费用不得列作企业开办费，由提出邀请的企业负担。

3. 资产性支出

为培训职工而购建的固定资产、无形资产等支出不得列作开办费。

4. 利息

投资方因投入资本自行筹措款项所支付的利息，应由投资方自行负担。

5. 存取外币手续费

以外币现金存入银行而支付的手续费，该费用应由投资者负担。

2.2 开办费的税务处理

税收征管中，经常会遇到企业筹建期间比较长的现象，特别是大型企业，从工商登记到正式生产经营要几年的时间，这个时期发生的费用允许作为开办费税前扣除。

2.2.1 关于筹建期的确定

1. 筹建期开始之日

《企业所得税暂行条例实施细则》对筹建期定义为：从企业被批准筹建之日起至开始生产经营（包括试生产、试营业）之日的期间。《企业会计制度》对筹建期只有原则性规定：即企业开始生产经营前的期间。

（1）工业企业以设备开始运转，能够正常生产合格产品之日作为开始生产经营标志；

（2）商贸企业以售出第一宗商品之日作为标志；

（3）房地产开发企业等经营周期较长的企业，以主营业务活动开始（例如房地产开发企业的第一个开发项目打下第一根桩为标志）；

（4）对于其他企业而言，应当以实际有了生产、销售、提供劳务或者其他经营行为作为开始生产经营之日。

在实务中，筹建期的确定应按实质重于形式原则去判断。

2. 筹建期终止日期

关于筹建期的终止，目前主要有三种说法：分别是领取营业执照之日、取得第一笔收入之日、开始投入生产经营之日。结合不同的行业，有不同的特点，应当具体把握，如工业企业，由于需要建设厂房等基础设施，所以生产设施建设完毕，并且购进原材料进行生产之前的时间，都是筹建期间；商业性质的企业，装修好商场、购进商品之前的时间，都是筹建期间；服务性质的企业，由于没有具体形式上的商品，开始经营之前的时间，可以视为筹建期间。

2.2.2 筹建期间不得计算亏损年度

《关于贯彻落实企业所得税法若干税收问题的通知》（国税函〔2010〕79 号）规定，企业自开始生产经营的年度，为开始计算企业损益的年度。企业从事生产经营之前进行筹办活动期间发生筹办费用支出，不得计算为当期的亏损。

例如，某企业 2017 年开始筹建，筹建期历时两年，2017 年、2018 年筹建期分别发生开办费 40 000 000 元、70 000 000 元，账面产生亏损。2019 年正式生产经营，如果 2017~2018 年的筹建期计算为亏损年度，由于 2019 年才有收入，意味着亏损弥补期少了 2 年。而按照国税函〔2009〕98 号文件规定：企业可以在开始经营之日的当年一次性扣除，也可以按照新税法有关长期待摊费用的处理规定处理。但一经选定，不得改变。如果企业在开始生产经营年度的 2019 年开始一次性或分期扣除开办费。若 2019 年产生亏损，亏损年度从 2019 年开始起算，延长了亏损弥补期限，对企业来说是有利的。

2.2.3 企业筹建期间无须进行企业所得税汇算清缴

《国家税务总局关于印发〈企业所得税汇算清缴管理办法〉的通知》（国税发〔2009〕79 号）第三条规定，凡在纳税年度内从事生产、经营（包括试生产、试经营），或在纳税年度中间终止经营活动的纳税人，无论是否在减税、免税期间，也无论盈利或亏损，均应按照《企业所得税法》及其实施条例和本办法的有关规定进行企业所得税汇算清缴。很明显，企业所得税汇算清缴的主体是在纳税年度内从事生产、经营（包括试生产、试经营），或在纳税年度中间终止经营活动的纳税人。企业在筹建期，没有生产、经营，当然也就不用汇算清缴。

很明显，企业所得税汇算清缴的主体是在纳税年度内从事生产、经营（包括试生产、试经营），或在纳税年度中间终止经营活动的纳税人。而企业在筹建期，没有生产、经营，当然也就不用汇算清缴。如果税务机关由于在征管软件中设定了企业所得税税种要求企业进行年度申报时，也不能申报只有费用发生的亏损报表。

2.2.4 筹建期间的业务招待费与广告费的处理

根据《企业所得税法实施条例》第四十三条规定，企业发生的与生产经营活动有关的业务招待费支出，按照发生额的 60% 扣除，但最高不得超过当年销售（营业）收入的 0.5%。第四十四条规定，企业发生的符合条件的广告费和业务宣传费支出，除国务院财政、税务主管部门另有规定外，不超过当年销售（营业）收入 15% 的部分，准予扣除。超过部分，准予在以后纳税年度结转扣除。因此，企业在筹建期未取得收入的，所发生的广告和业务宣传费应归集，待企业生产经营后，按规定扣除。

在实际操作中，企业的业务招待费与会议费、差旅费、广告和业务宣传费等，经常难以区分。比如单位召开会议，往往在租用的酒店或宾馆内统一用餐，而这部分餐饮支出，往往被列支为会议费等。又如，外购礼品用于赠送给客户应作为业务招待费，但如果礼品是纳税人自行生产或经过委托加工，对企业的形象、产品有标记及宣传作用的，则也可作为广告费和业务宣传费支出。为此，要求纳税人一定要准确把握税收政策，不能逾越政策的规定，想当然地处理业务招待费，否则将会带来不必要的税收风险或税收损失。

2.2.5 筹建期的递延所得税资产科目

1. 调整递延所得税

企业在筹建期的开办费在年度申报时全部调增，应纳税所得额为零，在企业生产经营的年度纳税调减，因此，开办费应符合新会计准则对于递延所得税资产的定义：该项资产于未来期间产生的经济利益流入低于按照税法规定允许税前扣除的金额，产生可抵减未来期间应纳税所得额的因素，减少未来期间以应交所得税的方式流出企业的经济利益，应确认为资产。

因此，企业在筹办期年度终了时，应做以下分录：

借：递延所得税资产（扣除永久性不得扣除后的开办费 × 适用所得税税率）

　　贷：所得税费用

如有广告费，应做以下分录：

借：递延所得税资产（开办费中的广告费 × 适用所得税税率）

　　贷：所得税费用

2. 筹办期所得税纳税申报表的调整事项

按照筹办期和生产经营期的跨期不同需要区别对待。

（1）纯筹建年度的纳税调整。由于纯筹建年度一般不存在收入，因此会计上必然因支出开办费而发生亏损，但税收上规定支出开办费不得计算为当期亏损（国税函〔2010〕79 号）。这样，在纯筹建年度纳税申报时，必须在企业账面亏损的基础上进行纳税调增，使调整后企业应纳税所得额（以下简称应税所得额或所得额）为 0。

（2）纯生产经营年度涉及开办费的纳税调整。在纯生产经营年度，按规定对筹建期间的开办费进行摊销，即“进行税前扣除”时，由于此时原开办费已计入筹建期间损益。这样不论是一次性摊销或者是分期摊销，当年会计利润总额中都不反映税收上的摊销额，因此纳税申报时应按摊销的开办费调减应税所得，直至税收上将可扣除的开办费全部摊销完毕为止。

（3）在既有开办费支出又在后期开始生产经营活动的年度，应比照以上会计处理时的方法，按照当年支出开办费与当年应摊销开办费的差额确定调增或调减。当年成立、当年投产经营的企业，除存在因特殊需要分期摊销开办费的情况外，无须因开办费作纳税调整。

（4）如果在筹办期被核定所得税税种而且要申报企业所得税，如何才能保证筹办期开办费造成的亏损不计入亏损年度。

如采用《企业会计制度》，开办费计入长期待摊费用，开始经营年度之日起不低于 3 年摊销；如果采用《企业会计准则》，开办费计入管理费用，开始经营之日一次性计入损益。

新办企业筹办期由开办费造成的亏损不计入亏损年度，所得税申报表“应纳税所得额”栏应该为 0，计入长期待摊费用的，利润表全部为零，对应所得税零申报。采用筹办费计入管理费用的，利润表为负数，所得税申报表应纳税所得额为负数，此时调增应纳税所得额（类似虚拟进项）保证为 0，待开始经营年度汇缴时以管理费用归集的开办费一次性调减。

3. 筹建期的申报

在实务中，纳税人通常将计入管理费用的金额全部作为纳税调增处理，即年度申报的所得税表中，收入为零，成本费用为零，最终的应纳税所得额为零。在纳税人开始生产经营之日的当年进行纳税调减。

在实务中，企业所得税需年度申报的仍需进行。

2.3 印花税

印花税是对经济活动和经济交往中书立、领受、使用的应税经济凭证的单位和个人所征收的一种税。因纳税人主要是通过在应税凭证上粘贴印花税票来完成纳税义务，故名印花税。

2.3.1 印花税的由来

印花税是一个古老的税种，始于荷兰。由于缴税时是在凭证上用刻花滚筒推出“印花”戳记，以示完税，因此被命名为“印花税”。目前，世界上已有 100 多个国家和地区开征了印花税。

印花税是中国效仿西方税制的第一个税种。1912 年 10 月 21 日，北洋政府公布了《印花税法》，并于次年正式实施。

革命根据地和解放区从 1938 年 5 月晋察冀边区征收开始，东北、山东、华中、陕甘宁、东江等根据地和解放区也相继开征了印花税。

1950 年 1 月 30 日，中央人民政府政务院通令公布《全国税政实施要则》，统一了全国税政，确立了印花税为全国统一开征的税种之一。1950 年 12 月政务院公布《印花税暂行条例》。1951 年 1 月 4 日财政部公布了《印花税暂行条例施行细则》。从此，全国统一了印花税法。

2018 年 11 月 1 日，财政部、税务总局公布了《中华人民共和国印花税法(征求意见稿)》。

其中证券交易印花税税率仍维持成交额的千分之一，而且只对证券交易的出让方征收，不对证券交易的受让方征收。证券交易印花税的纳税人或者税率调整，由国务院决定，并报全国人民代表大会常务委员会备案。

1. 纳税人

印花税的纳税人是指订立、领受在中华人民共和国境内具有法律效力的应税凭证，或者在中华人民共和国境内进行证券交易的单位和个人。证券登记结算机构为证券交易印花税的扣缴义务人。

应税凭证包括内容如图 2-1。

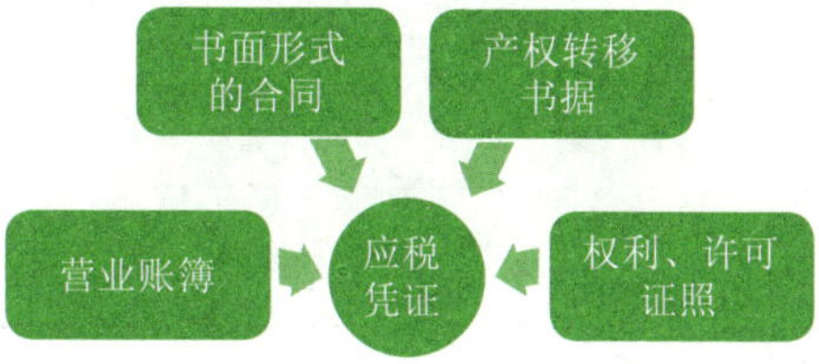

图 2-1

2. 印花税的税目、税率

印花税的税目、税率见表 2-1。

表 2-1　印花税的税目、税率

税　目		税　率	备　注
合同	买卖合同	支付价款的万分之三	指动产买卖合同
	借款合同	借款金额的万分之零点五	指银行业金融机构和借款人（不包括银行同业拆借）订立的借款合同
	融资租赁合同	租金的万分之零点五	
	租赁合同	租金的千分之一	
	承揽合同	支付报酬的万分之三	
	建设工程合同	支付价款的万分之三	
	运输合同	运输费用的万分之三	指货运合同和多式联运合同（不包括管道运输合同）
	技术合同	支付价款、报酬或者使用费的万分之三	
	保管合同	保管费的千分之一	
	仓储合同	仓储费的千分之一	
	财产保险合同	保险费的千分之一	不包括再保险合同
产权转移书据	土地使用权出让和转让书据；房屋等建筑物、构筑物所有权、股权（不包括上市和挂牌公司股票）、商标专用权、著作权、专利权、专有技术使用权转让书据	支付价款的万分之五	
权利、许可证照	不动产权证书、营业执照、商标注册证、专利证书	每件五元	
营业账簿		实收资本（股本）、资本公积合计金额的万分之二点五	
证券交易		成交金额的千分之一	对证券交易的出让方征收，不对证券交易的受让方征收

3. 印花税的计税依据

印花税的计税依据，按照下列方法确定，如图 2-2。

图 2-2

4. 应纳税额

印花税应纳税额按照下列方法计算，如图 2-3。

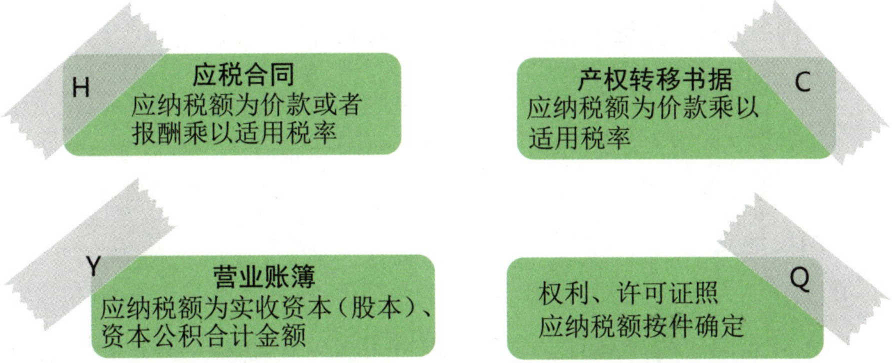

图 2-3

特殊项目应纳税额的计算：

（1）证券交易的应纳税额为成交金额。

（2）同一应税凭证载有两个或者两个以上经济事项并分别列明价款或者报酬的，按照各自适用税目税率计算应纳税额；未分别列明价款或者报酬的，按税率高的计算应纳税额。

（3）同一应税凭证由两方或者两方以上当事人订立的，应当按照各自涉及的价款或者报酬分别计算应纳税额。

5. 税收优惠

下列情形，免征或者减征印花税：

（1）应税凭证的副本或者抄本，免征印花税；

（2）农民、农民专业合作社、农村集体经济组织、村民委员会购买农业生产资料或者销售自产农产品订立的买卖合同和农业保险合同，免征印花税；

（3）无息或者贴息借款合同、国际金融组织向我国提供优惠贷款订立的借款合同、金融机构与小型微型企业订立的借款合同，免征印花税；

（4）财产所有权人将财产赠予政府、学校、社会福利机构订立的产权转移书据，免征印花税；

（5）军队、武警部队订立、领受的应税凭证，免征印花税；

（6）转让、租赁住房订立的应税凭证，免征个人（不包括个体工商户）应当缴纳的印花税；

（7）国务院规定免征或者减征印花税的其他情形。

6. 纳税义务发生时间

印花税纳税义务发生时间为纳税人订立、领受应税凭证或者完成证券交易的当日。证券交易印花税扣缴义务发生时间为证券交易完成的当日。

7. 纳税地点

单位纳税人应当向其机构所在地的主管税务机关申报缴纳印花税；个人纳税人应当向应税凭证订立、领受地或者居住地的税务机关申报缴纳印花税。

纳税人出让或者转让不动产产权的，应当向不动产所在地的税务机关申报缴纳印花税。

证券交易印花税的扣缴义务人应当向其机构所在地的主管税务机关申报缴纳扣缴的税款。

8. 计征方法

印花 15 日内申报并缴纳税款。实行按次计征的，纳税人应当于纳税义务发生之日起 15 日内申报并缴纳税款。

证券交易印花税按周解缴。证券交易印花税的扣缴义务人应当于每周终了之日起 5 日内申报解缴税款及孳息。

【例 2-1】宏达高科有限公司按月汇总缴纳印花税。2019 年 1 月涉及印花税的业务，见表 2-2。

表 2-2　2018 年 8 月涉及印花税的业务

账簿	设置账簿 30 本，其中包括实收资、资本公积账簿 1 本，当年实收资本增加 3 400 000 元
以物易物交易合同 1 份	用水泥换入木料，公允价值相等，均价 740 000 元
财产租赁合同 1 份	合同载明的财税租赁费用是 310 000 元
运输合同 4 份	合同载明的运输费用总计 28 000 元
保管合同 3 份	合同载明的运输费用分别是 110000 元、90000 元、50000 元
与中国银行签订贴息贷款合同 1 份	贷款金额 2 000 000 元，贷款期限是 1 年，贷款年利率 7%

根据上述资料，计算应缴纳印花税，见表 2-3。

表 2-3　印花税纳税申报表

统一社会信用代码：34270100580997548A

纳税人名称（盖章）红河百货有限公司　　　　单位：元（列至角分）

应税凭证	是否汇总缴纳	计税金额或件数	核定征收		适用税率	本期应纳税额	减免税额	本期已缴税额	本期应补（退）税额
			核定依据	核定比例					
		1	2	3	4	5=（1+2×3）×4	6	7	8=5-6-7
购销合同		740 000			0.3‰	222			
建筑安装工程承包合同		0			0.3‰				
财产租赁合同		310 000			1‰	310			
货物运输合同		28 000			0.3‰	8.4			
仓储保管合同		250 000			1‰	250			

续上表

应税凭证	是否汇总缴纳	计税金额或件数	核定征收		适用税率	本期应纳税额	减免税额	本期已缴税额	本期应补（退）税额
			核定依据	核定比例					
		1	2	3	4	5=（1+2×3）×4	6	7	8=5-6-7
借款合同		2 000 000			0.05‰	100			
财产保险合同					1‰				
营业账簿（记载资金的账簿）		3 400 000			0.25‰	850			
营业账簿（其他账簿）		29			免征	免征			
权利、许可证照									
						1 740.4			
合计	——	——	——	——	——				

<table>
<tr><td colspan="2">如纳税人填报，由纳税人填写以下各栏</td><td colspan="4">如委托税务代理机构填报，由税务代理机构填写以下各栏</td></tr>
<tr><td rowspan="2">会计主管（签章）</td><td rowspan="2">经办人（签章）</td><td>税务代理机构名称</td><td colspan="2"></td><td rowspan="2">税务代理机构（公章）</td></tr>
<tr><td>税务代理机构地址</td><td colspan="2"></td></tr>
<tr><td rowspan="5">申报声明</td><td rowspan="5">此纳税申报表是根据国家税收法律的规定填报的，我确信它是真实的、可靠的、完整的。
申明人：
（法定代表人签字或盖章）
（公章）</td><td>代理人（签章）</td><td colspan="3"></td></tr>
<tr><td colspan="4">以下由税务机关填写</td></tr>
<tr><td>受理日期</td><td></td><td>受理人</td><td></td></tr>
<tr><td>审核日期</td><td></td><td>审核人</td><td></td></tr>
<tr><td>审核记录</td><td colspan="3"></td></tr>
</table>

借：税金及附加——印花税　　1 740.4

　　贷：银行存款　　1 740.4

2.3.2 开办费涉及增值税的处理

在企业批准筹建之日起，到开始生产、经营之日止的期间产生的开办费。根据《企业会计准则——应用指南》的规定，企业发生的开办费直接将费用化。开办费在“管理费用”会计科目核算。包括筹办人员职工薪酬、办公费、培训费、差旅费、印刷费、注册登记费以及不计入固定资产成本的借款费用等。

1. 增值税纳税人

根据《增值税暂行条例》的规定，凡在中华人民共和国境内销售或者进口货物、提供应税劳务和应税行为的单位和个人都是增值税纳税义务人。

根据《增值税暂行条例》及其实施细则的规定，划分一般纳税人和小规模纳税人的基本依据是纳税人的会计核算是否健全，是否能够提供准确的税务资料以及企业规模的大小衡量企业规模的大小。见表 2-4。

表 2-4　纳税人资格划分标准

纳税人	从事货物生产或者提供应税劳务的纳税人，以及以从事货物生产或者提供应税劳务为主，并兼营货物批发或者零售的纳税人	批发或零售的纳税人	从事“营改增”服务业的纳税人
小规模纳税人	年应税销售额≤ 500 万元	年应税销售额≤ 500 万元	应税服务年销售额≤ 500 万元
一般纳税人	年应税销售额＞ 500 万元	年应税销售额＞ 500 万元	应税服务年销售额＞ 500 万元

注：自 2018 年 5 月 1 日开始，统一增值税小规模纳税人认定标准，将工业和商业企业小规模纳税人的年销售额标准由 50 万元和 80 万元上调 500 万元，则小规模纳税人的认定标准统一调整到年销售额 500 万以下

（1）年应税销售额，是指纳税人在连续不超过 12 个月的经营期内累计应征增值税销售额，包括免税销售额。

例如：2018 年 4 月 1 日至 2019 年 3 月 31 日，这连续 12 个月就是一个经营期。

（2）当超过小规模纳税人标准后，应及时办理增值税一般纳税人相关手续。税法规定，纳税人年应税销售额超过规定标准应办理一般纳税人资格登记手续

而未办理的，经税务机关下达税务事项通知书后，逾期仍不办理的，将按销售额依照增值税适用税率计算应纳税额，不得抵扣进项税额，也不得使用增值税专用发票，简称为强转。

（3）申报期：小规模纳税人按季度申报，一般纳税人按月申报。

2. 增值税发票的种类

目前国家税务总局的发票主要有：增值税专用发票、增值税普通发票、机动车销售统一发票和增值税电子普通发票。

（1）增值税发票代码

根据《国家税务总局关于统一编印1995年增值税专用发票代码的通知》（国税函发〔1995〕18号）规定，增值税发票代码由十位数字组成：

第1~4位代表各地市；

第5、6两位代表制版年度；

第7位代表批次（分别用1、2、3、4……表示）；

第8位代表版本的语言文字（分别用1、2、3、4代表中文、中英文、藏汉文、维汉文）；

第9位代表几联发票（分别用3、6表示三联、六联）；

第10位代表发票的金额版本号（分别用1、2、3、4表示万元版、十万元版、百万元版、千万元版，用“0”表示电脑发票）。

如某增值税专用发票代码为1100191130，1100为北京市的代码，可以解读为北京市2019年第一批印刷的中文版三联发票。

另外，专用发票实行最高开票限额管理。最高开票限额，是指单份专用发票开具的销售额合计数不得达到的上限额度。

最高开票限额由一般纳税人申请，税务机关依法审批。最高开票限额为十万元及以下的，由区县级税务机关审批；最高开票限额为100万元的，由地市级税务机关审批；最高开票限额为1 000万元及以上的，由省级税务机关审批。防伪税控系统的具体发行工作由区县级税务机关负责。开票额度可通过主管税务机关调整，一般纳税人使用增值税专用发票的，需要向其主管税务机关申请审批其开具增值税专用发票的最高限额，税务机关一般需报送以下资料：

①《税务行政许可申请表》；

②《增值税专用发票最高开票限额申请单》。

其他部分，在其右边印有专用发票的联次和用途，在其左边，印有批准印制专用发票的文号、印制数量和印制单位。

（2）增值税发票的联次

根据《国家税务总局关于修订〈增值税专用发票使用规定〉的通知》(国税发〔2006〕156 号）第四条规定：“专用发票由基本联次或者基本联次附加其他联次构成，基本联次为三联：发票联、抵扣联和记账联。

发票联，作为购买方核算采购成本和增值税进项税额的记账凭证；

抵扣联，作为购买方报送主管税务机关认证和留存备查的凭证；

记账联，作为销售方核算销售收入和增值税销项税额的记账凭证。

其他联次用途，由一般纳税人自行确定。”

（3）增值税发票的票样

① 增值税专用发票（以北京为例），如图 2-4。

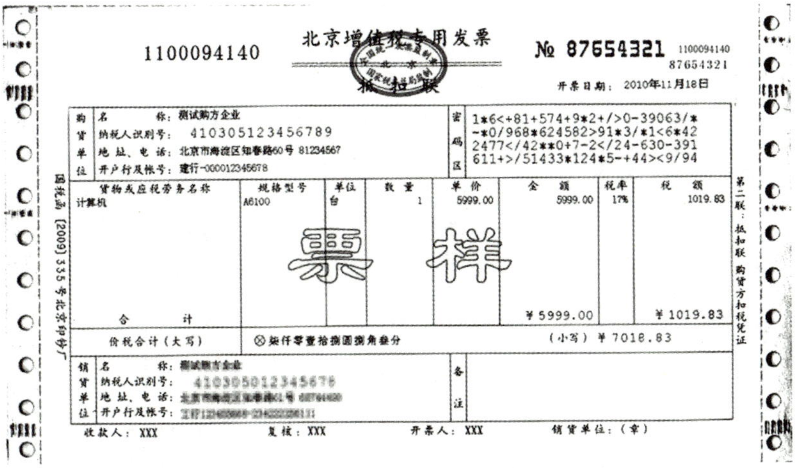

1100094140　北京增值税专用发票　抵扣联　№ 87654321　1100094140　87654321

开票日期：2010年11月18日

购货单位　名称：测试购方企业　纳税人识别号：410305123456789　地址、电话：北京市海淀区知春路60号 81234567　开户行及帐号：建行-000012345678

密码区　1*6<+81+574+9*2+/>0-39063/* -*0/968*624582>91*3/*1<6*42 2477</42**0+7-2</24-630-391 611+>/51433*124*5-+44><9/94

货物或应税劳务名称	规格型号	单位	数量	单价	金额	税率	税额
计算机	A6100	台	1	5999.00	5999.00	17%	1019.83
合计					¥5999.00		¥1019.83

价税合计（大写）⊗柒仟零壹拾捌圆捌角叁分　（小写）¥7018.83

销货单位　名称：　纳税人识别号：　地址、电话：　开户行及帐号：　备注

收款人：XXX　复核：XXX　开票人：XXX　销货单位：（章）

国税函〔2009〕335号北京印钞厂

第二联：抵扣联　购货方扣税凭证

票样

图 2-4　北京增值税专用发票

② 增值税普通发票（以北京为例），如图 2-5。

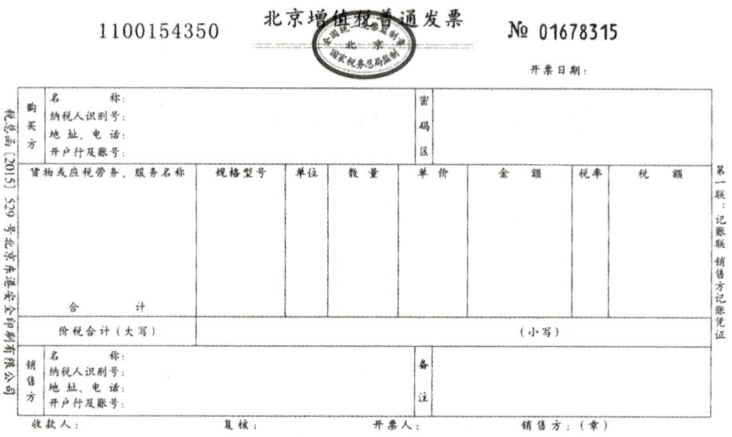
1100154350 北京增值税普通发票 № 01678315

开票日期：

购买方 名称： 纳税人识别号： 地址、电话： 开户行及账号：				密码区			
货物或应税劳务、服务名称	规格型号	单位	数量	单价	金额	税率	税额
合计							
价税合计（大写）					（小写）		
销售方 名称： 纳税人识别号： 地址、电话： 开户行及账号：				备注			

收款人： 复核： 开票人： 销售方：（章）

税总函〔2015〕529号北京东港安全印刷有限公司

第一联：记账联 销售方记账凭证

图 2-5 北京增值税专用发票

3. 增值税电子发票

2013 年 6 月 27 日，北京市国家税务局、北京市地方税务局、北京市商务委员会、北京市工商行政管理局发布《关于电子发票应用试点若干事项的公告》（公告 2013 年第 8 号）。公告称，自 2013 年 6 月 27 日起，在北京市开展电子发票应用试点。随后在京东商城集团总部，中国电子商务领域首张电子发票诞生。

以北京为例，增值税电子发票票样如图 2-6 所示。

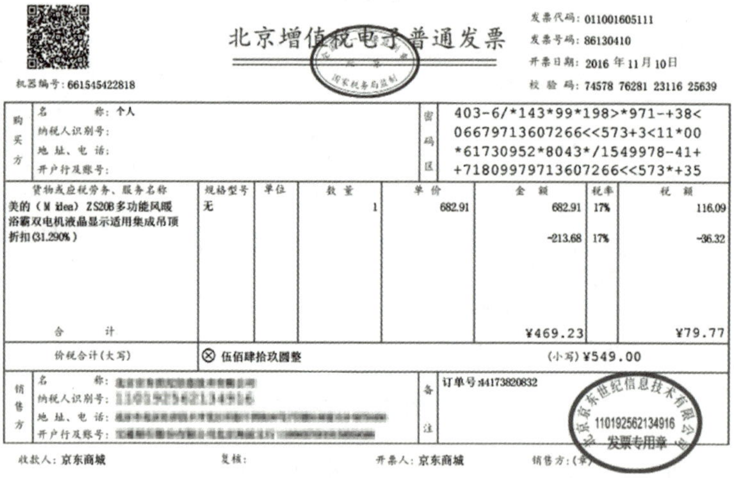
北京增值税电子普通发票

机器编号：661545422818

发票代码：011001605111

发票号码：86130410

开票日期：2016 年 11 月 10 日

校验码：74578 76281 23116 25639

购买方 名称：个人 纳税人识别号： 地址、电话： 开户行及账号：				密码区	403-6/*143*99*198>*971-+38< 06679713607266<<573+3<11*00 *61730952*8043*/1549978-41+ +71809979713607266<<573*+35		
货物或应税劳务、服务名称	规格型号	单位	数量	单价	金额	税率	税额
美的（Midea）ZS20B多功能风暖浴霸双电机液晶显示适用集成吊顶	无		1	682.91	682.91	17%	116.09
折扣（31.290%）					-213.68	17%	-36.32
合计					¥469.23		¥79.77
价税合计（大写）	⊗伍佰肆拾玖圆整				（小写）¥549.00		
销售方 名称： 纳税人识别号： 地址、电话： 开户行及账号：				备注	订单号：44173820832		

北京京东世纪信息技术有限公司 110192562134916 发票专用章

收款人：京东商城 复核： 开票人：京东商城 销售方：（章）

图 2-6 北京电子增值税普通发票

4. 认定为一般纳税人前的进项问题

2015 年 8 月 9 日，国家税务总局颁布了《国家税务总局关于纳税人认定或登记为一般纳税人前进项税额抵扣问题的公告》（国家税务总局公告 2015 年第 59 号）规定：纳税人自办理税务登记至认定或登记为一般纳税人期间，未取得生产经营收入，未按照销售额和征收率简易计算应纳税额申报缴纳增值税的，其在此期间取得的增值税扣税凭证，见表 2-5。

表 2-5　发票种类

按纳税人划分	可开具的票种	可取得的票种	取得的票种，是否可抵扣进项税
一般纳税人	增值税普通发票	增值税普通发票	否
	增值税专用发票	增值税专用发票	是
小规模纳税人	增值税普通发票	增值税普通发票	否
	增值税专用发票（特定行业、特定条件）	增值税专用发票（建议不要索取）	否

可以在认定或登记为一般纳税人后抵扣进项税额。

表 2-6　认定为一般纳税人票种

类　型	票　种	税控设备
无发票，无税控	申请增值税发票票种	联系税控服务商购买税控设备
有通用机打票种	在系统中作废剩余通用机打票后，到办税服务厅注销通用机打票票种。申请增值税发票票种	联系税控服务商购买税控设备
有增值税普通发票和税控设备	申请增值税专用发票票种后，携带税控设备到办税服务厅办理变更写盘。如不需要专用发票，也需要办理变更写盘	

5. 税控系统专用设备和技术维护费用

2018 年 2 月，财政部、国家税务总局发布了《关于增值税税控系统专用设备和技术维护费用抵减增值税税额有关政策的通知》规定，增值税纳税人购买增值税税控系统专用设备支付的费用以及缴纳的技术维护费可在增值税应纳税额中全额抵减。

增值税防伪税控系统的专用设备包括金税卡、IC卡、读卡器或金税盘和报税盘。

（1）初次购买增值税税控系统专用设备（包括分开票机）支付的费用，可凭购买增值税税控系统专用设备取得的增值税专用发票，在增值税应纳税额中全额抵减（抵减额为价税合计额），不足抵减的可结转下期继续抵减。

（2）缴纳的技术维护费，可凭技术维护服务单位开具的技术维护费发票，在增值税应纳税额中全额抵减，不足抵减的可结转下期继续抵减。技术维护费按照价格主管部门核定的标准执行。

【例2-2】 2019年4月10日，亚加建筑有限公司首次购买增值税税控专用设备，支付价税合计7 848元并取得增值税专用发票，发票上注明金额为7 200元，税额648元。

（1）购入税控设备时。

借：管理费用　　7 200

　　应交税费——应交增值税（进项税额）（7 200×9%）　　648

　　贷：银行存款　　7 848

（2）申报后转出时。

借：管理费用　　648

　　贷：应交税费——应交增值税（进项税额转出）　　648

（3）全额抵减应纳税额时。

借：应交税费——应交增值税（减免税款）　　7 200

　　贷：管理费用　　7 200

【例2-3】 2019年4月21日，天创建设公司支付税控设备技术维护费共计550元，取得增值税普通发票。

（1）支付费用时。

借：管理费用　　550

贷：银行存款 550

（2）抵减应纳税额时。

借：应交税费——应交增值税（减免税款） 550

贷：管理费用 550

假设天创建设公司 4 月应纳税额为 500 元。当期只能抵减 500 元，剩余 50 元可结转下期继续抵减。

借：应交税费——应交增值税（减免税款） 500

贷：管理费用 500

2.3.3 资产类进项的增值税处理

固定资产、无形资产以及不动产等三类资产均属于长期资产，须取得合法、有效的增值税凭证。

【例 2–4】 洛水建筑有限公司为一般纳税人，税率 9%。2019 年 4 月 11 日，购入 5 台砂浆泵，取得增值税专用发票，金额 800 000 元，税额 72 000 元。发票已勾选确认，并申报抵扣。

借：固定资产——砂浆泵 800 000

应交税费——应交增值税（进项税额）（800 000 × 9%）72 000

贷：应付账款 872 000

2.3.4 一般纳税人纳税辅导期管理

1. 纳税辅导期管理的范围

《增值税一般纳税人资格认定管理办法》（以下简称认定办法）第十三条规定，主管税务机关可以在一定期限内对下列一般纳税人实行纳税辅导期管理：

（1）按照认定办法规定新认定为一般纳税人的小型商贸批发企业。

小型商贸批发企业，是指注册资金在 80 万元（含 80 万元）以下、职工人数在 10 人（含 10 人）以下的批发企业。

只从事出口贸易，不需要使用增值税专用发票的企业除外。

（2）国家税务总局规定的其他一般纳税人。

是指具有下列情形之一的一般纳税人：

① 增值税偷税数额占应纳税额的10%以上并且偷税数额在10万元以上的；

② 骗取出口退税的；

③ 虚开增值税扣税凭证的；

④ 国家税务总局规定的其他情形。

2. 纳税辅导期管理的期限

新认定为一般纳税人的小型商贸批发企业实行纳税辅导期管理的期限为3个月。

其他一般纳税人实行纳税辅导期管理的期限为6个月。

3. 纳税辅导期进项税额的抵扣

辅导期纳税人取得的增值税专用发票（以下简称专用发票）抵扣联、海关进口增值税专用缴款书以及运输费用结算单据应当在交叉稽核比对无误后，方可抵扣进项税额。

4. 主管税务机关对辅导期纳税人实行限量限额发售专用发票

实行纳税辅导期管理的小型商贸批发企业，领购专用发票的最高开票限额不得超过10万元；其他一般纳税人专用发票最高开票限额应根据企业实际经营情况重新核定。

辅导期纳税人专用发票的领购实行按次限量控制，主管税务机关可根据纳税人的经营情况核定每次专用发票的供应数量，但每次发售专用发票数量不得超过25份。

辅导期纳税人领购的专用发票未使用完而再次领购的，主管税务机关发售专用发票的份数不得超过核定的每次领购专用发票份数与未使用完的专用发票份数的差额。

5. 辅导期纳税人一个月内多次领购专用发票的

应从当月第二次领购专用发票起，按照上一次已领购并开具的专用发票销售额的 3% 预缴增值税，未预缴增值税的，主管税务机关不得向其发售专用发票。

预缴增值税时，纳税人应提供已领购并开具的专用发票记账联，主管税务机关根据其提供的专用发票记账联计算应预缴的增值税。

辅导期纳税人按规定预缴的增值税可在本期增值税应纳税额中抵减，抵减后预缴增值税仍有余额的，可抵减下期再次领购专用发票时应当预缴的增值税。

纳税辅导期结束后，纳税人因增购专用发票发生的预缴增值税有余额的，主管税务机关应在纳税辅导期结束后的第一个月内，一次性退还纳税人。

6. 辅导期纳税人的“应交税费”科目

辅导期纳税人应当在“应交税金”科目下增设“待抵扣进项税额”明细科目，核算尚未交叉稽核比对的专用发票抵扣联、海关进口增值税专用缴款书以及货物运输业增值税专用发票注明的进项税额。

辅导期纳税人取得增值税抵扣凭证后，借记“应交税费——待抵扣进项税额”明细科目，贷记相关科目。

交叉稽核比对无误后，借记“应交税费——应交增值税（进项税额）”科目，贷记“应交税金—待抵扣进项税额”科目。

经核实不得抵扣的进项税额，红字借记“应交税费——待抵扣进项税额”，红字贷记相关科目。

主管税务机关定期接收交叉稽核比对结果，通过《稽核结果导出工具》导出发票明细数据及《稽核结果通知书》并告知辅导期纳税人。

辅导期纳税人根据交叉稽核比对结果相符的增值税抵扣凭证本期数据申报抵扣进项税额，未收到交叉稽核比对结果的增值税抵扣凭证留待下期抵扣。

7. 纳税辅导期的结束与重新开始

纳税辅导期内，主管税务机关未发现纳税人存在偷税、逃避追缴欠税、骗取出口退税、抗税或其他需要立案查处的税收违法行为的，从期满的次月起不再实行纳税辅导期管理，主管税务机关应制作、送达《税务事项通知书》，告知纳税人。

主管税务机关发现辅导期纳税人存在偷税、逃避追缴欠税、骗取出口退税、抗税或其他需要立案查处的税收违法行为的，从期满的次月起按照本规定重新实行纳税辅导期管理，主管税务机关应制作、送达《税务事项通知书》，告知纳税人。

第3章 企业采购阶段涉税会计处理

工业企业经过筹备阶段，开始购置或租用厂房、生产设备，采购原材料，为产品生产做准备。此阶段为采购过程（供应过程），是产品制造企业的生产经营准备阶段。企业购进商品为含税金额，即增值税进项税额，又因为采购物资要签订购销合同，购销合同要按合同收入征收印花税。

商业企业采购商品也会发生纳税行为，商业企业分为批发企业和零售企业，批发企业增值税核算与工业企业相同，零售企业购进商品按含税价核算商品价格，月底在商品进销差价中核算增值税。

房地产企业获取土地阶段涉及的税收有：土地使用税、耕地占用税、契税、印花税等。

另外，企业开工后，购置车辆是不可少的，这就涉及车船税和车辆购置税等。

3.1 增值税

美国耶鲁大学经济学教授亚当斯（T S Adams）是提出增值税概念的第一人，他于1917年在国家税务学会《营业税》（The Taxation of Business）报告中首先提出了对增值额征税的概念，指出对营业毛利课税比对利润课税的公司所得额好得多，这一营业毛利相当于工资薪金、租金、利息和利润之和，即相当于增值额。1954年，时任法国税务总局局长助理的莫里斯·洛雷积极推动法国增值税制的制定与实施，并取得了成功，被誉为“增值税之父”。

韩国是实施增值税比较成功的国家之一。于1977年实施消费型增值税。纳税方式有两种：一是一般纳税；二是简化纳税和特别纳税，都实行10%的单一税率。

在1980年，我国选择在柳州、长沙、襄樊等城市，对重复征税矛盾较为突出的机器机械和农业机具两个行业试点开征增值税。1993年底，我国工商税制进行了较为彻底的全面改革，1993年12月13日发布的《增值税暂行条例》，确立了自1994年1月1日起，增值税的征税范围为销售货物，加工、修理修配劳务和进口货物，因不允许一般纳税人扣除固定资产的进项税额，故称“生产型增值税”。

2004年，我国开始实行由生产型增值税向消费型增值税的转型试点。2008年11月5日，国务院修订《增值税暂行条例》，决定自2009年1月1日起，在全国范围内实施增值税转型改革。2016年5月1日，增值税征税范围扩大至金融、房地产、交通运输、建筑施工、生活服务行业等。

3.1.1 增值税计税原理

增值税的计税原理如下：

（1）按全部销售额计算税款，但只对货物或劳务价值中新增价值部分征税；

（2）实行税款抵扣制度，对以前环节已纳税款予以扣除；

（3）税款随着货物的销售逐环节转移，最终消费者是全部税款的承担者，但政府并不直接向消费者征税，而是在生产经营的各个环节分段征收，各环节的纳税人并不承担增值税税款。

增值税的特点如下。

（1）不重复征税，具有中性税收的特征。

（2）逐环节征税，逐环节扣税，最终消费者是全部税款的承担者。

（3）税基广阔，具有征收的普遍性和连续性，在组织财政收入上具有稳定性和及时性。

3.1.2 进税税额

增值税的抵扣是针对一般纳税人而言，小规模纳税人是用不到进项税额抵扣凭证的，即便是一般纳税人的简易征收项目收到进项税额抵扣发票，也要做进项税额转出处理。进项税额抵扣有认证抵扣和计算抵扣两种方式，企业一般在日常办公管理、职工福利、生产经营过程会产生大量的增值税专用发票，符合政策规定抵扣范围内的经济管理事项，需要抵扣凭证以及相应票据的支持。

1. 准予抵扣的进项税额

准予抵扣的进项税额如下。

1
- 从销售方取得的增值税专用发票上注明的增值税额

2
- 从海关取得的海关进口增值税专用缴款书上注明的增值税额

3
- 购进农产品，除取得增值税专用发票或者海关进口增值税专用缴款书外，按照农产品收购发票或者销售发票上注明的农产品买价与适用扣除率计算的进项税额

4
- 购进或者销售货物以及在生产经营过程中支付运输费用的，按照运输费用结算单据上注明的运输费用金额计算的进项税额。运输企业按适用 9% 的税率计算进项税额

5
- 准予计算进项税额抵扣的货物运费金额是指运输费用结算单据上注明的运输费用（包括铁路临管线及铁路专线运输费用）、建设基金，不包括装卸费、保险费等其他杂费

2. 可抵扣进项税额凭证

全面营业税改征增值税后，可以认证抵扣或者计算抵扣的凭证大致有 8

种，分别是一般纳税人常用的“增值税专用发票”、即将退出历史舞台的“货物运输业增值税专用发票”“机动车销售统一发票”、进口环节取得的“海关进口增值税缴款书”“中华人民共和国税收缴款凭证”“农产品销售发票”“农产品收购发票”以及道路、桥、闸通行费“×× 地方税务机关监制发票”。见表 3-1。

表 3-1　可抵扣进项税额凭证

抵扣凭证种类		出具方	抵扣金额	备　注
1	增值税专用发票	销售方或通过税务机关代开	注明的增值税税额	
2	机动车销售统一发票	销售方	注明的增值税税额	
3	海关进口增值税缴款书	海关	注明的增值税税额	进口环节的增值税是由海关代征的
4	税收缴款凭证	税务机关	注明的增值税税额	预缴税款、代扣代缴税收缴款、接受境外单位或者个人提供的应税服务时适用
5	农产品销售发票	销售方	买价 ×9%	买价，是指纳税人购进农产品在收购发票或者销售发票上注明的价款和按照规定缴纳的烟叶税
6	农产品收购发票	购货方	买价 ×9%	同上
7	道路、桥、闸通行费	高速公路运营方	发票上注明的金额 ÷（1+3%）×3%	通行费发票，不含财政票据
7	道路、桥、闸通行费	一级公路、二级公路、桥、闸运营方	发票上注明的金额 ÷（1+5%）×5%	通行费发票，不含财政票据
8	土地出让金省级以上（含）财政部门监（印）制的财政票据	政府相关部门	票据上注明的金额 ÷（1+9%）×9%	财政票据不是严格意义上的抵扣凭证，是房地产行业销售额的扣除项目

自 2019 年 4 月 1 日起，根据《财政部税务总局海关总署关于深化增值税改革有关政策的公告》规定，纳税人购进国内旅客运输服务，其进项税额允许从销项税额中抵扣。

纳税人未取得增值税专用发票的，暂按照以下规定确定进项税额：

1
- 取得增值税电子普通发票的，为发票上注明的税额

2
- 取得注明旅客身份信息的航空运输电子客票行程单的，为按照下列公式计算进项税额：
- 航空旅客运输进项税额 =（票价 + 燃油附加费）÷（1+9%）×9%

3
- 取得注明旅客身份信息的铁路车票的，为按照下列公式计算的进项税额：
- 铁路旅客运输进项税额 = 票面金额 ÷（1+9%）×9%

4
- 取得注明旅客身份信息的公路、水路等其他客票的，按照下列公式计算进项税额：
- 公路、水路等其他旅客运输进项税额 = 票面金额 ÷（1+3%）×3%

3.1.3 不得抵扣的进项税额

按照“财税〔2016〕36 号文”附件 1 第二十七条规定，下列项目的进项税额不得从销项税额中抵扣：

（1）购进农产品，除取得增值税专用发票或者海关进口增值税专用缴款书外，按照农产品收购发票或者销售发票上注明的农产品买价和 9% 的扣除率计算的进项税额。

其计算公式为：

进项税额 = 买价 × 扣除率

（2）购进或者销售货物以及在生产经营过程中支付运输费用的，按照运输费用结算单据上注明的运输费用金额和 9% 的扣除率计算的进项税额。

其计算公式为：

进项税额 = 运输费用金额 × 扣除率

（3）已抵扣进项税额的不动产，发生非正常损失，或者改变用途，专用于简易计税方法计税项目、免征增值税项目、集体福利或者个人消费的，按照下列公式计算不得抵扣的进项税额，并从当期进项税额中扣减：

不得抵扣的进项税额＝已抵扣进项税额 × 不动产净值率

不动产净值率＝（不动产净值 ÷ 不动产原值）×100%

（4）按照规定不得抵扣进项税额的不动产，发生用途改变，用于允许抵扣进项税额项目的，按照下列公式在改变用途的次月计算可抵扣进项税额。

可抵扣进项税额 = 增值税扣税凭证注明或计算的进项税额 × 不动产净值率

3.1.4 会计科目及专栏设置

增值税一般纳税人应当在“应交税费”科目下设置“应交增值税”“未交增值税”“预交增值税”“待抵扣进项税额”“待认证进项税额”“待转销项税额”“增值税留抵税额”“简易计税”“转让金融商品应交增值税”“代扣代交增值税”等明细科目。

1. 应交税费明细科目

应交税费明细科目说明，见表 3-2。

表 3-2 应交增值税明细科目说明

细　目	具体说明
进项税额	一般纳税人购进货物、加工修理修配劳务、服务、无形资产或不动产而支付或负担的、准予从当期销项税额中抵扣的增值税额
销项税额抵减	一般纳税人按照现行增值税制度规定因扣减销售额而减少的销项税额
已交税金	一般纳税人当月已交纳的应交增值税额
“转出未交增值税”和“转出多交增值税”	一般纳税人月度终了转出当月应交未交或多交的增值税额
减免税款	一般纳税人按现行增值税制度规定准予减免的增值税额
出口抵减内销产品应纳税额	实行“免、抵、退”办法的一般纳税人按规定计算的出口货物的进项税抵减内销产品的应纳税额
销项税额	一般纳税人销售货物、加工修理修配劳务、服务、无形资产或不动产应收取的增值税额
出口退税	一般纳税人出口货物、加工修理修配劳务、服务、无形资产按规定退回的增值税额
进项税额转出	一般纳税人购进货物、加工修理修配劳务、服务、无形资产或不动产等发生非正常损失以及其他原因而不应从销项税额中抵扣、按规定转出的进项税额
未交增值税	核算一般纳税人月度终了从“应交增值税”或“预交增值税”明细科目转入当月应交未交、多交或预缴的增值税额，以及当月交纳以前期间未交的增值税额
预交增值税	核算一般纳税人转让不动产、提供不动产经营租赁服务、提供建筑服务、采用预收款方式销售自行开发的房地产项目等，以及其他按现行增值税制度规定应预缴的增值税额

续上表

细　目	具体说明
待抵扣进项税额	核算一般纳税人已取得增值税扣税凭证并经税务机关认证，按照现行增值税制度规定准予以后期间从销项税额中抵扣的进项税额
待认证进项税额	核算一般纳税人由于未经税务机关认证而不得从当期销项税额中抵扣的进项税额。包括：一般纳税人已取得增值税扣税凭证、按照现行增值税制度规定准予从销项税额中抵扣，但尚未经税务机关认证的进项税额；一般纳税人已申请稽核但尚未取得稽核相符结果的海关缴款书进项税额
待转销项税额	核算一般纳税人销售货物、加工修理修配劳务、服务、无形资产或不动产，已确认相关收入（或利得）但尚未发生增值税纳税义务而需于以后期间确认为销项税额的增值税额
增值税留抵税额	当期销项税额小于进项税额的差额，结转到下一个纳税期继续抵扣
简易计税	核算一般纳税人采用简易计税方法发生的增值税计提、扣减、预缴、缴纳等业务
转让金融商品应交增值税	核算增值税纳税人转让金融商品发生的增值税额
代扣代交增值税	核算纳税人购进在境内未设经营机构的境外单位或个人在境内的应税行为代扣代缴的增值税

2. 当期进项税额的确定

当期进项税额是指纳税人当期购进货物或者应税劳务已缴纳的增值税税额。它主要体现在从销售方取得的增值税专用发票上或海关进口增值税专用缴款书上。

当期进项税额计算公式：

当期进项税额 = 不含税采购额 × 适用税率

其中，不含税销售额 = 含税采购额 ÷（1+ 适用税率）

（1）一般纳税人兼营免税项目或者非增值税应税劳务而无法划分不得抵扣的进项税额的，按下列公式计算不得抵扣的进项税额：

不得抵扣的进项税额 = 当月无法划分的全部进项税额 × 当月免税项目销售额、非增值税应税劳务营业额合计 ÷ 当月全部销售额、营业额

（2）合计购进货物或者应税劳务，取得的增值税扣税凭证不符合法律、行政法规或者国务院税务主管部门有关规定的，其进项税额不得从销项税额中抵扣。

3.1.5 增值税进项税额的账务处理

增值税一般纳税人的账务处理，见表 3-3。

表 3-3 增值税进项税额的账务处理

财务情景		账务处理
采购等业务进项税额允许抵扣的账务处理	一般纳税人购进货物、加工修理修配劳务、服务、无形资产或不动产	借：在途物资 / 原材料 / 库存商品 / 生产成本 / 无形资产 / 固定资产 / 管理费用等 应交税费——应交增值税（进项税额） ——待认证进项税额 贷：应付账款 / 应付票据 / 银行存款等
采购等业务进项税额不得抵扣的账务处理		借：相关成本费用或资产科目 应交税费——待认证进项税额 贷：银行存款 / 应付账款等科经税务机关认证后 借：相关成本费用或资产科目 贷：应交税费——应交增值税（进项税额转出）
购进不动产或不动产在建工程按规定进项税额分年抵扣的账务处理		借：固定资产 / 在建工程等 应交税费——应交增值税（进项税额） ——待抵扣进项税额（按以后期间可抵扣的增值税额） 贷：应付账款 / 应付票据 / 银行存款等 尚未抵扣的进项税额待以后期间允许抵扣时 借：应交税费——应交增值税（进项税额） 贷：应交税费——待抵扣进项税额
货物等已验收入库但尚未取得增值税扣税凭证的账务处理		借：原材料 / 库存商品 / 固定资产 / 无形资产 应交税费——应交增值税（进项税额） 贷：应付账款
购买方作为扣缴义务人的账务处理		借：生产成本 / 无形资产 / 固定资产 / 管理费用 应交税费——进项税额 贷：应付账款等 应交税费——代扣代交增值税 实际缴纳代扣代缴增值税时，按代扣代缴的增值税额 借：应交税费——代扣代交增值税 贷：银行存款

3.2 购进固定资产的增值税会计处理

购进固定资产的分为自建和外购两种方式。

3.2.1 自建或购置厂房

2019 年 3 月 21 日，财政部、税务总局、海关总署公布《关于深化增值税改革有关政策的公告》，从 2019 年 4 月 1 日起，纳税人取得不动产支付的进项税由分两年抵扣改为一次性全额抵扣，增加纳税人当期可抵扣进项税。

自行建造不动产的成本，由建造该项资产达到预定可使用状态前所发生的必要支出构成，包括直接材料、直接人工、直接机械施工费等。在建造时，通过“在建工程”科目进行归集，自行建造不动产完工时，借记“固定资产”科目，贷记“在建工程”科目。具体账务处理如图 3-2 的所示。

购进工程物资时：

借：工程物资
　　应交税费——应交增值税（进项税额）
　　贷：银行存款

领用工程物资时：

借：在建工程
　　贷：工程物资

支付其他工程费用时：

借：在建工程
　　贷：银行存款/应付职工薪酬

领用本企业产品时（不动产）：

借：在建工程
　　贷：库存商品
　　　　应交税费——应交增值税（销项税额）

领用本企业外购产品时（不动产）：

借：在建工程
　　贷：原材料
　　　　应交税费——应交增值税（进项税额转出）

工程完工时（不动产）：

借：固定资产
　　贷：在建工程

图 3-2　自行建造固定资产

【例 3-1】2019 年 4 月 1 日，泽百鑫有限公司采用自营方式建造厂房一座，发生如下有关业务：以银行存款 965 020 元购入工程专用物资一批，增值税专用发票上注明的买价为 854 000 元，增值税税额为 111 020 元。所购入物资全部投入工程建设，分配工程建设人员的职工薪酬 77 900 元。以银行存款支付工程管理费用 22 300 元，应由工程成本负担的分期制长期借款利息 54 300 元

（假定按合同利率当利息计算）。工程完工，经验收交付使用。

（1）购入工程物资时：

借：工程物资　854 000

　　应交税费——应交增值税（进项税额）　111 020

　　贷：银行存款　965 020

（2）领用工程物资时：

借：在建工程——厂房　854 000

　　贷：工程物资　854 000

（3）分配工程建设人员的职工薪酬时：

借：在建工程——厂房　77 900

　　贷：应付职工薪酬　77 900

（4）支付工程管理费时：

借：在建工程——厂房　22 300

　　贷：银行存款　22 300

（5）计算应由工程成本负担的借款利息时：

借：在建工程——厂房　54 300

　　贷：应付利息　54 300

（6）工程完工使用时：

借：固定资产（854 000+77 900+22 300+54 300）　1 008 500

　　贷：在建工程——厂房　1 008 500

用于简易计税方法计税项目、免征增值税项目、集体福利或者个人消费的不动产和不动产在建工程，也应在纳税人建立的台账中记录法规要求建立台账，归集不动产、不动产在建工程成本、费用、扣税凭证及进项税额抵扣情况。

3.2.2 外购固定资产的账务处理

固定资产应当按照取得时成本进行初始计量。对于特定行业的特定固定资产（如核工业反应堆），确定其初始入账成本时还应考虑弃置费用。

企业外购固定资产的成本，包括购买价款、相关税费和使固定资产达到预定可使用状态前所发生的可归属于该项资产的运输费、装卸费、安装费和专业人员服务费（不含可抵扣的增值税进税额）等。

固定资产入账成本 = 买价 + 装卸费 + 运输费 + 安装费 + 专业人员服务费等

提示：一般纳税人购入固定资产支付的增值税，可以作为进项税抵扣。小规模纳税人购入固定资产支付的增值税不可以抵扣，直接计入固定资产的成本。

【例 3-2】 2019 年 4 月 1 日，仙安有限公司从立泽有限公司购入一台需要安装的设备，设备买价 112 000 元，增值税 14 560 元，运杂费 440 元（运输公司增值税率为 9%）。按合同约定，设备由供货方安装，安装费 2 712 元。全部款项中买价和增值税尚未支付，其余以用银行存款付讫，设备安装并交付使用。

（1）购入设备时，采购成本 =112 000+440 ÷（1+9%）=112 403.67（元）

运费的进项增值税额 =440 ÷（1+9%）× 10%=40.37（元）

借：在建工程　　112 403.67

　　应交税费——应交增值税（进项税额）（14 560+40.37）14 600.37

　　贷：应付账款　　126 564.04

　　银行存款　　440

（2）支付安装费用时。2 712 ÷（1+13%）=2 400（元）

借：在建工程　　2 400

　　应交税费——应交增值税（进项税额）　　312

　　贷：银行存款　　2 712

（3）2017 年 2 月 26 日，设备安装完毕并交付使用时。固定资产入账价值 =112 403.67+2 400=114 803.67（元）

借：固定资产　　114 803.67

　　贷：在建工程　　114 803.67

销售行为如果既涉及服务又涉及货物，为混合销售。从事货物的生产、批发或者零售的单位和个体工商户的混合销售行为，按照销售货物缴纳增值税；其他单位和个体工商户的混合销售行为，按照销售服务缴纳增值税。

3.3 原材料采购涉税处理

原材料是指企业在生产过程中经加工改变其形态或性质并构成主要实体的各类原料及主要材料、辅助材料、外购半成品（外购件）、修理用备件（备品备件）、包装材料、燃料等。

为建造固定资产等各项工程而储备的各种材料，虽然同属于材料，但是由于用于建造固定资产各项工程，不符合存货的定义，因此不能作为企业存货核算。

【例 3-3】 2019 年 4 月 1 日，北辰商贸有限公司从玉树农贸公司购入玉米 40 吨，增值税专用发票注明原料价款 120 000 元，增值税 10 800 元。维达制药有限公司收到物资并验收入库，由于银行存款不足而暂未支付货款。（假设不考虑运费的税费），增值税专用发票见表 3-4。

表 3-4

深圳增值税专用发票

320004341　　　　全国统一发票专用章　发票联　国家税务总局监制　　　　No：01092781

开票日期：2019 年 4 月 1 日

购货单位	名称：北辰商贸有限公司 纳税人识别号：3456769870786543 地址、电话：香江市龙华新区农料技术企业园　87563643 开户行及账号：香江工商银行石街支行 3465767687352343			密码区	略		
货物或应税劳务名称	规格型号	单位	数量	单价	金额	税率（%）	税额
玉米		吨	40	585	￥109 200	9%	￥10 800
价税合计（大写）	× 壹拾贰万元整　　　（小写）￥120 000						
销货单位	名　　称：玉树农贸公司 纳税人识别号：85643213457697 地 址、电 话：香江市河西镇北路 12 号 87651243 开户行及账号：中行河西镇分理处 66453432436			备注	玉树农贸公司 432134134971532 发票专用章		

收款人：周飞　　　复核：何枫　　　开票人：罗玉　　　销货单位：

借：原材料　　109 200

　　应交税费——应交增值税（进项税额）　　10 800

　　贷：银行存款　　120 000

货款通过网上银行支付，凭证见表 3-5。

表 3-5　网上银行资金划拨申请单

2019 年 4 月 1 日

资金划拨内容：支付玉树农贸公司玉米款			
划拨金额（大写）：壹拾佰贰万元整			¥120 000
收款单位户名：玉树农贸公司			
收款单位开户银行：中行河西镇分理处			
收款单位账号：66453432436			
经办人：岳　阳	财务负责人：顾小英	单位负责人：张丕显	
支付操作：胡云旭		支付审批：丁　梅	
备注：			

若是发生退货，“进项税额”专栏退货时只能红字冲减，2 月 11 日收到销货方开来的红字发票货款 120 000 元。

借：银行存款　　120 000

　　应交税费——应交增值税（进项税额）　　10 800（红字）

　　贷：库存商品　　109 200

【例 3-4】2019 年 4 月 1 日，一般纳税人甲集团公司，购入一批建筑材料用于销售，取得增值税专用发票并认证相符，专用发票注明的增值税税额为 100 万元，在购进的当期全额抵扣进项税额。10 月 20 日，纳税人将该批材料用于新建的综合办公大楼的在建工程项目。

按照政策规定，该 100 万元进项税额在购进的当期可全额抵扣，在后期用于不动产在建工程时，做如下处理：

该 100 万元进项税额需要转出，填入到《增值税纳税申报表附列资料（二）》“本期进项税额转出额”。

申报表填报方法见表 3-6，表 3-7 所示（申报表单位为元）。

表 3-6　增值税纳税申报表附列资料（二）

二、进项税额转出额		
项目	栏次	税额
本期进项税额转出额	13=14 至 23 之和	1 000 000
其中：免税项目用	14	
集体福利、个人消费	15	
非正常损失	16	
简易计税方法征税项目用	17	
免抵退税办法不得抵扣的进项税额	18	
纳税检查调减进项税额	19	
红字专用发票信息表注明的进项税额	20	
上期留抵税额抵减欠税	21	
上期留抵税额退税	22	
其他应作进项税额转出的情形	23	1 000 000

表 3-7　增值税纳税申报表附列资料（五）

期初待抵扣不动产进项税额	本期不动产进项税额增加额	本期可抵扣不动产进项税额	本期转入的待抵扣不动产进项税额	本期转出的待抵扣不动产进项税额	期末待抵扣不动产进项税额
1	2	3 ≤ 1+2+4	4	5 ≤ 1+4	6=1+2−3+4−5
0	0	0	1 000 000	0	1 000 000

3.4 企业如何申报车船税

车船税也就是车船使用税。车船使用税是对行驶于公共道路的车辆和航行于国内河流、湖泊或领海、口岸的船舶，按照其种类（如机动车辆、非机动车辆、载人汽车、载货汽车等）、吨位和规定的税额计算征收的一种使用行为税。

我国对车船课税历史悠久，早在公元前 129 年（汉武帝元光六年），我国就开征了算商车。明清时，曾对内河商船征收船钞。1945 年 6 月，国民党政府公布了《使用牌照税法》，在全国统一开征车船使用牌照税。新中国成立后，中央人民政府政务院于 1951 年颁布了《车船使用牌照税暂行条例》，对车船征收车船使用牌照税。1973 年工商税制改革时，将企业缴纳的车船使用牌照税并入工商税。

直到 1986 年 9 月国务院才正式发布了《中华人民共和国车船使用税暂行条例》，从 1986 年 9 月起在全国范围内实行。1993 年又对车船使用税进行了修改，改名为车船税。

2011 年 12 月，国务院依据《中华人民共和国车船税法》颁布了《中华人民共和国车船税法实施条例》。该车船税法及其实施条例从 2012 年 1 月 1 日开始，正式实施。

3.4.1 征税对象及范围

（1）车船税的征税范围是指依法应当在车船管理部门登记的车船。

（2）车船管理部门是指公安、交通、农业、渔业、军事等依法具有车船管理职能的部门。

（3）在机场、港口以及其他企业内部场所行驶或者作业，并在车船管理部门登记的车船，应当缴纳车船税。

（4）拖船，是指专门用于拖（推）动运输船舶的专业作业船舶。

3.4.2 纳税人

在中华人民共和国境内属于本法所附《车船税税目税额表》规定的车辆、船舶（以下简称车船）的所有人或者管理人，为车船税的纳税人。

单位是指行政机关、事业单位、社会团体以及各类企业。个人是指我国境内的居民和外籍个人。同时还规定，应税车船的所有人或管理人未缴纳车船税的，应由使用人代缴。

在机场、港口以及其他企业内部场所行驶或者作业，并在车船管理部门登记的车船，应当缴纳车船税。

从事机动车第三者责任强制保险业务的保险机构为机动车车船税的扣缴义务人，应当在收取保险费时依法代收车船税，并出具代收税款凭证。

3.4.3 车船税应纳税额的计算

1. 一般情况下应纳税额的计算

◆载客汽车、摩托车的应纳税额 = 车辆数 × 适用单位税额

◆载货汽车、三轮汽车、低速货车的应纳税额 = 自重数 × 适用单位税额

◆船舶的应纳税额 = 净吨位数 × 适用单位税额

◆购置的新车船，购置当年的应纳税额自纳税义务发生的当月起按月计算。计算公式为：

$$\text{应纳税额} = \frac{\text{年应纳税额}}{12} \times \text{应纳税月份数}$$

2. 特殊情况下应纳税额的计算

◆购买短期“交强险”的车辆

对于境外机动车临时入境、机动车临时上道路行驶、机动车距规定的报废期限不足一年而购买短期“交强险”的车辆，保单中“当年应缴”项目的计算公式为：

$$\text{当年应缴} = \text{计税单位} \times \text{年单位税额} \times \frac{\text{应纳税月份数}}{12}$$

其中，应纳税月份数为“交强险”有效期起始日期的当月至截止日期当月的月份数。

◆已向税务机关缴税的车辆或税务机关已批准减免税的车辆

对于已向税务机关缴税或税务机关已经批准免税的车辆，保单中"当年应缴"项目应为0；对于税务机关已批准减税的机动车，保单中"当年应缴"项目应根据减税前的应纳税额扣除依据减税证明中注明的减税幅度计算的减税额确定，计算公式为：

减税车辆应纳税额 = 减税前应纳税额 ×（1− 减税幅度）

3.4.4 车船使用税标准

车船税税目和税额如下。

（1）2018年车辆使用税标准，见表3-8。

表3-8　车辆使用税标准

	税　目	计税单位	车辆税税额标准（元）
乘用车[按发动机汽缸容量（排气量）分档]	1.0升（含）以下	每辆	60~360
	1.0升以上至1.6升（含）		300~540
	1.6升以上至2.0升（含）		360~660
	2.0升以上至2.5升		660~1 200
	2.5升以上至3.0升		1 200~2 400
	3.0升以上至4.0升		2 400~3 600
	4.0升以上		3 600~5 400
商用车	大型客车[核定载客人数20（含）人以上]	每辆	1 140
	中型客车（核定载客人数大于9人且小于20人）		960
	货车	整备质量每吨	96
挂车		整备质量每吨	按照货车税额的50%计算
其他车辆	专用作业车	整备质量每吨	96
	轮式专用机械车		96
摩托车		每辆	120

（2）2018 年船舶使用税标准，见表 3-9。

表 3-9 船舶使用税标准

	税目	计税单位	船舶使用税税额标准（元）
机动船舶	净吨位不超过 200 吨的	每吨	3
	净吨位超过 200 吨但不超过 2 000 吨的		4
	净吨位超过 2 000 吨但不超过 10 000 吨的		5
	净吨位超过 10 000 吨的		6
拖船	按照发动机功率每 1 千瓦折合净吨位 0.67 吨计算		
拖船、非机动驳船	分别按照机动船舶税额的 50% 计算		
游艇	艇身长度不超过 10 米的	每米	600
	艇身长度超过 10 米但不超过 18 米的		900
	艇身长度超过 18 米但不超过 30 米的		1 300
	艇身长度超过 30 米的		2 000
	辅助动力帆艇		600

各类车辆的车船税额经过一次调整，调整之后的税额普遍上涨。就目前的情况来看，车船税一般是汽车排量越大，车船税越高。

根据车船税新标准，对于新能源车而言，每年的车船税是零，而对于 1.6L 及其以下小排量车型而言，每年少交的车船税大概从几十元到两百元不等。

3.4.5 申报纳税

（1）车船的所有人或者管理人未缴纳车船税的，使用人应当代为缴纳车船税。

（2）纳税人在购买机动车交通事故责任强制保险时缴纳车船税的，不再向地方税务机关申报纳税。

（3）从事机动车交通事故责任强制保险业务的保险机构为机动车车船税的扣缴义务人，应当依法代收代缴车船税。

（4）由扣缴义务人代收代缴机动车车船税的，纳税人应当在购买机动车交通事故责任强制保险的同时缴纳车船税。

（5）扣缴义务人应当及时解缴代收代缴的税款，并向地方税务机关申报。扣缴义务人解缴税款的具体期限，由各省、自治区、直辖市地方税务机关依照法律、行政法规的规定确定。

（6）在一个纳税年度内，已完税的车船被盗抢、报废、灭失的，纳税人可以凭有关管理机关出具的证明和完税证明，向纳税所在地的主管地方税务机关申请退还自被盗抢、报废、灭失月份起至该纳税年度终了期间的税款。

（7）已办理退税的被盗抢车船，失而复得的，纳税人应当从公安机关出具相关证明的当月起计算缴纳车船税。

车船税按年申报，分月计算，一次性缴纳。纳税年度为公历 1 月 1 日至 12 月 31 日。车船税按年申报缴纳。具体纳税申报期限由省、自治区、直辖市人民政府规定。

【例 3-5】 北辰商贸有限公司拥有乘人大客车 10 辆（排气量 2.5 升以上至 3.0 升），小客车 15 辆（排气量 1.6 升以上至 2.0 升）。计算该公司应纳车船税。（大型客车每吨年税额 1 140 元，乘人大客车每辆年税额 1 800 元，小客车每辆年税额 450 元）

全年应纳车船税额 =10 × 1 800+15 × 450=24 750（元）

借：税金及附加——车船税　　　　24 750

　　贷：应交税费——应交车船税　　　　24 750

根据上述资料，填写车船税纳税申报表，见表 3-10。

表 3-10 车船税纳税申报表

统一社会信用代码	1	3	2	7	9	0	5	2	0	8	7	5	4	3	8	7	2	1

纳税人名称：（公章）北辰商贸有限公司

税款所属期限：自 2018 年 1 月 1 日至 2018 年 12 月 31 日

填表日期：2019 年 1 月 10 日　　　　金额单位：元

北辰商贸有限公司 565878787653 财务专用章

车船类别		计税单位	税额标准	数量	适用税额	本期应纳税额	本期已缴税额	本期应补（退）税额
载客汽车	排气量 1.0 升以下	每辆	60~360					
	排气量 1.0 升 -1.6 升	每辆	300~540	15	450	6 750	0	6 750
	排气量 2.0 升	每辆	360~660					
	排气量 2.5 升以上	每辆	1 200~2 400	10	1 800	18 000	0	12 000
	排气量 3.0 升以上 -4.0 升	每辆	2 400~3 600					
	排气量 4.0 升	每辆	3 600~5 400					
载货汽车（包括半挂牵引车、挂车）		按自重每吨						
三轮汽车		按自重每吨						
低速货车		按自重每吨						
摩托车		每辆						
专项作业车		按自重每吨						
轮式专用机械车		按自重每吨						
小计			——					
船舶	净吨位小于或等于 200 吨	每吨	3 元					
	净吨位 201 吨至 2 000 吨	每吨	4 元					
	净吨位 2 001 吨至 10 000 吨	每吨	5 元					
	净吨位 10 001 吨及其以上	每吨	6 元					
	小计		——					
合计						24 750		24 750

纳税人或代理人声明：此纳税申报表是根据国家税收法律的规定填报的，我确信它是真实的、可靠的、完整的。	如纳税人填报，由纳税人填写以下各栏					
	经办人（签章）	张伟	会计主管（签章）	艾辰	法定代表人（签章）	金昌明
	如委托代理人填报，由代理人填写以下各栏					
	代理人名称		代理人（公章）			
	经办人（签章）					
	联系电话					
以下由税务机关填写						
受理人		受理日期		受理税务机关（签章）		

填表说明：

（1）本表适用于自行申报车船税的纳税人填报。

（2）本表"车船类别"相应栏次分别根据《附表》同类别车船对应栏次合计填写。

3.5 企业如何申报车辆购置税

有关购置税的历史由来已久，但正式签订要追溯到 2000 年，当年的 12 月 22 日，国务院签署 294 号令，通过《中华人民共和国车辆购置税暂行条例》（以下简称《条例》），决定以车辆购置税取代车辆购置附加费，而该条例的实施也正式实现了由费改税的历史性突破。车辆购置税是对在境内购置规定车辆的单位和个人征收的一种税，它由车辆购置附加费演变而来。2018 年 12 月 29 日，第十三届人民代表大会第七次常务委员会通过了《中华人民共和国车辆购置税法》，并废除了实行大约 18 年的《车辆购置税暂行条例》，自 2019 年 7 月 1 日起施行。

3.5.1 纳税人

在中华人民共和国境内购置汽车、有轨电车、汽车挂车、排气量超过 150 毫升的摩托车（以下统称应税车辆）的单位和个人，为车辆购置税的纳税人。

3.5.2 征收办法及税率

车辆购置税实行一次性征收。购置已征车辆购置税的车辆，不再征收车辆购置税。车辆购置税税率 10%。

3.5.3 计税价格

应税车辆的计税价格，按照下列规定确定：

购买自用应税车辆的计税价格

为纳税人实际支付给销售者的全部价款，不包括增值税税款

进口自用应税车辆的计税价格

为关税完税价格加上关税和消费税

自产自用应税车辆的计税价格

按照纳税人生产的同类应税车辆的销售价格确定，不包括增值税税款

以受赠、获奖或者其他方式取得自用

按照购置应税车辆时相关凭证载明的价格确定，不包括增值税税款

按照《车辆购置税法》的规定，计算公式为：

应纳税额＝计税价格 × 税率

其中“计税价格”为全部价款和价外费用（不含增值税）。

3.5.4 税收优惠

车辆购置税优惠政策跟私家车无关，下列车辆免征车辆购置税：

01 依照法律规定应当予以免税的外国驻华使馆、领事馆和国际组织驻华机构及其有关人员自用的车辆

02 中国人民解放军和中国人民武装警察部队列入装备订货计划的车辆

03 悬挂应急救援专用号牌的国家综合性消防救援车辆

04 设有固定装置的非运输专用作业车辆

05 城市公交企业购置的公共汽电车辆

另外，财政部等部委发布《关于免征新能源汽车车辆购置税的公告》（2017年第172号）从2018年1月1日至2020年12月31日，新能源汽车无需缴纳购置税。

全面试行营业税改征增值税后，“营业税金及附加”科目名称调整为“税金及附加”科目，该科目核算企业经营活动发生的消费税、城市维护建设税、资源税、教育费附加及房产税、土地使用税、车船使用税、印花税等相关税费；利润表中的“营业税金及附加”项目调整为“税金及附加”项目。税金及附加是指企业经营活动应负担的相关税费，包括消费税、城市维护建设税、教育费附加、资源税、房产税、城镇土地使用税、车船税、印花税等。

企业应当设管“税金及附加”科目，核算企业经营活动发生的消费税、城市维护建设税、教育费附加、资源税、房产税城镇土地使用税、车船税、印花税等相关税费。其中，按规定计算确定的与经营活动相关的消费税、城市维护建设税、资源税、教育费附加、房产税、城镇土地使用税、车船税等税费，企业应借记“税金及附加”科目，贷记“应交税费”科目。期末，应将“税金及附加”科目余额转入“本年利润”科目，结转后，“税金及附加”科目无余额。企业交纳的印花税，不会发生应付未付税款的情况，不需要预计应纳税金额，同时也不存在与税务机关结算或者清算的问题。因此，企业交纳的印花税不通过“应交税费”科目核算，于购买印花税票时，直接借记“税金及附加”科目，贷记“银行存款”科目。

【例 3-6】 北辰商贸有限公司管理部门 2019 年 4 月 1 日从长春汽车制造厂购买一辆汽车，不含税价格为 287 000 元，增值税进项税额为 37 310 元。小汽车消费税税率为 5%。消费税额为 14 350 元，车辆购置税为 28 700 元。假如不考虑车辆保险费和车辆报废残值，该单位按 5 年计提折旧。

小汽车计税价格 =287 000+14 350=301 350（元）

应交车辆购置税 =301 350 × 10%=30 135（元）

1. 按会计准则规定的会计处理如下：

（1）购入时：

借：固定资产——小汽车　　301 350

　　应交税费——应交增值税（进项税额）　　37 310

　　　　　　——应交车辆购置税　　30 135

　贷：银行存款　　368 795

（2）上交税款时：

借：应交税费——应交车辆购置税　　30 135

　贷：银行存款　　30 135

小企业会计准则规定，小企业缴纳的印花税、耕地占用税、契税以及不需要预提的应缴税金，不通过“应交税费”科目核算。其中，小企业缴纳的印花税，计入税金及附加，缴纳的耕地占用税计入在建工程成本，缴纳的契税计入固定资产或无形资产成本。因此，小企业购买车辆缴纳的车辆购置税，应当计入固定资产成本，借记“固定资产”科目，贷记“银行存款”科目。

2. 按小会计准则规定的会计处理如下：

（1）购入时：

借：固定资产　　　　　　　　　　　　　　　　　368 795

　　贷：银行存款　　　　　　　　　　　　　　　　　368 795

3. 该车辆按直线法分 4 年摊销，即每年摊销额 =368 795 ÷ 5=73 759（元）。

借：管理费用　　　　　　　　　　　　　　　　　73 759

　　贷：累计折旧　　　　　　　　　　　　　　　　　73 759

从上述分析可以看出，企业缴纳的车辆购置税不管是企业会计准则还是小企业会计准则，均计入固定资产成本，作为固定资产计税价格的组成部分。车辆购置税，不是通过“税金及附加”科目核算直接计入当期损益，而是通过计提折旧的方式，分期计入费用，即通过资本化的方式计入固定资产原值，然后分期摊销。

购置税只在购车时一次性缴纳，以后使用时不用缴纳，购置税是按车款的 10% 征收。

表 3-12　车辆购置税纳税申报表

填表日期：2019 年 5 月 1 日　　　行业代码：　　　　　注册类型代码：

纳税人名称：北辰商贸有限公司　　　　　　　　　　　金额单位：元

<table>
<tr><td>纳税人证件名称</td><td colspan="2">北辰商贸有限公司</td><td>社会信用代码</td><td colspan="2">345676987078654323</td></tr>
<tr><td>联系电话</td><td colspan="2">031-87563643</td><td>地址</td><td colspan="2">香江市龙华新区农料技术企业园</td></tr>
<tr><td colspan="6">车辆基本情况</td></tr>
<tr><td>车辆类别</td><td colspan="5">1. 车□；2. 摩托车□；3. 电车□；4. 挂车□；5. 农用运输车□。</td></tr>
<tr><td>生产企业名称</td><td colspan="2">长春汽车制造厂</td><td colspan="2">厂牌型号</td><td>ZK455</td></tr>
<tr><td>车辆识别代号（车架号码）</td><td colspan="2"></td><td colspan="2">发动机号码</td><td></td></tr>
<tr><td colspan="6">车辆购置信息</td></tr>
<tr><td>机动车销售统一发票（或有效凭证）号码</td><td>755432</td><td>机动车销售统一发票（或有效凭证）价格</td><td>37 654</td><td>价外费用</td><td></td></tr>
<tr><td>关税完税价格</td><td></td><td>关税</td><td></td><td>消费税</td><td>14 350</td></tr>
</table>

续上表

购置日期	2019 年 4 月 14 日			免（减）税条件	
申报计税价格	计税价格	税率	应纳税额	免（减）税额	实纳税额
301 350		10%	30 135		30 135
申报人声明			授权声明		
此纳税申报表是根据《中华人民共和国车辆购置税暂行条例》、《车辆购置税征收管理办法》的规定填报的，是真实、可靠、完整的。 北辰商贸有限公司 565878787653 财务专用章 声明人（签名或盖章）：			如果您已委托代理人办理申报，请填写以下资料：为代理车辆购置税涉税事宜，现授权（　　）为本纳税人的代理申报人，任何与本申报表有关的往来文件，都可交予此人。 授权人（签名或盖章）：		
纳税人签名或盖章	如委托代理人的，代理人应填写以下各栏				
	代理人名称			代理人（签名或盖章）	
	经办人				
	经办人证件名称				
	经办人证件号码				
接收人： 接收日期：		主管税务机关（章）：			
备注：					

3.6 土地使用税

土地使用税是对使用国有土地的单位和个人，按使用的土地面积定额征收的税。以土地面积为课税对象，向土地使用人课征，属于以有偿占用为特点的行为税类型。土地使用税只在县以上城市开征，非开征地区城镇使用土地则不征税。

城镇土地使用税采用定额税率，即采用有幅度的差别税额，按大、中、小城市和县城、建制镇、工矿区分别规定每平方米土地使用税年应纳税额。

1. 城镇土地使用税纳税人

凡在城市、县城、建制镇、工矿区范围内使用土地的单位和个人，为城镇土地使用税的纳税义务人。城镇土地使用税的纳税人通常包括以下几类。

1 • 拥有土地使用权的单位或个人缴纳

2 • 拥有土地使用权的单位和个人不在土地所在地的，其土地的实际使用人和代管人为纳税人

3 • 土地使用权未确定或权属纠纷未解决的，其实际使用人为纳税人

4 • 土地使用权共有的，共有各方都是纳税人，由共有各方分别纳税

土地使用权共有的，以共有各方实际使用土地的面积占总面积的比例，分别计算缴纳城镇土地使用税。

2. 适用税额

城镇土地使用税采用定额税率，即采用有幅度的差别税额。

城镇土地使用税实行分级幅度税额。每平方米土地年税额规定如下：

1 • 大城市 1.5 元至 30 元

2 • 中等城市 1.2 元至 24 元

3 • 小城市 0.9 元至 18 元

4 • 县城、建制镇、工矿区 0.6 元至 12 元

（注：人口在 50 万以上的为大城市；人口在 20 万至 50 万之间为中等城市；人口在 20 万以下为小城市）

3. 计税依据

城镇土地使用税以纳税人实际占用的土地面积（平方米）为计税依据。

纳税人实际占用的土地面积，以房地产管理部门核发的土地使用证书与确

认的土地面积为准；尚未核发土地使用证书的，应由纳税人据实申报土地面积，据以纳税，待核发土地使用证以后再作调整。

4. 应纳税额的计算

城镇土地使用税的应纳税额依据纳税人实际占用的土地面积和适用单位税额计算。

年应纳税额 = 计税土地面积（平方米）× 适用税额

需要注意的是，土地使用税只对占用的土地按面积征收，不对建筑物收税，所以楼的使用面积和土地使用税无关。

5. 申报期限

房产税、车船使用税和城镇土地使用税均采取按年征收，分期交纳的方法。

【例 3-7】 北辰商贸有限责任公司拥有一宗 145 万平方米的土地使用权，其中市政道路及绿化带用地 10 万平方米，已完成厂房占用土地 94 万平方米，该地城镇土地使用税税额为 5 元 / 平方米，按季缴纳。

1. 应纳土地使用税额计算方法如下：

应缴纳城镇土地使用税的土地面积 =145−94−10=41（万平方米）

年度应纳税额 =41 × 5=205（万元）

每季度应纳税额 =205 ÷ 4=51.25（万元）

2. 上述北辰商贸有限责任公司的会计处理为：

（1）北辰商贸有限责任公司计算土地使用税时：

借：税金及附加——土地使用税　　512 500

　　贷：应交税费——应交土地使用税　　512 500

（2）上交土地使用税时：

借：应交税费——应交土地使用税　　512 500

　　贷：银行存款　　512 500

根据上述资料，填写城镇土地使用税纳税申报表附表，见表 3-13。

表 3-13　城镇土地使用税纳税申报表附表

统一社会信用代码　　　　　　328101400357612

纳税人名称：（公章）

北辰商贸有限公司

税款所属期限：自 2018 年 1 月 1 日至 2018 年 12 月 30 日　　填表日期：2019 年 1 月 5 日

金额单位：元（列至角分）

项目	土地增减月份	土地等级	实际占地面积	免税面积	应免税面积	单位税额	全年应纳税额（全年应冲抵税额）	缴纳次数	本期应纳税额	本期已缴税额	本期应补（退）税额
	1	2	3	4	5=3−4	6	7	8	9	10	11=9−10
年初申报土地面积	——		145	104	104	5	41	4	512 500		512 500
	——										
小计	——	——				——		——			
年内增减占地面积								——			
								——			
小计	——	——				——		——			
合计	——							——			
	——	——				——		——			512 500

3.7 耕地占用税

如果企业购置的是耕地，则需要缴纳耕地占用税，由于耕地占用税是在实际占用耕地之前一次性交纳的，不存在与征税机关清算和结算的问题，因此企业按规定交纳的耕地占用税，可以不通过“应交税费”科目核算。

属于耕地占用税征税范围的土地（以下简称应税土地）包括：

- 耕地，指用于种植农作物的土地
- 园地，指果园、茶园、其他园地
- 林地、牧草地、农田水利用地、养殖水面以及渔业水域滩涂等其他农用地

2018 年 9 月 5 日第十三届全国人大常委会第五次会议对《中华人民共和国耕地占用税法（草案）》进行了审议。（草案）规定：

1. 人均耕地不超过 1 亩的地区（以县、自治县、不设区的市、市辖区为单位，下同），每平方米为 10 元至 50 元
2. 人均耕地超过 1 亩但不超过 2 亩的地区，每平方米为 8 元至 40 元
3. 人均耕地超过 2 亩但不超过 3 亩的地区，每平方米为 6 元至 30 元
4. 人均耕地超过 3 亩的地区，每平方米为 5 元至 25 元

1. 税额幅度

耕地占用税以纳税人实际占用的耕地面积为计税依据，按照规定的适用税额一次性征收，应纳税额为纳税人实际占用的耕地面积（平方米）乘以适用税额。

国务院根据人均耕地面积和经济发展情况规定各省、自治区、直辖市耕地占用税的平均税额。

各省、自治区、直辖市耕地占用税适用税额的平均水平不得低于国务院规定的本地区平均税额。

2. 计税依据和应纳税额计算公式

耕地占用税以纳税人实际占用的耕地面积为计税依据，按照规定的适用税额一次性征收。

应纳税额计算公式为：实际占用的耕地面积（平方米）× 适用税额。

3. 纳税义务发生时间和纳税期限

纳税人自收到土地管理部门农用地转用批复文件之日起 30 日内申报缴纳耕地占用税。

单独选址项目占用耕地的，纳税人自收到土地管理部门建设用地批准书之日起 30 日内申报缴纳耕地占用税。

未经批准占用耕地的，纳税人应当自实际占用耕地之日起 30 日内申报缴纳耕地占用税。

【例 3-8】 假若北辰商贸有限公司购置一宗 60 万平方米的土地使用权，

该耕地占用税税额为 40 元 / 平方米。

借：税金及附加——耕地占用税　　　　24 000 000

　　贷：应交税费——应交耕地占用税　　　　24 000 000

借：应交税费——应交耕地占用税　　　　24 000 000

　　贷：银行存款　　　　24 000 000

根据上述资料，填写耕地占用税纳税申报表，见表 3-14。

表 3-14　耕地占用税纳税申报表

金额单位：元

纳税人名称	北辰商贸有限公司						
电脑编码			纳税人识别号			328101400357612	
经济性质			联系电话			68965432	
开户银行			银行账号			34657676873523433	
建设项目名称	丽园小区		国土局批准日期				
建设项目用途	住宅		国土局批准文号				
征用地地址	出让		国土局编号				
取得方式				合同号			
占地类别	批准占用面积（㎡）	实际占用面积（㎡）	计税面积（㎡）	税率（元 / ㎡）	应纳税额	批准减免税额	应缴税额
住宅	600 000	600 000	600 000	40	24 000 000	——	24 000 000
合计							24 000 000
减免税批准文号							
授权代理人	（如果你已委托代理申报人，请填写下列资料） 为代理一切税务事宜，现授权（地址）为本纳税人的代理申报人，任何与本报表有关的来往文件都可寄与此人。 代理人身份证号： 授权人签章： 年　月　日			声明	我声明：此纳税申报表是根据《中华人民共和国耕地占用税暂行条例》及其有关规定填报，我确信它是真实的、可靠的、完整的。 声明人签章： 年　月　日		

续上表

（以下部分由征收机关负责填写）							
占地类别	批准占用面积（㎡）	实际占用面积（㎡）	计税面积（㎡）	税率（元/㎡）	应纳税额	批准减免税额	应缴税额
住宅用地	600 000	600 000	600 000	40	24 000 000		24 000 000
合计				–			24 000 000
受理日期		受理人		征收机关（盖章）			

*（本表 A4 竖式，一式二份，纳税人留存一份，地税机关留存一份）

3.8 契税

契税是指国家在“土地、房屋”“权属转移”时，按照当事人双方签订的合同（契约），以及所确定价格的一定比例，向权属“承受人”征收的一种税。

契税是我国一个有着悠久历史的税种，最早可追溯至 1 600 多年前的东晋，在民间一直有着很深的影响。中华人民共和国成立后，在 1950 年 4 月 3 日发布了《契税暂行条例》，规定对土地、房屋的买卖、典当、赠予和交换征收契税。社会主义三大改造完成后，国家调整了土地、房屋管理政策，同时对《契税暂行条例》进行了修订，规定对公有制单位承受土地、房屋免征契税，使得契税征收范围大为缩小。因此，在一段时期内，全国契税征收工作基本上处于停顿状态。

1978 年实行改革开放后，国家重新调整了土地、房屋管理的有关政策，房地产市场逐步得到恢复和发展。为适应形势的要求，从 1990 年开始，全国契税征收工作全面恢复。国务院于 1997 年 7 月 7 日发布了《中华人民共和国契税暂行条例》（以下简称《条例》）。如图 3-1 所示。

1. 契税的纳税人

在我国境内“承受”（获得）“土地、房屋权属”（土地使用权、房屋所有权）

转移的单位和个人。

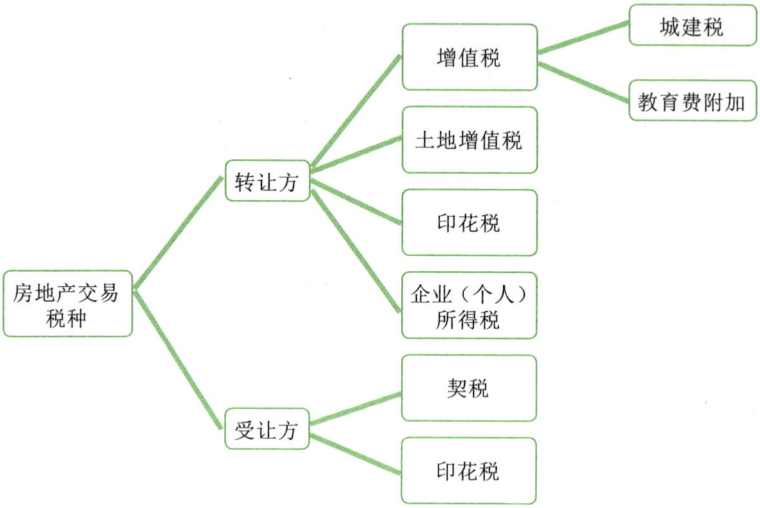

图 3-1 房地产交易涉及税种

2. 契税的征税范围

【提示】土地使用权的转让不包括农村集体土地承包经营权的转移，如图 3-2 所示。

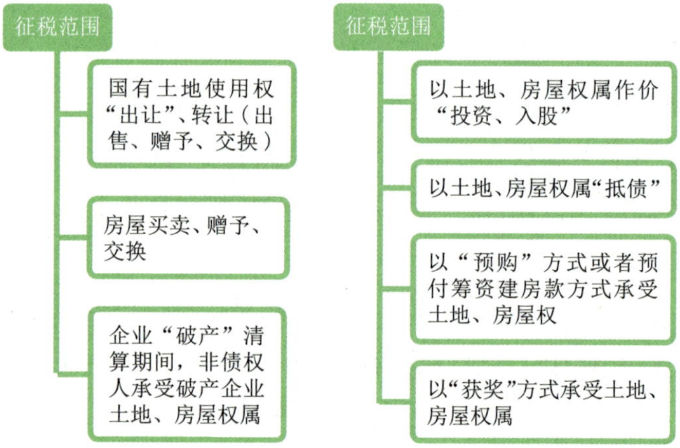

图 3-2

不包括：土地、房屋典当、继承、分拆（分割）、抵押以及出租等行为。

3. 契税的计税依据

"买卖"交易	"赠与"交易	"交换"交易	"划拨"方式
• 国有土地使用权出让、土地使用权出售、房屋买卖，以"成交价格"作为计税依据	• 土地使用权赠予、房屋赠予，由征收机关参照土地使用权出售、房屋买卖的"市场价格"核定	• 土地使用权交换、房屋交换，其计税依据为所交换土地使用权、房屋的"价格差额"；交换价格不相等的，由多交付货币、实物、无形资产或者其他经济利益的一方缴纳契税；交换价格相等的，免征契税	• 以划拨方式取得的土地使用权，经批准转让房地产时，以"补交"的土地使用权出让费用或者土地收益为计税依据

4. 税收优惠

契税的优惠内容见表 15。

表 15　契税优惠内容

优惠类别	具体情形	政策规定
一般优惠	个人购买家庭唯一住房	90 平方米及以下，1% 征收契税；90 平方米以上，1.5% 征收契税
	个人购买家庭第二套改善性住房（北上广深除外）	90 平方米及以下，1% 征收契税；90 平方米以上，2% 征收契税
特殊优惠	企业合并	原投资主体存续时，合并后公司承受原合并各方的土地房屋免征契税
	企业分立	分立为与原公司投资主体相同的公司，分立后公司承受原公司土地房屋免征契税
	企业破产	债权人承受破产企业抵债的房屋土地免征契税
	资产划转	同一投资主体内部所属企业之间土地房屋的划转，免征契税
	债转股	必须经国务院批准，债转股后新成立的公司承受原企业的土地房屋免征契税
例外情况	划拨用地出让或作价出资	不属于免税范围

（1）纳税义务发生时间

契税的纳税义务发生时间是纳税人签订土地、房屋权属转移合同的当天，或者纳税人取得其他具有土地、房屋权属转移合同性质凭证的当天。

（2）纳税期限

纳税人应当自契税纳税义务发生之日起10日内，向土地、房屋所在地的税收征收机关办理纳税申报，并在税收征收机关核定的期限内缴纳税款。

应纳税额 = 计税依据 × 税率

契税一般不通过“应交税费”科目进行核算，视取得土地使用权的用途计入不同的会计科目。房地产企业为进行房地产开发而取得的土地使用权所缴纳的契税，在实际缴纳时依据契税完税凭证直接计入“开发成本”科目。为建造办公楼等自用而取得的土地使用权所缴纳的契税，在实际缴纳时依据契税完税凭证直接计入“无形资产”科目。

【例 3-9】 2019 年 4 月 1 日，长虹房地产公司取得一块土地使用权进行房地产开发，支付土地出让金 8 000 万元，缴纳契税 240 万元。（假设契税税率 3%）

支付契税时，长虹房地产公司应依据契税完税凭证做以下会计处理：

借：开发成本　　　　2 400 000

　贷：银行存款　　　　2 400 000

根据上述资料，填写契税纳税申报表，见表 3-16。

表 3-16　契税纳税申报表

填表日期：2019 年 4 月 1 日　　　　微机编码：　　　　单位：元、平方米

<table>
<tr><td rowspan="3">承受方</td><td>名称</td><td colspan="4">长虹房地产公司</td><td>识别号</td><td colspan="2">328101400358745</td></tr>
<tr><td>企业登记注册类型</td><td>企业</td><td>所属行业</td><td>房地产</td><td>邮政编码</td><td>235742</td><td>联系电话</td><td>68965432</td></tr>
<tr><td colspan="2">身份证照类型</td><td></td><td colspan="2">身份证照号码</td><td colspan="3"></td></tr>
<tr><td rowspan="3">转让方</td><td>名称</td><td colspan="4">深圳福田区国土局</td><td>识别号</td><td colspan="2">——</td></tr>
<tr><td>企业登记注册类型</td><td>——</td><td>所属行业</td><td>——</td><td>邮政编码</td><td>——</td><td>联系电话</td><td>87645098</td></tr>
<tr><td colspan="2">身份证照类型</td><td></td><td colspan="2">身份证照号码</td><td colspan="3"></td></tr>
</table>

续上表

<table>
<tr><td rowspan="5">土地、房屋权属转移</td><td colspan="2">土地、房屋坐落地址</td><td colspan="2">南山区五里店路 32 号</td><td colspan="2">合同签订时间</td><td colspan="2">2016 年 11 月 12 日</td></tr>
<tr><td colspan="2">权属转移面积</td><td colspan="2">5 000 000m²</td><td>合同约定成交价格</td><td colspan="3">80 000 000 元</td></tr>
<tr><td colspan="2">纳税评估价格</td><td colspan="2">80 000 000 元</td><td>计税价格</td><td colspan="3">80 000 000 元</td></tr>
<tr><td>权属转移类别</td><td>土地类：</td><td colspan="2">01. 土地使用权出让</td><td colspan="3">021. 土地使用权转让（出售、赠予、交换）</td><td>022. 土地使用权转让（作价出资、入股）</td></tr>
<tr><td>选择代码：</td><td>房屋类：</td><td>03. 购买商品房，其中：</td><td>031. 普通住房
032. 购买非普通住房
033. 购买非住宅类房屋</td><td>04. 购买旧房（二手房），其中：</td><td colspan="2">041. 普通住房
042. 购买非普通住房
043. 购买非住宅类房屋</td><td>05. 其他：房屋赠予、交换、拍卖、法院判决、划拨、抵债、其他</td></tr>
<tr><td colspan="3">是否家庭唯一普通住房</td><td></td><td colspan="4">是否家庭唯一 90 平方米及以下普通住房</td><td></td></tr>
<tr><td>适用税率</td><td colspan="3">3%</td><td>计征税额</td><td colspan="4">240 万元</td></tr>
<tr><td>减免类别</td><td>选择代码：</td><td>01. 国家机关</td><td>02. 事业单位</td><td>03. 社会团体</td><td>04. 军事单位</td><td>05. 城镇房改</td><td>06. 个人购买普通住房(减)</td><td>07. 企业改制</td><td>08. 其他</td></tr>
<tr><td>减免税额</td><td colspan="3">元</td><td>应纳税额</td><td colspan="3">元</td><td>滞纳金</td><td>元</td></tr>
<tr><td colspan="10">我声明，此纳税申报表是根据《中华人民共和国契税暂行条例》的规定填报的，我确信它是真实的、可靠的、完整的。
纳税人（签章）</td></tr>
</table>

【例 3-11】 因老城区改造，北辰商贸有限公司将原办公楼出售，并打算在郊区购入新办公楼。经资产评估机构评定，原办公楼含税市场价格 5 689 万元。2019 年 1 月，北辰商贸有限公司以此价格转让给荣丰咨询管理有限公司。2019 年 3 月，北辰商贸有限公司与长虹房地产开发有限公司签订商品房买卖合同，购入新办公楼，含税成交价格 376 050 000 元。新、旧办公楼尚未办理产权交割手续。北辰商贸有限公司在编制购置办公楼财务预算时，契税计算如下（当地税务机关规定，契税税率 3%）：

应缴契税金额 =376 050 000 ÷（1+9%）× 3%=10 350 000（元）。

借：在建工程　　　　　　　　　　　　　　　　10 350 000

　　贷：应交税费——应交契税　　　　　　　　　　　　10 350 000

本案例应注意以下两点：

（1）不能以新旧办公楼的差额作为计税依据。《中华人民共和国契税暂行条例》（国务院令第 224 号）第四条第三款。土地使用权交换、房屋交换，为所交换的土地使用权、房屋的价格的差额。《财政部关于印发〈中华人民共和国契税暂行条例细则〉的通知》（财法字〔1997〕52 号）第七条明确，条例所称房屋交换，是指房屋所有者之间相互交换房屋的行为。文件强调的是交易双方均发生了房屋转让与受让行为。如北辰商贸有限公司转让旧办公楼给长虹房地产开发有限公司，再从长虹房地产开发有限公司购入新办公楼，则可适用差额计算契税规定。北辰商贸有限公司向荣丰咨询管理有限公司转让房屋，再从长虹房地产开发有限公司购入房屋，认为是同一单位相互交换房屋的理解错误。

（2）不能以含税价格作为计税依据。根据《财政部、国家税务总局关于"营改增"后契税 房产税 土地增值税个人所得税计税依据问题的通知》（财税〔2016〕43 号）文件第一条规定，计征契税的成交价格不含增值税。因此，北辰商贸有限公司应以购入房屋不含税价款 345 000 000 元，为契税的计税依据。

第4章

企业销售阶段涉税会计处理

生产是起点，销售是终点，企业应发现或挖掘准消费者需求，了解客户的消费习惯，建立销售渠道。如设立自己的销售机构，寻找代理商、经销商，线上及线下零售店等。销售渠道起到物流、资金流、信息流、商流的作用，完成厂家很难完成的任务。不同的行业、不同的产品、企业不同的规模和发展阶段，销售渠道的形态都不相同，但绝大多数销售渠道都要经过由经销商到零售店的这两个环节。销售渠道的起点是生产者，终点是用户，中间环节包括各种批发商、零售商、商业服务机构（如经纪人、交易市场等）。

从整体氛围的营造以及自身产品形态的营造去推广和销售产品，切合准消费者的需求，从而让消费者深刻了解该产品进而购买该产品，创造企业利润最大化。在此销售过程中，不同的行业，发生涉税税种也略有不同。除了增值税、所得税外，企业还会涉及以下税种：城镇土地使用税、车船使用税、房产税、土地增值税、印花税、契税。当企业有偿转让房地产并获得增值额时，需缴纳土地增值税；拥有城镇土地使用权，需按年缴纳城镇土地使用税；拥有城镇房产，需按年计算并分期缴纳房产税；企业拥有并使用车船，需要缴纳车船使用税；企业书立、使用、领用应税凭证，应于书立、使用、领用时缴纳印花税；企业承受土地房屋权属转让时，需要缴纳契税。

下面是几个主要行业销售过程中涉及的税种，如图 4-1 所示。

一般制造行业
- 增值税按销售收入 13%、3%
- 城建税按缴纳的增值税的 7% 缴纳
- 教育费附加按缴纳的增值税的 3% 缴纳
- 地方教育费附加按缴纳的增值税的 2% 缴纳
- 印花税、城镇土地使用税
- 车船税、房产税
- 企业所得税、个人所得税

房地产行业
- 增值税按销售收入 9%、5%（简易计税）
- 城建税按缴纳的增值税的 7% 缴纳
- 教育费附加按缴纳的增值税的 3% 缴纳
- 地方教育附加税税率 1%~2%
- 印花税税率 0.05%（以销售收入计税）
- 土地增值税税率 30%~60%
- 企业所得税税率 25%

商品流通行业
- 增值税按销售收入 13%、3%
- 城建税按缴纳的增值税、消费税的 7% 缴纳
- 教育费附加按缴纳的增值税、消费税的 3% 缴纳
- 消费税、印花税、契税
- 关税、车船使用税、房产税
- 城镇土地使用税
- 土地增值税

建材销售行业
- 增值税按销售收入 13%、3%
- 城建税按缴纳的增值税的 7% 缴纳
- 教育费附加按缴纳的增值税的 3% 缴纳
- 印花税
- 企业所得税、个人所得税
- 土地使用税
- 房产税

生活服务行业
- 增值税按销售收入 6%、3%
- 城建税按缴纳的增值税、消费税的 7% 缴纳
- 教育费附加按缴纳的增值税、消费税的 3% 缴纳
- 消费税、印花税、契税
- 企业所得税、个人所得税
- 土地使用税
- 房产税

图 4-1 几个主要行业销售过程中涉及的税种

4.1 增值税销项税额

销项税额是指增值税纳税人销售货物和应交税劳务，按照销售额和适用税率计算并向购买方收取的增值税税额。属于财务过程中的一个环节。在具体运算时，销售额可分为四类。

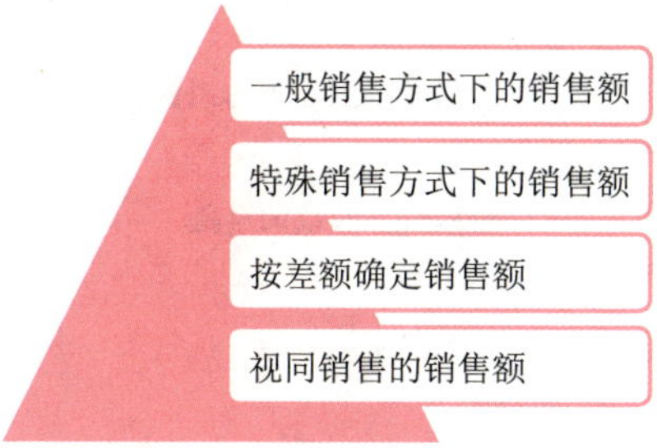

4.1.1 一般销售额

《增值税暂行条例》规定：销售额为纳税人销售货物或提供应税劳务向购买方收取的全部价款和价外费用。

向购买方收到的各种价外费用包括：手续费、补贴、基金、集资费、返还利润、奖励费、违约金（延期付款利息）、包装费、包装物租金、储备费、优质费、运输装卸费、代收款项、代垫款项及其他各种性质的价外收费。上述价外费用无论其会计制度如何核算，都应并入销售额计税。

销售额不包括向购买方收取的增值税销项税额，如果纳税人取得的是价税合计金额，还需换算成不含增值税的销售额。计算公式如下：

销售额 = 含增值税销售额 ÷（1+ 税率）

另外，价外费用和逾期包装物押金一般均为含税收入，需要换算成不含增值税的销售额。

销售额包含的项目	销售额中不包含的项目	销售额中不包含的项目
• 向购买方收取的全部价款 • 向购买方收取的价外费用 • 消费税等价内税金	• 向购买方收取的销项税 • 受托加工应征消费税的消费品所代收代缴的消费税 • 符合条件代为收取的政府性基金和行政事业性收费	• 符合条件的代垫运输费用（①承运部门的运输费用发票开具给购买方的；②纳税人将该项发票转交给购买方的） • 销货同时代办保险收取的保险费、代购买方缴纳的车辆购置税、车辆牌照费

含税与不含税换算的情况归纳如下：

- 商业企业零售价
- 普通发票上注明的销售额
- 价税合并收取的金额
- 价外费用一般为含税收入
- 包装物押金一般为含税收入
- 建筑安装合同上的货物金额（主要涉及销售自产货物并提供建筑业劳务的合同）

4.1.2 当期销项税额的计算

当期销项税额，是指当期销售货物或提供应税劳务的纳税人，依其销售额和法定税率计算并向购买方收取的增值税税款。

其计算公式为：

当期销项税额 = 不含税销售额 × 税率

或 当期销项税额 = 组成计税价格 × 税率

如果销售收入中包含了销项税额，则应将含税销售额换算成不含税销售额。这是因为增值税是价外税，在计税的销售额中不能含有增值税税款，属于含税销售收入的有普通发票的价款、零售价格、价外收入、非应税劳务征收增值税。

不含税销售额的计算公式为：

不含税销售额 = 含税销售额 ÷（1+ 增值税税率）

按简易办法征收增值税。一般纳税人销售自己使用过的物品和旧货，适用按简易办法依 3% 征收率减半征收增值税政策的，按下列公式确定销售额和应纳税额：

销售额 = 含税销售额 ÷（1+3%）

应纳税额 = 销售额 ×3%÷2

4.1.3 按差额确定销售额

由于存在无法通过抵扣机制避免重复征税的情况，因此引入了差额征税的办法，扣额法与扣税法混用，解决纳税人税收负担增加问题。

按差额确定销售额的七种情形：金融商品转让、经纪代理服务、融资租赁和融资性售后回租业务、航空运输企业、客运场站服务、旅游服务、适用简易计税方法提供建筑服务。

差额征税的会计处理，见表 4-1。

表 4-1　差额征税的会计处理

财务情形	账务处理
企业发生相关成本费用允许扣减销售额的账务处理。按现行增值税制度规定企业发生相关成本费用允许扣减销售额的，发生成本费用时，按应付或实际支付的金额	借：主营业务成本 / 存货 / 工程施工等科目 贷：应付账款 / 应付票据 / 银行存款等科目
待取得合规增值税扣税凭证且纳税义务发生时，按照允许抵扣的税额	借：应交税费——应交增值税（销项税额抵减）/ 应交税费——简易计税（小规模纳税人应借记“应交税费——应交增值税”科目） 贷：主营业务成本 / 存货 / 工程施工等科目

1. 金融商品转让

金融商品转让是指转让外汇、有价证券、非货物期货和其他金融商品所有权的业务活动。金融商品转让，按照卖出价扣除买入价后的余额为销售额。计算公式如下：

销售额 = 卖出价 − 买入价

含税销售额 = ∑（当期卖出价 − 买入价）− 当年前期负差

不含税销售额 = 含税销售额 ÷（1+ 税率或征收率）

如果第 1 步含税销售额的计算结果为负数，不需进一步计算；如果计算结果为正数，第二步计算不含税销售额。

金融商品转让按规定以盈亏相抵后的余额作为销售额的账务处理。见表 4-2。

表 4-2 金融商品转让的账务处理

业务情形	账务处理
金融商品实际转让月末，如产生转让收益	借：投资收益等 贷：应交税费——转让金融商品应交增值税
如产生转让损失，则按可结转下月抵扣税额	借：应交税费——转让金融商品应交增值税 贷：投资收益等
交纳增值税时	借：应交税费——转让金融商品应交增值税 贷：银行存款
年末，本科目如有借方余额	借：投资收益等科目 贷：应交税费——转让金融商品应交增值税

（1）税率和征收率

金融商品转让，一般纳税人适用税率为 6%，小规模纳税人征收率为 3%。

（2）金融商品转让的发票管理

财税〔2016〕36 号附件规定，“金融商品转让，不得开具增值税专用发票。”

【重点提醒】

（1）不得扣除买卖交易中的其他税费。

（2）转让金融商品出现的正负差，按盈亏相抵后的余额为销售额。若相抵后出现负差，可结转下一纳税期与下期转让金融商品销售额相抵，但年末时仍出现负差的，不得转入下一个会计年度。

（3）金融商品的买入价，可以选择按照加权平均法或者移动加权平均法进行核算，选择后 36 个月内不得变更。

（4）金融商品转让，不得开具增值税专用发票。

【例 4-1】高连升有限公司为增值税一般纳税人，2018 年 1 月购入东风汽车股票（25 万股），每股市价 4 元，总计 1 000 000 元。2018 年 3 月购入东风汽车股票（30 万股）每股市价 4.2 元，共计 1 260 000 元。2018 年 10 月购入东风汽车股票 20 万股，每股市价 3.5 元，共计 700 000 元。2019 年 3 月转让东风汽车股票 25 万股，每股市价 3.8 元。2019 年 9 月转让 25 万股，每股市价 4.5 元。计算甲企业股票转让的增值税。

第一步，计算 2019 年 3 月转让东风汽车股票销售额。

东风汽车股票每股平均买入价 =（1 000 000+1 260 000+700 000）÷（250 000+300 000+200 000）=3.95（元）

转让股票买入价合计 =3.95 × 250 000=987 500（元）

转让股票卖出价 =3.8 × 250 000=950 000（元）

转让股票销售额 =950 000−987 500=−37 500（元）（负差不征税）

第二步，计算 2019 年 9 月转让东风汽车股票 25 万股销售额。

转让股票买入价合计 =3.95 × 250 000=987 500（元）

转让股票卖出价 =4.5 × 250 000=1 125 000（元）

转让股票销售额 =1 125 000−987 500−37 500=100 000（元）（正差）

不含税销售额 =100 000 ÷（1+6%）=94 339.62（元）

销项税额 =94 339.62 × 6%=5 660.38（元）

2. 经纪代理服务

（1）纳税人。

自 2016 年 5 月 1 日起，在中华人民共和国境内提供经纪代理服务的单位和个人，为增值税纳税人。

（2）税率和征收率。

一般纳税人提供经纪代理服务，税率为 6%；小规模纳税人提供经纪代理服务，征收率为 3%。

（3）销售额。

根据《财政部 国家税务总局关于全面推开营业税改征增值税试点的通知》（财税〔2016〕36 号）的规定，经纪代理服务，以取得的全部价款和价外费用，扣除向委托方收取并代为支付的政府性基金或者行政事业性收费后的余额为销售额。向委托方收取的政府性基金或者行政事业性收费，不得开具增值税专用发票。

根据《财政部 国家税务总局关于进一步明确全面推开“营改增”试点有关劳务派遣服务、收费公路通行费抵扣等政策的通知》（财税〔2016〕47 号）的规定，一般纳税人提供劳务派遣服务，可以按照《财政部 国家税务总局关于全面推开营业税改征增值税试点的通知》(财税〔2016〕36 号)的有关规定,以取得的全部价款和价外费用为销售额,按照一般计税方法计算缴纳增值税;也可以选择差额纳税,以取得的全部价款和价外费用,扣除代用工单位支付给劳务派遣员工的工资、福利和为其办理社会保险及住房公积金后的余额为销售额,按照简易计税方法依 5% 的征收率计算缴纳增值税。小规模纳税人提供劳务派遣服务,可以按照《财政部 国家税务总局关于全面推开营业税改征增值税试点的通知》(财税〔2016〕36 号)的有关规定,以取得的全部价款和价外费用为销售额,按照简易计税方法依 3% 的征收率计算缴纳增值税;也可以选择差额纳税,以取得的全部价款和价外费用,扣除代用工单位支付给劳务派遣员工的工资、福利和为其办理社会保险及住房公积金后的余额为销售额,按照简易计税方法依 5% 的征收率计算缴纳增值税。

纳税人提供人力资源外包服务,按照经纪代理服务缴纳增值税,其销售额不包括受客户单位委托代为向客户单位员工发放的工资和代理缴纳的社会保险、住房公积金。

销售额 =(全部价款 + 价外费用)- 向委托方收取并代为支付的政府性基金或者行政事业性收费

向委托方收取的政府性基金或者行政事业性收费,不得开具增值税专用发票。

【例 4-2】 乘风货运代理公司为增值税一般纳税人,2019 年 5 月发生如下业务:

5 月 15 日,取得货运代理收入 19 080 000 元。

5 月 20 日,支付给中国南方航空公司运费 7 700 000 元,取得对方开具的增值税专用发票注明的进项税额为 700 000 元。

取得的增值税专用发票均通过认证。

当月销售额 =19 080 000 ÷(1+6%)=18 000 000(元)

当月应纳增值税额 =18 000 000 × 6%-700 000=380 000(元)

3. 融资租赁和融资性售后回租业务

融资租赁指具有融资性质和所有权转移特点的租赁活动,可分为有形动产融资租赁服务和不动产融资租赁服务。融资租赁的目的是取得租赁标的物的所有权，融资租赁一般以融资额来计算租金。

根据《国家税务总局关于融资性售后回租业务中承租方出售资产行为有关税收问题的公告》(国家税务总局公告 2010 年第 13 号)(以下简称“13 号公告”)的规定，融资性售后回租业务是指承租方以融资为目的将资产出售给经批准从事融资租赁业务的企业后，又将该项资产从该融资租赁企业回租的行为。融资性售后回租业务中承租方出售资产时，资产所有权以及与资产所有权有关的全部报酬和风险并未完全转移。

融资租赁（直租）——销售额 =（全部价款 + 价外费用）−[支付的借款利息（包括外汇借款和人民币借款利息）+ 发行债券利息 + 车辆购置税]

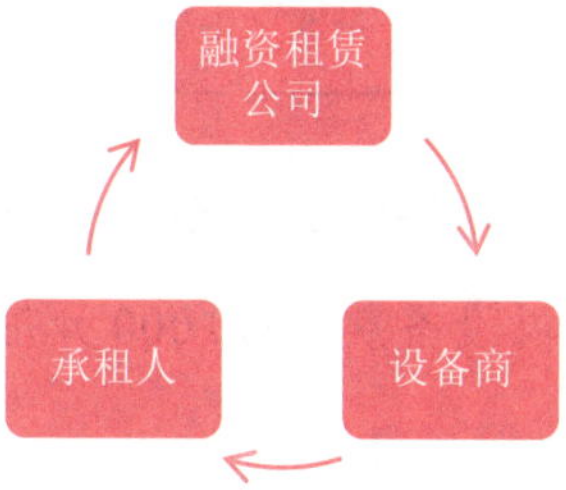

融资性售后回租（回租）——销售额 =[全部价款 + 价外费用（不含本金）]−[对外支付的借款利息（包括外汇借款和人民币借款利息）+ 发行债券利息]

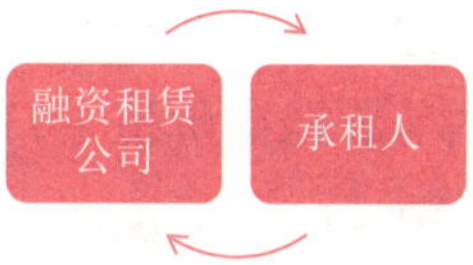

试点纳税人根据 2016 年 4 月 30 日前签订的有形动产融资性售后回租合同，在合同到期前提供的有形动产融资性售后回租服务可选择以下方法之一计算销售额：

第一，销售额 =（全部价款 + 价外费用）− [向承租方收取的价款本金 + 对外支付的借款利息（包括外汇借款和人民币借款利息）+ 发行债券利息]

【提示】试点纳税人提供融资性售后回租服务，向承租方收取的有形动产价款本金，不得开具增值税专用发票，可以开具普通发票。

第二，销售额 =（全部价款 + 价外费用）-[对外支付的借款利息（包括外汇借款和人民币借款利息）+ 发行债券利息]

以下是两种情形的认定，见表 4-3。

表 4-3 两种情形的认定

经中国人民银行、商务部、银监会批准	融资性售后回租服务	以收取的全部价款和从外费用（不含本金），扣除对外支付的借款利息（包括外汇借款和人民币借款利息）、发行债券利息后的余额为销售额
	其他融资租赁服务	以收取的全部价款和从外费用，扣除对外支付的借款利息（包括外汇借款和人民币借款利息）、发行债券利息、车辆购置税后的余额为销售额
商务部授权的省级商务主管部门和开发区批准		2016 年 5 月 1 日以后实收资本达到 1.7 亿元的，可参照以上规则实行

【例 4-3】 广凯公司出售设备给符合条件的出租方泰裕公司金额 1 030 000 元，广凯公司租回设备并支付设备款 1 030 000 元加租金 320 000 元。

（1）承租方

增值税：根据总局公告 2010 年第 13 号承租方广凯公司出售资产的行为，不征收增值税。

所得税：承租人广凯公司出售资产的行为，不确认为销售收入，对融资性租赁的资产，仍按承租人出售前原账面价值 1 030 000 元作为计税基础计提折旧。租赁期间，承租人广凯公司支付的 320 000 元属于融资利息的部分，作为广凯公司财务费用在税前扣除。

（2）出租方

增值税：出租方泰裕公司增值税实际税负超过 3% 的部分可享受即征即退。以取得的全部价款和价外费用（不含本金）320 000 元，扣除对外支付的借款利息（包括外汇借款和人民币借款利息）、发行债券利息后的余额作为销售额。

其向承租方广凯公司收取的本金 1 030 000 元，根据原 106 号文不得开增值税专用发票，可以开普通发票；根据新 36 号文，针对售后回租业务中取得的全部价款和价外费用（不含本金）320 000 元扣除对外支付的利息后的增值部分开具增值税专用发票（如是小规模开普通发票）。

（3）优惠政策

融资租赁和融资性售后回租：经人民银行、银监会或者商务部批准从事融资租赁业务的试点纳税人中的一般纳税人，提供有形动产融资租赁服务和有形动产融资性售后回租服务，对其增值税实际税负超过 3% 的部分实行增值税即征即退政策。商务部授权的省级商务主管部门和国家经济技术开发区批准的从事融资租赁业务和融资性售后回租业务的试点纳税人中的一般纳税人，2016 年 5 月 1 日后实收资本达到 1.7 亿元的，从达到标准的当月起按照上述规定执行；2016 年 5 月 1 日后实收资本未达到 1.7 亿元但注册资本达到 1.7 亿元的，在 2016 年 7 月 31 日前仍可按照上述规定执行，2016 年 8 月 1 日后开展的有形动产融资租赁业务和有形动产融资性售后回租业务不得按照上述规定执行。

4. 航空运输企业

自 2018 年 1 月 1 日起，航空运输销售代理企业提供境外航段机票代理服务，以取得的全部价款和价外费用，扣除向客户收取并支付给其他单位或者个人的境外航段机票结算款和相关费用后的余额为销售额。其中，支付给境内单位或者个人的款项，以发票或行程单为合法有效凭证；支付给境外单位或者个人的款项，以签收单据为合法有效凭证，税务机关对签收单据有疑义的，可以要求其提供境外公证机构的确认证明。

航空运输销售代理企业，是指根据《航空运输销售代理资质认可办法》取得中国航空运输协会颁发的“航空运输销售代理业务资质认可证书”，接受中国航空运输企业或通航中国的外国航空运输企业委托，依照双方签订的委托销售代理合同提供代理服务的企业。”

（1）差额征税规定

航空运输企业的销售额，不包括代收的机场建设费和代售其他航空运输企业客票而代收转付的价款。

这两种费用均属于代收性质，因此不包含在销售额内部，不应该作为收入处理。因此严格来讲，航空运输企业压根就不是差额征税。

（2）开票及对下游影响（以一般纳税人为例，小规模略）

航空运输企业对外开票收入不包含上述机场建设费和代收客票价款，如果提供货运服务，应开具增值税专用发票或普通发票；如果提供旅客运输服务，只能开具增值税普通发票，因为此类服务下游不能抵扣进项。

5. 客运场站服务

试点纳税人中的一般纳税人提供的客运场站服务，以其取得的全部价款和价外费用，扣除支付给承运方运费后的余额为销售额。按照“营改增”试财税〔2016〕36号文附件2规定，试点纳税人中的一般纳税人提供客运场站服务，以其取得的全部价款和价外费用，扣除支付给承运方运费后的余额为销售额。也就是说，增值税上给了客运场站一般纳税人一个差额征收增值税的特别待遇。

（1）差额征税规定

试点纳税人中的一般纳税人提供客运场站服务，以其取得的全部价款和价外费用，扣除支付给承运方运费后的余额为销售额。

客运场站服务属于物流辅助服务，税率6%，而交通运输服务税率9%，客运服务运费进项不能抵扣，因此允许作为差额扣除。

（2）开票及对下游影响

由于旅客运输服务下游不能够抵扣进项，因此可全额开具增值税普通发票即可。需要注意，小规模企业提供客运场站服务不涉及差额征税。

【例4-4】南城客运场站为增值税一般纳税人，为客运公司提供客源、售票、检票、发车、运费结算等服务。该企业采用差客串同征税方式，以其取得的全部价款和价外费用、发车、运费结算等服务。该企业采用差额征税方式，以其取得的全部价款和价外费用，扣除支付给承运方运费后的余额为销售额。本期企业向旅客收取车票款项365 700元，应向客运公司支付306 340元。

南城客运场站差额征收增值税的销售额=365 700−306 340=59 360（元）

不含税销售额 =59 360 ÷（1+6%）=56 000（元）

销项税额 =56 000 × 6%=3 360（元）

借：银行存款	365 700	
贷：主营业务收入		56 000
应交税费——应交增值税（销项税额）		3 360
应付账款		306 340

6. 旅游服务

旅游服务是指根据旅游者的要求，组织安排交通、游览、住宿、餐饮、购物、文娱、商务等服务的业务活动。需要注意的是旅游服务不包括会议展览服务。由于旅游在一些企业、单位的报销入账上存在一定的困难，导致一些企业、单位想通过会议费等形式进行包装。但是，会议展览服务是指为商品流通、促销、展示、经贸洽谈、民间交流、企业沟通、国际往来等举办或者组织安排的各类展览和会议的业务活动。因此，一些客户为了在企业所得税税前进行扣除的需要要求将旅游服务开成会议展览服务，是不可以的，在开具增值税发票的时候不可以将旅游服务开成会议展览服务。

一般纳税人不选择差额计税方法，采用全额进项税额抵扣办法的，客户需要增值税专用发票的，按照全额开具增值税专用发票，税率为 6%；客户不需要增值税专用发票的，则全额开具普通发票，税率 6%。

一般纳税人选择按照差额计税方法的，可根据开具的发票类型选择不同的开票方式。《营业税改征增值税试点有关事项的规定》（财税〔2016〕36 号附件二）第一条规定，按差额方式计算销售额的试点纳税人，向旅游服务购买方收取并支付的上述费用，不得开具增值税专用发票，可以开具普通发票。

《国家税务总局关于全面推开营业税改征增值税试点有关税收征收管理事项的公告》（国家税务总局公告 2016 年第 23 号）第四条第（二）款规定，按照现行政策规定适用差额征税办法缴纳增值税，且不得全额开具增值税发票的（财政部、税务总局另有规定的除外），纳税人自行开具或者税务机关代开增值税发票时，通过新系统中差额征税开票功能，录入含税销售额（或含税评估额）

和扣除额，系统自动计算税额和不含税金额，备注栏自动打印“差额征税”字样，发票开具不应与其他应税行为混开。

试点纳税人提供旅游服务，可以选择以取得的全部价款和价外费用，扣除向旅游服务购买方收取并支付给其他单位或者个人的住宿费、餐饮费、交通费、签证费、门票费和支付给其他接团旅游企业的旅游费用后的余额为销售额。

差额计税方法选择差额计税方法的，对于规定的准予扣除部分依据规定的合法凭证给予差额扣除计算销项税额；对于其他不作为差额扣除的部分，只要依法取得了增值税进项凭证可以作为进项税额作进项抵扣。

根据《财政部 国家税务总局关于全面推开营业税改征增值税试点的通知》（财税〔2016〕36号）附件2《营业税改征增值税试点有关事项的规定》规定：试点纳税人提供旅游服务，可以选择以取得的全部价款和价外费用，扣除向旅游服务购买方收取并支付给其他单位或者个人的住宿费、餐饮费、交通费、签证费、门票费和支付给其他接团旅游企业的旅游费用后的余额为销售额。选择上述办法计算销售额的试点纳税人，向旅游服务购买方收取并支付的上述费用，不得开具增值税专用发票，可以开具普通发票。

因此，旅游服务公司增值税一般纳税人可以选择差额计税方法缴纳增值税。选择差额计税方法的增值税计算：

销售额＝（全部价款＋价外费用）－向购买方收取并支付给其他单位或者个人的住宿费、餐饮费、交通费、签证费、门票费和支付给其他接团旅游企业的旅游费

应纳增值税＝（旅游服务价税合计数－可以差额部分的扣除费用）÷（1+6%）×6%－其他依法取得的符合规定的进项税额

＝旅游服务价税合计数÷（1+6%）×6%－可以差额部分的扣除费用÷（1+6%）×6%－其他依法取得的符合规定的进项税额

【提示】向购买方收取并支付的上述费用，不得开具增值税专用发票，可以开具普通发票。

【例 4-5】珊珊旅游公司为增值税一般纳税人，选择差额计税方法。2019 年 4 月，组织三个旅游团队旅游，取得旅游价税合计总营业额 2 332 000 元，其中两个团队由本公司全程组织旅游，收取旅游费包括住宿费、餐饮费、交通费、门票费，统一向宾馆、餐饮点、外单位旅游包车、景点门票共支付费用价税合计 1 166 000 元；另一个团队与旅游地旅游公司合作接团，支付接团旅游费用 339 200 元。另外，当月支付运输费用取得增值税专用发票，注明进项税额 23 000 元。当月应缴增值税计算如下：

差额计算销项税额可以扣除的费用 =1 166 000+339 200=1 505 200（元）

应纳增值税 =（2 332 000−1 505 200）÷（1+6%）× 6%−23 000=23 800（元）

需要注意的是，跟团的旅游公司导游和自有车辆的费用不属于差额计税的扣除范围，但是发生的费用中取得增值税专用发票的，则可以抵扣。

按上例，一般纳税人差额计税方法的核算如下。

（1）取得旅游服务收入时

借：银行存款　　2 332 000

　　贷：主营业务收入　　2 200 000

　　应交税费——应交增值税（销项税额）　　132 000

（2）企业发生相关成本费用允许扣减销售额的账务处理

按现行增值税制度规定企业发生相关成本费用允许扣减销售额的，发生成本费用时，按应付或实际支付的金额，做如下处理：

借：主营业务成本　　1 505 200

　　贷：银行存款　　1 505 200

（3）待取得符合规定的增值税扣税凭证且纳税义务发生时，按照允许抵扣的税额，作如下处理：

本期销项税额 =1 505 200 ÷（1+6%）× 6%=85 200（元）

借：应交税费——应交增值税（销项税额抵减）　　85 200

　　贷：主营业务成本　　85 200

在差额计税核算中需要把握几点：一是发生的成本费用在发生时全额计入

成本。二是取得的费用凭证属于符合扣除规定的方可计算扣除。三是根据《关于在境外提供建筑服务等有关问题的公告》(国家税务总局公告2016年第69号)规定，纳税人提供旅游服务，将火车票、飞机票等交通费发票原件交付给客户(现在许多乘车等情况下当事人需要手持原始票证才可以)而无法收回的，以交通费发票复印件作为差额扣除凭证。

(4)月末结转

①月末结束，计算出当月有应纳增值税的，即应交税费——应交增值税科目月末是贷方余额的，则按上例

借：应交税费——应交增值税(转出未交增值税)　　23 800

　　贷：应交税费——未交增值税　　23 800

②月末结束，计算出当月增值税进项大于销项的，即应交税费——应交增值税科目月末是借方余额的，则

借：应交税费——未交增值税　　23 800

　　贷：应交税费——应交增值税(转出多交增值税)　　23 800

(5)次月征期，缴纳增值税时

借：应交税费——未交增值税　　23 800

　　贷：银行存款　　23 800

7. 建筑企业适用差额计税的情形

(1)差额征税规定。

试点纳税人提供建筑服务适用简易计税方法的，以取得的全部价款和价外费用扣除支付的分包款后的余额为销售额。这里包括两种情况：

一种是一般纳税人老项目选择简易计税，还有一种是小规模纳税人按照简易计税，均可以实现差额征税。这里的差额征税实际上也是营业税关于建筑业总分包差额征税的政策延续。

(2)发票及对下游影响。

①一般纳税人可全额开具3%增值税普通发票或专用发票，下游取得专用发票可抵扣进项。

②小规模纳税人可全额到税务机关代开 3% 增值税专用发票，或者全额自开增值税普通发票。

销售额 =（全部价款 + 价外费用）- 支付给分包方的分包款

应当注意的是：

①扣除分包应当为不含税销售额；

②纳税人取得的合法凭证如果属于增值税扣税凭证的，其进项税额也不得从销项税额中抵扣。

根据《财政部、国家税务总局关于全面推开营业税改征增值税试点的通知》（财税〔2016〕36 号）的规定，试点纳税人提供建筑服务适用简易计税方法的，以取得的全部价款和价外费用扣除支付的分包款后的余额为销售额，按照 3% 的征收率计算应纳税额。简易计税方法有四种情况：

一是一般纳税人以清包工方式提供的建筑服务，选择适用简易计税方法计税的。以清包工方式提供建筑服务，是指施工方不采购建筑工程所需的材料或只采购辅助材料，并收取人工费、管理费或者其他费用的建筑服务。

二是一般纳税人为甲供工程提供的建筑服务，选择适用简易计税方法计税的。甲供工程是指全部或部分设备、材料、动力由工程发包方自行采购的建筑工程。

三是一般纳税人为建筑工程老项目提供的建筑服务，选择适用简易计税方法计税的。建筑工程老项目，是指：《建筑工程施工许可证》注明的合同开工日期在 2016 年 4 月 30 日前的建筑工程项目；未取得《建筑工程施工许可证》的，建筑工程承包合同注明的开工日期在 2016 年 4 月 30 日前的建筑工程项目。

四是试点纳税人中的小规模纳税人提供的建筑服务适用简易计税方法的。

提供建筑服务适用简易计税方法差额缴纳增值税应取得合法凭据，否则不得扣除。合法凭据是指：

支付给境内单位或者个人的款项，以发票为合法有效凭证。

支付给境外单位或者个人的款项，以该单位或者个人的签收单据为合法有效凭证，税务机关对签收单据有疑义的，可以要求其提供境外公证机构的确认证明。

缴纳的税款，以完税凭证为合法有效凭证。

【例 4-6】海岩建筑有限公司机构所在地在河北省，2019 年 5 月，该公司承包天津市一个工程项目，项目总价款合计为 12 360 000 元（含增值税），并把其中 4 120 000 元（含增值税）的部分项目分包给具有相应资质的分包人天津秀景建筑有限公司。工程完工后，该工程项目最终结算值为 12 360 000 元（含增值税）。假设该项目属于老项目，海岩建筑有限公司、天津秀景建筑有限公司均采取简易计税。海岩建筑有限公司完成工程累计发生合同成本 2 290 000 元。

（1）完成合同成本：

借：工程施工——合同成本　　2 290 000
　　贷：原材料等　　2 290 000

（2）收到总承包款：

借：银行存款　　12 360 000
　　贷：工程结算　　[12 360 000 ÷（1+3%）]12 000 000
　　应交税费——简易计税　　[12 360 000 ÷（1+3%）× 3%] 360 000

（3）分包工程结算：

借：工程施工——合同成本　　4 120 000
　　贷：应付账款——乙公司　　4 120 000

（4）全额支付分包工程款并取得分包方开具的增值税普通发票时：

借：应付账款——乙公司　　4 120 000
　　贷：银行存款　　4 120 000

同时，借：应交税费——简易计税 [4 120 000 ÷（1+3%）× 3%]　　120 000
　　　　贷：工程施工——合同成本　　120 000

（5）海岩建筑有限公司确认该项目收入与费用：

借：主营业务成本　　6 290 000
　　工程施工——合同毛利　　5 710 000
　　贷：主营业务收入　　12 000 000

（6）工程结算与工程施工对冲结平：

借：工程结算　　12 000 000

贷：工程施工——合同成本　　6 290 000

　　　　　——合同毛利　　5 710 000

（7）海岩建筑有限公司向项目所在地天津市国税局预缴税款 =（12 360 000−4 120 000）÷（1+3%）×3%=240 000（元）

借：应交税费——预交增值税　　240 000

　贷：银行存款　　240 000

借：应交税费——未交增值税　　240 000

　贷：应交税费——预交增值税　　240 000

（8）分包给总包开增值税发票时，必须在发票备注栏要注明建筑服务发生地所在县（市、区）及项目名称。简易计税的情况下，海岩建筑有限公司必须全额开具增值税专用发票给业主，发票上的税额 =12 360 000÷（1+3%）×3%=360 000（元）；金额 =12 360 000−360 000=12 000 000（元）。

总包海岩建筑有限公司预缴税款后，向海岩建筑有限公司机构所在地主管税务机关纳税申报的税额。海岩建筑有限公司纳税申报按差额计算税额：（12 360 000−4 120 000）÷（1+3%）×3%=240 000（元）。

8. 销售房地产项目

房地产开发企业的增值税征收方式按是否可以扣除土地出让金分为全额征税和差额征税两种。

全额征税方式适用简易计税方法计税的（包括小规模纳税人和一般纳税人选择简易计税方法的老项目），以取得的全部价款和价外费用为销售额，不得扣除对应的土地价款。

房地产开发企业适用一般计税方法计税的（包括一般纳税人新项目和选择一般计税方法的老项目），按照取得的全部价款和价外费用，扣除当期销售房地产项目对应的土地价款后的余额计算销售额，即差额征税。

由此可以看出，房地产业增值税差额征税适用主体是指适用一般计税方法的一般纳税人（以下称“差额征税纳税人”）。

（1）扣除项目

房地产开发企业受让土地支付的土地价款的范围，目前包括差额征税纳税人在取得土地时向政府部门或个人支付的土地价款、拆迁补偿费等。

1
- 向政府、土地管理部门或受政府委托收取土地价款的单位直接支付的土地价款

2
- 可扣除的土地价款，应当取得省级以上（含省级）财政部门监（印）制的财政票据

3
- 向政府部门支付的征地和拆迁补偿费用、土地前期开发费用和土地出让收益等

4
- 向其他单位或个人支付的拆迁补偿费用也允许在计算销售额时扣除

差额征税纳税人扣除向其他单位或个人支付拆迁补偿费用时，应提供拆迁协议、拆迁双方支付和取得拆迁补偿费用凭证等能够证明拆迁补偿费用真实性的材料。

另外，房地产开发企业（包括多个房地产开发企业组成的联合体）受让土地向政府部门支付土地价款后，设立项目公司对该受让土地进行开发，同时符合下列条件的，可由项目公司按规定扣除房地产开发企业向政府部门支付的土地价款。

①房地产开发企业、项目公司、政府部门三方签订变更协议或补充合同，将土地受让人变更为项目公司；

②政府部门出让土地的用途、规划等条件不变的情况下，签署变更协议或补充合同时，土地价款总额不变；

③项目公司的全部股权由受让土地的房地产开发企业持有。

对“一次拿地、分次开发”的情形，要分为两步走，第一步，要将一次性支付土地价款，按照土地面积在不同项目中进行划分固化；第二步，对单个房地产项目中所对应的土地价款，要按照该项目中当期销售建筑面积跟与可供销售建筑面积的占比，进行计算扣除。

（2）扣除时间

差额征税纳税人的土地价款的扣除时间应为增值税纳税义务发生时间的当期。

①土地价款并非一次性从销售额中全扣，而是要随着销售额的确认，逐步扣除。简单地说就是，要把土地价款按照销售进度，在不同的纳税期分期扣除，是“卖一套房，扣一笔与之相应的土地出让金”。

②允许扣除的土地价款包括新项目和选择一般计税方法的老项目。对于房地产老项目，如果选择适用一般计税方法，其 2016 年 5 月 1 日后确认的增值税销售额，也可以扣除对应的土地出让价款。

（3）税款计算

预缴增值税。

房地产开发企业采取预收款方式销售所开发的房地产项目，在收到预收款时按照 3% 的预征率预缴增值税。房地产开发企业取得预收款预缴税款的行为不属于纳税义务发生行为，只填写预缴税款申报表，不作为销售收入进行申报。待纳税义务发生时间后确认销售收入再申报增值税，同时扣除已预缴的增值税款。

预收款是指房地产企业实际取得的售房款。

包括：

① 分期取得的预收款（首付 + 按揭 + 尾款）；

② 全款取得的预收款（因为全款取得也要事后开票，确认应税收入，因此也可以叫做预收款）。定金属于预收款，诚意金、认筹金和订金在未签订合同前不属于预收款。

应预缴税款按照以下公式计算：

应预缴税款 = 预收款 ÷（1+ 适用税率或征收率）× 3%

适用一般计税方法计税的，按照 9% 的适用税率计算；适用简易计税方法计税的，按照 5% 的征收率计算。

差额征税纳税人应在取得预收款的次月纳税申报期向主管国税机关预缴税款。小规模纳税人应在取得预收款的次月纳税申报期或主管国税机关核定的纳税期限向主管国税机关预缴税款。

（4）税款清算

差额征税纳税人应按照纳税义务发生时间，以当期销售额和 11% 的适用税率计算当期应纳税额，抵减已预缴税款后，向主管国税机关申报纳税。未抵减完的预缴税款可以结转下期继续抵减。

销售额 =（全部价款和价外费用 − 当期允许扣除的土地价款）÷（1+9%）

当期允许扣除的土地价款 =（当期销售房地产项目建筑面积 ÷ 房地产项目可供销售建筑面积）× 支付的土地价款

当期销售房地产项目建筑面积，是指当期进行纳税申报的增值税销售额对应的建筑面积。

房地产项目可供销售建筑面积，是指房地产项目可以出售的总建筑面积，不包括销售房地产项目时未单独作价结算的配套公共设施的建筑面积。

【例 4–7】 远大房地产开发有限公司开发项目适用一般计税办法，截至清算时，累计取得销售价款 10 791 万元（含税），项目支付土地价款 7 521 万元，假设未取得其他进项税额。

抵减的销项税额 =75 210 000 ÷（1+9%）× 9%=6 210 000（元）

增值税应纳税额 =（107 910 000−75 210 000）÷（1+9%）× 9%=2 700 000（元）

4.1.4 采用直接收款方式销售

采用直接收款方式销售，借记“应收票据”“银行存款”等科目，按专用发票上注明的增值税额，贷记“应交税费——应交增值税（销项税额）”，按实现的营业收入，贷记“主营业务收入”等科目。

增值税销项税额的账务处理，见表 4–4。

表 4–4 增值税销项税额的账务处理

财务情景	账务处理
企业销售货物、加工修理修配劳务、服务、无形资产或不动产	借：应收账款 / 应收票据 / 银行存款等 贷：主营业务收入 / 其他业务收入 / 固定资产清理 / 工程结算 应交税费——应交增值税（销项税额） 应交税费——简易计税 应交税费——应交增值税（小规模纳税人）

续上表

财务情景		账务处理
收入或利得的时点早于按照增值税制度确认增值税纳税义务发生时点的		应将相关销项税额计入“应交税费——待转销项税额”科目，待实际发生纳税义务时再转入“应交税费——应交增值税（销项税额）”或“应交税费——简易计税”科目
增值税纳税义务发生时点早于按照国家统一的会计制度确认收入或利得的时点的		借：应收账款 　贷：应交税费——应交增值税（销项税额）/ 应交税费——简易计税
视同销售的账务处理		借：应付职工薪酬 / 利润分配 　贷：应交税费——应交增值税（销项税额）/ 应交税费——简易计税科目 （小规模纳税人应计入应交税费——应交增值税）
差额征税的账务处理	企业发生相关成本费用允许扣减销售额的账务处理	借：主营业务成本 / 存货 / 工程施工 　贷：应付账款 / 应付票据 / 银行存款
差额征税的账务处理	按照允许抵扣的税额	借：应交税费——应交增值税（销项税额抵减）/ 应交税费——简易计税 　贷：主营业务成本 / 存货 / 工程施工 　小规模纳税人账务处理 借：应交税费——应交增值税 　贷：主营业务成本 / 存货 / 工程施工
出口退税的账务处理	未实行“免、抵、退”办法的一般纳税人出口货物按规定退税的	借：应收出口退税款 　贷：应交税费——应交增值税（出口退税） 　收到出口退税时 借：银行存款 　贷：应收出口退税款 　退税额低于购进时取得的增值税专用发票上的增值税额的差额 借：主营业务成本 　贷：应交税费——应交增值税（进项税额转出）
	实行“免、抵、退”办法的一般纳税人出口货物	借：主营业务成本 　贷：应交税费——应交增值税（进项税额转出） 　按规定计算的当期出口货物的进项税抵减内销产品的应纳税额 借：应交税费——应交增值税（出口抵减内销产品应纳税额） 　贷：应交税费——应交增值税（出口退税） 　在规定期限内，内销产品的应纳税额不足以抵减出口货物的进项税额，不足部分按有关税法规定给予退税的，应在实际收到退税款时 借：银行存款 　贷：应交税费——应交增值税（出口退税）

续上表

财务情景		账务处理
月末转出多交增值税和未交增值税	对于当月应交未交的增值税	借：应交税费——应交增值税（转出未交增值税） 贷：应交税费——未交增值税
	对于当月多交的增值税	借：应交税费——未交增值税 贷：应交税费——应交增值税（转出多交增值税）

【例 4-8】利源制药有限公司采用直接收款方式销售一批甲商品，价款 96 728 元（含税）。货款已经收到，货物尚未发出，提货单已经交给购货方，开出增值税专用发票。甲商品成本为 71 300 元。见表 4-5。

表 4-5　票样

深圳增值税专用发票

430019242　　深圳 发票联 国家税务总局监制　　No：01092123

开票日期：2019 年 4 月 3 日

购货单位	名称：大商医药有限公司 纳税人识别号：56701014003282343 地址、电话：深圳福田区珞樱大道 319 号　68794589 开户行及账号：深圳工商银行珞樱支行营业室 6222004309234216233					密码区	略
货物或应税劳务名称 甲商品	规格型号	单位 箱	数量 100	单价 967.28	金额 ¥85600	税率（%） 13%	税额 ¥11128
价税合计（大写）	⊗玖万陆仟柒佰贰拾捌元整　　（小写）¥96728						
销货单位	名称：利源制药有限公司 纳税人识别号：213232013413497566 地址、电话：广州市民化北路 45 号 025-87657656 开户行及账号：工行民化分理处 6226618036086536					备注	科达商贸公司 320134134971563 发票专用章

收款人：吴娜　　复核：白晶　　开票人：张蒙　　销货单位：

该企业当期应纳增值税额计算如下：

将含税销售额换算为不含税销售额，销项税额 =96 728 ÷（1+13%）× 13%= 85 600 × 13%=11 128（元）

借：银行存款　　96 728

　　贷：主营业务收入——甲商品　　85 600

　　应交税费——应交增值税（销项税额）　　11 128

借：主营业务成本　　　　　　　　　　71 300

　　贷：库存商品　　　　　　　　　　　　71 300

4.1.5 托收承付或者委托收款结算方式销售

采取托收承付或者委托银行收款方式销售货物，为发出货物并办妥托收手续的当天。

【例 4-9】 成源电器有限公司为一般纳税人，税率为 13%。2019 年 4 月 15 日采用托收承付结算方式，收取丹枫宾馆 1 000 台格力空调货款，不含税价 4 500 000 元，增值税额 585 000 元。托收手续已办理完毕。见表 4-6。

表 4-6　托收凭证（贷方凭证）

委托日期　2019 年 4 月 15 日

<table>
<tr><td>业务类型</td><td colspan="16">委托收款（□邮划、□电划）　托收承付（□邮划、□电划）</td></tr>
<tr><td rowspan="3">付款人</td><td>全称</td><td colspan="3">丹枫宾馆</td><td rowspan="3">收款人</td><td>全称</td><td colspan="10">成源电器有限公司</td></tr>
<tr><td>账号</td><td colspan="3">4453456709932</td><td>账号</td><td colspan="10">622034331476123</td></tr>
<tr><td>地址</td><td>深圳（市县）</td><td>开户行</td><td>工商银行</td><td>地址</td><td colspan="3">省 深圳（市县）</td><td colspan="4">开户行</td><td colspan="3">中国银行</td></tr>
<tr><td rowspan="2">金额</td><td colspan="5" rowspan="2">人民币
（大写）伍佰零捌拾万伍仟元整</td><td>亿</td><td>千</td><td>百</td><td>十</td><td>万</td><td>千</td><td>百</td><td>十</td><td>元</td><td>角</td><td>分</td></tr>
<tr><td></td><td>¥</td><td>5</td><td>0</td><td>8</td><td>5</td><td>0</td><td>0</td><td>0</td><td>0</td><td>0</td></tr>
<tr><td>款项内容</td><td>支付货款</td><td colspan="2">托收凭据名称</td><td colspan="4">商业承兑汇票</td><td colspan="4">附寄单证张数</td><td colspan="5">2</td></tr>
<tr><td colspan="2">商品发运情况</td><td colspan="4">已发</td><td colspan="5">合同名称号码</td><td colspan="6">ZM681058</td></tr>
<tr><td colspan="3">备注：
收款人开户银行收到日期
年月日</td><td colspan="8">上列款项随附有关债务证明，请予办理。
（印章：成源电器有限公司 财务专用章）（张莹雪印）
收款人签章</td><td colspan="6">复核　记账</td></tr>
</table>

此联收款人开户银行作贷方凭证

借：应收账款　　　　　　　　　　5 085 000

　　贷：主营业务收入　　　　　　　　4 500 000

　　应交税费——应交增值税（销项税额）　　585 000

4.1.6 特殊销售方式下的销售额

在销售活动中，为了达到促销的目的，有多种销售方式，不同的销售方式下，取得的销售额会有所不同。税法对以下几种销售方式分别做了规定，见表 4-7。

1. 现金折扣

现金折扣是指债权人为了鼓励债务人在规定的期限内付款，而向债务人提供的债务扣除。现金折扣通常发生在以赊销方式销售货物及提供劳务的交易之中，企业为了鼓励客户提前偿付货款，通常与债务人达成协议，债务人在不同的期限内可以享受不同比例的折扣。现金折扣一般用符号“折扣 / 付款日期”表示。例如，3/10 表示买方在 10 日内付款，可以享受售价的 3% 的折扣；2/20 表示买方在 20 日内付款，可以按售价享受 2% 的折扣；*n*/30 表示这笔交易额付款期限为 30 日之内，超过 20 日后，不享受任何的折扣。

表 4-7 特殊销售行为销售额的认定

销售方式	销项税额的认定
采取折扣方式	（1）销售额和折扣额在同一张发票上分别注明的，可按折扣后的销售额征收增值税； （2）未在同一张发票上分别注明的，以价款为销售额，不得扣减折扣额
以旧换新方式	应按新货物的同期销售价格确定销售额，不得扣减旧货物的收购价格。但对金银首饰以旧换新业务，可以按销售方实际收取的不含增值税的全部价款征收增值税
还本销售方式	其销售额就是货物的销售价格，不得从销售额中减除还本支出
以物易物方式	以物易物双方都应做购销处理，以各自发出的货物核算销售额，以各自收到的货物计算进销项税额
直销方式	直销企业的销售额为其向消费者收取的全部价款和价外费用
试点纳税人提供知识产权代理服务、货物运输代理服务和代理报关服务	以其取得的全部价款和价外费用，扣除向委托方收取并代为支付的政府性基金或者行政事业性收费后的余额为销售额
试点纳税人提供国际货物运输代理服务	以其取得的全部价款和价外费用，扣除支付给国际运输企业的费用后的余额为销售额

根据财政部颁布的《增值税处理条例》规定，现金折扣（销售折扣）的折扣额不得从销售额中扣除，折扣额应计入财务费用；《企业所得税法》规定，债权人为鼓励债务人在规定的期限内付款而向债务人提供的债务扣除属于现金折扣，销售商品涉及现金折扣的，应当按扣除现金折扣前的金额确定销售商品收入金额，现金折扣在实际发生时作为财务费用扣除。

税法规定，如果销售额和折扣额在同一张发票上分别注明的，可按折扣后的余额作为销售额计算增值税；如果将折扣额另开发票，不论其在财务上如何处理，均不得从销售额中减除折扣额。

如果采用实物折扣方式，则赠送的实物视同销售计算增值税。

现金折扣会计处理方法。现金折扣的会计处理方式有总价法与净价法两种。我国会计实务处理中通常采用总价法。总价法是在销售业务发生时，应收账款和销售收入按未扣减现金折扣前的实际发生的现金折扣作为对购货方提前付款的鼓励性支出。

【例 4-10】 聚德公司为增值税一般纳税企业，适用的增值税率为 13%，2019 年 4 月 1 日，聚德公司向阜成公司销售商品一批，按价目表上标明的价格计算，不含增值税的售价总额为 79 400 元，为鼓励阜成公司及早付清款项，聚德公司规定的现金折扣条件为 2/10，1/20，*n*/30。按总价法的会计分录为：

借：应收账款　　89 722

　　贷：主营业务收入　　79 400

　　应交税费——应交增值税（销项税）　　10 322

（1）现金折扣含增值税额的计算：

假定阜成公司 4 月 10 日付款：

借：银行存款　　87 927.56

　　财务费用（89 722 × 2%）　　1 794.44

　　贷：应收账款　　89 722

假定乙公司 4 月 20 日付款：

借：银行存款　　88 824.78

财务费用　　　　897.22

贷：应收账款　　　　89 722

假定乙公司 4 月 30 日付款：

借：银行存款　　　　89 722

贷：应收账款　　　　89 722

（2）现金折扣不含增值税额的计算：

假定乙公司 4 月 10 付款：

借：银行存款　　　　88 134

财务费用　　[89 722 ÷（1+13%）× 2%]1 588

贷：应收账款　　　　89 722

假定乙公司 4 月 20 日付款：

借：银行存款　　　　88 928

财务费用　　[89 722 ÷（1+13%）× 1%]794

贷：应收账款　　　　89 722

假定乙公司 4 月 30 日付款：

借：银行存款　　　　89 722

贷：应收账款　　　　89 722

2. 商业折扣

商业折扣又称“折扣销售”，是指实际销售商品或提供劳务时，将价目单中的报价打一个折扣后提供给客户，这个折扣就叫商业折扣。商业折扣通常以百分数明列出来的，如 5%、10% 的形式表示出来，买方只需按照标明价格的百分比付款即可。

（1）商业折扣会计处理规则。

根据《企业会计原则第 14 号——收入》的规则，销售商品涉及商业折扣的，应该遵照扣除商业折扣后的金额。在商业折扣的状况下，企业销售收入入账金额应按扣除销售折扣以后的实际销售金额加以确认，即以整个销售净额除税后贷记主营业务收入，以整个销售净额借记应收账款或银行贷款，以应收账款与产品销售收入两者的差额贷记应交税费——应交增值税（销项税额）。

（2）商业折扣税务处理规则。

国家税务总局《对于确认企业所得税收入若干问题的通知》（国税函〔2008〕875 号）规则。企业为促进商品销售而在商品价格上给予的价格扣除属于商业折扣；商品销售触及商业折扣的，应该遵照扣除商业折扣后的金额确定销售商品收入金额。对于商业折扣，现行增值税税法规定，假如销售额和折扣额是在同一张发票上分别注明的（普通发票或增值税发票的开具方法相同），能够按折扣后的余额作为销售额计算增值税、企业所得税；假如将折扣额另开发票，不管其在财务上如何处理，均不得从销售额中减除折扣额计算增值税、企业所得税。

税法中认可的销售折扣仅指销售折扣与销售额在同一张发票注明的状况。《国家税务总局对于企业销售折扣在计征所得税时如何处理问题的批复》（国税函〔1997〕472 号）规定：纳税人销售货物给购货方的销售折扣，假如销售额和折扣额在同一张销售发票上注明的，可按折扣后的销售额计算交纳所得税；假如将折扣额另开发票，则不得从销售额中减除折扣额。另外，在增值税处理上，国家税务总局对于印发《增值税若干具体问题的规定》的通知（国税发〔1993〕第 154 号）规定：征税人采取折扣方法销售货物，假如销售额和折扣额在同一张发票上分别注明的，可按折扣后的销售额征收增值税；假如将折扣额另开发票，不管其在财务上如何处理，均不得从销售额中减除折扣额。

商业折扣仅限于货物价钱的折扣，假如销货方将自产、委托加工或购置的货物用于实物折扣的，则该实物款额不能从货物销售额中减除，且该实物应按《增值税暂行条例实行细则》“视同销售货物”中的“无偿赠予别人”的规则，计算交纳增值税，同时计入应征税所得额。

【例 4-11】 2019 年 4 月 1 日，永康电器有限公司向恒安商场销售小型冰箱 500 台，每台不含税售价 1 800 元，成本价为 870 元。因购买数量较大，红河百货有限公司给予 10% 的商业折扣，折扣额和销售额在同一张发票上注明，货款尚未收到。

①假定折扣部分与销售额开具在同一张发票上的会计处理：

即商品售价为 500×1 800×（1−10%）=810 000（元）

借：应收账款 915 300

贷：主营业务收入 810 000

应交税费——应交增值税（销项税额）（810 000×13%）105 300

同时，结转销售成本时的会计处理：

借：主营业务成本 435 000

贷：库存商品 435 000

②价格折扣假定折扣部分与销售额开具在两张发票上的会计处理：

即商品售价为 500×1 800=900 000（元），销售费用为 900 000×10%=90 000（元）

借：库存现金 837 000

销售费用 90 000

贷：主营业务收入 810 000

应交税费——应交增值税（销项税额）（900 000×13%）117 000

同时，结转销售成本时的会计处理：

借：主营业务成本 435 000

贷：库存商品 435 000

3. 销售折让

销售折让指货物销售后，由于因品种、质量等原因购货方未予退货，而由销货方给予购货方的一种价格上的折让。销售折让应在实际发生时直接从当期实现的销售收入中抵减（小企业会计制度）。因此，对销售折让可按折让后的货款作为销售额，计算缴纳增值税。

具体处理流程如下。

（1）购买方未付货款且未做账务处理，应回退原发票联和税款抵扣联。

① 销售方未登记账簿，在退回的发票上注明“作废”字样即可；

② 销售方已登记账簿，需以退回的发票为依据，开具红字发票冲减；对于部分退货的，对于未退货的部分，重新开具蓝字发票即可。

（2）购买方已付款，或者未付款但已作账务处理，不能回退原发票联和税款抵扣联。

销售方必须以购买方在当地的税务机关开具的证明单为依据，开具红字发票冲减。

例如，某企业销售一批商品，开具增值税专用发票注明售价 50 000 元，增值税额 6 500 元。购货方收到货物后发现商品质量按合同要求不太合格，虽没退货，但要求在价格上给予优惠，经双方协商同意，销货方给予购货方 5% 的折让。

【例 4-12】信富电器有限公司销售给久和日用品公司 600 个小太阳风扇，每个不含税价格 50 元。经检验，由于小太阳风扇功率太小，久和日用品公司要求信富电器有限公司给予销售折让 10%，并从税务机关开具了证明单，证明单上注明折让货款 27 000 元，折让税款 4 590 元。

分析：销货方给购货方的折让属于价格折让，按照税收规定和财务规定，可以从当期销售收入中减除。

折让额 =600 × 50 × 10%=3 000（元）。

（1）商品发出销售实现时

借：应收账款　　33 900

　　贷：主营业务收入　　30 000

　　应交税费——应交增值税（销项税额）　　3 900

（2）发生销售折让时

借：应收账款　　−3 390

　　贷：主营业务收入　　−3 000

　　应交税费——应交增值税（销项税额）　　−390

（3）实际收到货款时

购货方按折让后的销售额支付货款 33 900−3 390=30 510（元）。

借：银行存款　　30 510

　　贷：应收账款　　30 510

根据上述资料，填写企业进货退出及索取折让证明单，见表 4-8。

表 4-8 企业进货退出及索取折让证明单

NO.0975765

<table>
<tr><td rowspan="2">销货单位</td><td>全称</td><td colspan="4">久和日用品公司</td></tr>
<tr><td>税务登记号</td><td colspan="4"></td></tr>
<tr><td>进货退出</td><td>货物名称</td><td>单价</td><td>数量</td><td>货款</td><td>税额</td></tr>
<tr><td rowspan="3">索取折让</td><td rowspan="2">货物名称</td><td rowspan="2">货款</td><td rowspan="2">税额</td><td colspan="2">要求</td></tr>
<tr><td>折让金额</td><td>折让税额</td></tr>
<tr><td>小太阳电风扇</td><td>30 000</td><td>3 900</td><td>3 000</td><td>390</td></tr>
<tr><td>退货或索取折让理由</td><td colspan="2">经办人单位签章
2019 年 4 月 3 日</td><td>税务征收机关签章</td><td colspan="2">经办人 夏枫
2019 年 4 月 3 日</td></tr>
<tr><td rowspan="2">购货单位</td><td>全称</td><td colspan="4">信富电器有限公司</td></tr>
<tr><td>税务登记号</td><td colspan="4">756756425357436</td></tr>
</table>

4. 采取以旧换新方式销售

采取以旧换新方式销售货物的，应按新货物的同期销售价格确定销售额，不得冲减旧货物的收购价格。销售货物与有偿收购旧货是两项不同的业务活动，销售额与收购额不能相互抵减。在公平交易的情况下，旧商品的折价和购买方支付的货币金额之和应该与新商品的含税公平市价相当，因此应以旧商品的折价和购买方支付的差价来确定含税销售收入，然后再根据企业适用的增值税税率来确定销售收入。

（1）取得的抵价旧商品的会计与税务处理。

销售方在回收旧商品后，对旧商品的处理一般分为三种情况：一是将旧商品销售给废旧物资回收单位；二是将旧商品作为资源回收利用；三是为避免旧商品废弃后对环境产生污染（如旧电池等），企业将旧商品回收后进行综合处理。无论哪种情况，取得旧商品后企业一般先将其作为存货管理，根据不同情况按其抵价金额计入“原材料”或“库存商品”中，由于一般无法取得旧商品相应的增值税发票，也就不能计算抵扣进项税额。

① 一般按新货同期销售价格确定销售额，不得减除旧货收购价格；

② 金银首饰以旧换新业务按销售方实际收到的不含增值税的全部价款征税。

【特别提示】金银首饰的以旧换新政策与其他货物的以旧换新政策有不同的规定，不能混淆。

【例 4-13】 圣裕家电商场采用以旧换新方式促销电冰箱，每台旧电冰箱作价 500 元，消费者支付 4 246 元现金就可以取得一台新电冰箱。上述款项已通过现金结算，收回的旧电冰箱已验收入库。同类电冰箱平均售价为每台 4 746 元，当月采用此方式销售电冰箱 600 台。

家电商场所标售价为含税售价，因此会计处理为：

销售收入 = 含税售价 ÷(1+ 增值税税率)=4 746 × 600 ÷(1+13%)=2 520 000(元)

借：库存商品——旧电视机　　300 000

　　库存现金　　2 547 600

　　贷：主营业务收入　　2 520 000

　　　　应交税费——应交增值税（销项税额）　　327 600

5. 采取以物易物方式销售

采取以物易物方式销售货物在会计上按非货币性资产交换来处理，涉及的问题包括换出资产收益确认与换入资产价值的确认两个方面。采取以物易物方式销售货物，换出资产为存货的，应当作销售处理，按其公允价值确认收入，同时结转相应的成本。

① 双方以各自发出的货物核算销售额并计算销项税额；

② 双方是否能抵扣进项税额还要看能否取得对方开具的增值税专用发票或其他合法票据、是否用于不能抵扣进项税额的项目。

【例 4-14】 甲厂和乙厂均为增值税一般纳税人，增值税税率为 13%。乙厂以总价款 93 000 元（不含增值税）的甲产品，等价兑换乙厂一批钢材，双方都为对方开具了增值税专用发票。甲产品总成本为 76 000 元。甲厂作会计分录如下：

借：原材料——乙材料　　93 000

应交税费——应交增值税（进项税额）　　12 090

贷：主营业务收入　　93 000

应交税费——应交增值税（销项税额）　　12 090

借：主营业务成本　　76 000

贷：库存商品　　76 000

【特别提示】

企业采取以物易物方式销售货物在进行会计处理时，只有得到对方开具的增值税专用发票时，才能据以借记“应交税费——应交增值税（进项税额）”科目，而不能仅仅根据“材料入库单”自行估计进项税额；再则，对发出的产品贷记“主营业务收入”科目，而不能小心漏记收入。

6. 直销企业增值税销售额的确定

直销企业的经营模式主要有两种，如图 4-2 所示。

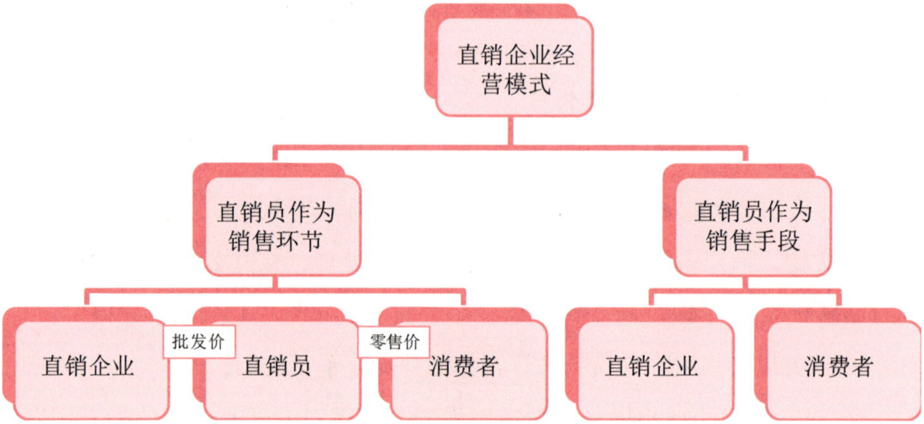

图 4-2

根据《国家税务总局关于直销企业增值税销售额确定有关问题的公告》（国家税务总局公告 2013 年第 5 号）规定：

（1）直销企业先将货物销售给直销员，直销员再将货物销售给消费者的，直销企业的销售额为其向直销员收取的全部价款和价外费用。直销员将货物销售给消费者时，应按照现行规定缴纳增值税。

（2）直销企业通过直销员向消费者销售货物，直接向消费者收取货款，直销企业的销售额为其向消费者收取的全部价款和价外费用。本公告自 2013 年 3 月 1 日起施行。此前已发生但尚未处理的事项可按本公告规定执行。

4.1.7 视同销售行为的销售额

视同销售行为全称“视同销售货物行为”，意为其不同于一般销售，是一种特殊的销售行为，只是在税收的角度为了计税的需要将其“视同销售”。根据《中华人民共和国增值税暂行条例实施细则》规定，单位或个体经营者的下列行为，视同销售货物。

（1）将货物交付他人代销；

（2）销售代销货物；

（3）设有两个以上机构并实行统一核算的纳税人，将其货物从一个机构移送其他机构用于销售，但相关机构设在同一县（市）的除外；

（4）将自产或委托加工的货物用于非应税项目；

（5）将自产、委托加工或购买的货物作为投资，提供给其他单位或个体经营者；

（6）将自产、委托加工或购买的货物分配给股东或投资者；

（7）将自产、委托加工的货物用于集体福利或个人消费；

（8）将自产、委托加工或购买的货物无偿赠送他人。

【例 4-15】双桥特种水泥厂为增值税一般纳税人，2018 年共生产复合硅酸盐水泥 32 000 吨。其中的 30 000 吨直接对外销售，1 200 吨用于本单位的基建工程，800 吨用于免税产品生产项目。每吨产品生产成本为 8 100 元，对外销售价 13 000 元（均指不含税价）。

按财务会计制度的规定，以上业务应作会计分录为（单位均为万元）：

（1）对外销售部分

借：银行存款（应收账款）　　440 700 000

　　贷：主营业务收入　　（30 000 × 13 000）390 000 000

应交税费——应交增值税（销项税额）（390 000 000×13%） 50 700 000

借：主营业务成本 [8 100×（30 000+1 200+800）]259 200 000

贷：库存商品 259 200 000

（2）对内基建工程使用部分

借：在建工程 12 216 000

贷：库存商品 （8 100×1 200）9 720 000

应交税费——应交增值税（销项税额）（13 000×1 200×16%）

2 496 000

（3）用于免税产品生产使用部分

借：生产成本 8 144 000

贷：库存商品（8 100×800） 6 480 000

应交税费——应交增值税（销项税额）（13 000×800×16%）

1 664 000

在以上的 3 组会计分录中，我们可以看出如下特点：

（1）共同的是：无论是对外直接销售，还是内部自己使用，在计算增值税的销项税金时，一律是按照其产品的市场价每吨 13 000 元而不是按成本价每吨 7 000 元执行的。就此来说，视同销售业务中涉及的增值税是直接在会计分录中体现了出来。

（2）不同的是：用于对外销售的部分，由于在记账时，直接使用了“主营业务收入”科目来记收益和使用了“主营业务成本”来转销成本，因而对外销售的部分产生的净收益（利润）就会直接体现在会计报表中（损益表）。而用于基建的部分和免税使用的部分，由于在会计处理时是采用直接冲减产品成本办法，因而就不出现“主营业务收入”与“主营业务成本”之间的净收益体现。以上的会计处理，是按财政部颁布的会计制度的原则来处理的，它本身也是正确的，但是从税收方面来看，这其中就少了应计入所得税征收的一部分“视同销售”的利润收益。

为此，税收法规对这类涉及所得税应计收益但财会报表上没有直接反映的事项，就明确作出规定：纳税人在基本建设、专项工程以及职工福利等方面使用本企业的商品、产品的，均应作为收入处理。

4.2 消费税

消费税是对我国境内从事生产、委托加工和进口，以及国务院确定的销售应税消费品的单位和个人，就其销售额或销售数量，在特定环节征收的一种税。

消费税的纳税人为在中华人民共和国境内生产、委托加工和进口消费税暂行条例规定的消费品的单位和个人，以及国务院确定的销售消费税暂行条例规定的消费品的其他单位和个人。为消费税的纳税人，应当依照消费税暂行条例缴纳消费税。

4.2.1 征税范围

消费税的征税范围，见表 4-9。

表 4-9 消费税的征税范围

项　目	具体内容
生产应税消费品	生产应税消费品除了直接对外销售应征收消费税外，纳税人将生产的应税消费品换取生产资料、消费资料、投资入股、偿还、债务，以及用于继续生产应税消费品以外的其他方面都应缴纳消费税
委托加工应税消费品	委托加工的应税消费品收回后，再继续用于生产应税消费品销售的，其加工环节缴纳的消费税款可以扣除，直接出售的，应缴纳消费税
进口应税消费品	单位和个人进口应税消费品，于报关进口时缴纳消费税
零售应税消费品	纳税人从事零售业务的，在零售时纳税
	金银首饰的带料加工、翻新改制、以旧换新等业务，在零售环节征收消费税；但金银首饰的修理和清洗，不缴纳消费税
	用于馈赠、赞助、集资、广告、样品、职工福利、奖励等方面的，在移送时缴纳消费税
批发销售卷烟	烟草批发企业将卷烟销售给零售单位的，要再征一道 5% 的从价税
	烟草批发企业将卷烟销售给其他烟草批发企业的，不缴纳消费税

4.2.2 税目和税率

消费税税目包括烟、酒、高档化妆品、贵重首饰及珠宝玉石、鞭炮和焰火、成品油、小汽车、摩托车、高尔夫球及球具、高档手表、游艇、木制一次性筷子、实木地板、电池、涂料等。

税目和税率，见表 4-10。

表 4-10 税目和税率表

税 目	税 率
一、烟 1. 卷烟	
（1）甲类卷烟	56% 加 0.003 元 / 支（生产环节）
（2）乙类卷烟	36% 加 0.003 元 / 支
（3）批发环节	11% 加 0.005 元 / 支
2. 雪茄烟	36%
3. 烟丝	30%
二、酒	
1. 白酒	20% 加 0.5 元 /500 克（或者 500 毫升）
2. 黄酒	240 元 / 吨
3. 啤酒	
（1）甲类啤酒	250 元 / 吨
（2）乙类啤酒	220 元 / 吨
4. 其他酒	10%
三、化妆品	30%
四、贵重首饰及珠宝玉石	
1. 金银首饰、铂金首饰和钻石及钻石饰品	5%
2. 其他贵重首饰和珠宝玉石	10%
五、鞭炮、焰火	15%
六、成品油	
1. 汽油	1.52 元 / 升
2. 柴油	1.20 元 / 升
3. 航空煤油	1.20 元 / 升
4. 石脑油	1.52 元 / 升
5. 溶剂油	1.52 元 / 升
6. 润滑油	1.52 元 / 升
7. 燃料油	1.20 元 / 升

续上表

税　目	税　率
七、摩托车	
1. 气缸容量（排气量，下同）250 毫升的	3%
2. 气缸容量在 250 毫升（不含）以上的	10%
八、小汽车 1. 乘用车	
（1）气缸容量（排气量，下同）在 1.0 升（含 1.0 升）以下的	1%
（2）气缸容量在 1.0 升以上至 1.5 升（含 1.5 升）的	3%
（3）气缸容量在 1.5 升以上至 2.0 升（含 2.0 升）的	5%
（4）气缸容量在 2.0 升以上至 2.5 升（含 2.5 升）的	9%
（5）气缸容量在 2.5 升以上至 3.0 升（含 3.0 升）的	12%
（6）气缸容量在 3.0 升以上至 4.0 升（含 4.0 升）的	25%
（7）气缸容量在 4.0 升以上的	40%
2. 中轻型商用客车	5%
九、高尔夫球及球具	10%
十、高档手表	20%
十一、游艇	10%
十二、木制一次性筷子	5%
十三、实木地板	5%
十四、电池	4%
十五、涂料	4%

1. 消费税特点

（1）单一环节纳税，只征收一道。

（2）转嫁性，与增值税一样，转嫁到实际售价中，让消费者负担。

（3）价内税，例如黄金售价每克 348 元，其中 300 元是不含增值税价格，48 元是增值税税额。300 元是包含消费税的价格。

2. 征税环节

消费税原则上实行单一环节一次课征的办法。如图 4-3 所示。

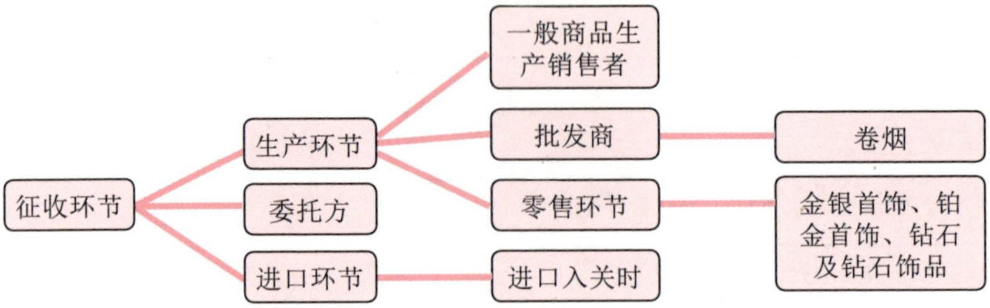

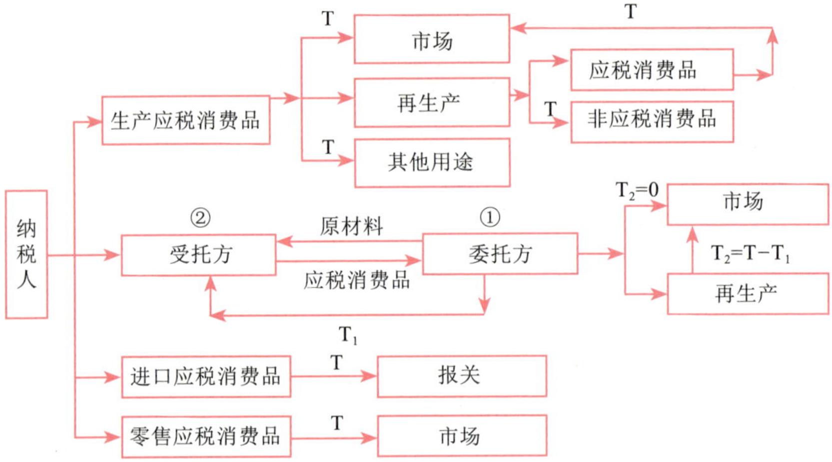

注：T 为应税消费品缴纳环节的应纳消费税

图 4-3　征税环节

4.2.3 消费税组成计税价格

消费税的计税依据分别采用从价和从量两种计税方法。实行从价计税办法征税的应税消费品，计税依据为应税消费品的销售额。实行从量定额办法计税时，通常以每单位应税消费品的重量、容积或数量为计税依据，如黄酒、啤酒、成品油等。另外还有一种特殊计税方法，即复合计征，如卷烟、白酒。

1. 从价定率

应纳税额 = 销售额 × 比例税率

【例 4-16】 青萍百货有限公司为增值税一般纳税人，2019 年 4 月 15 日向雅筑科技有限公司销售高档手表 15 块，每块不含税价 200 000 元，增值税额 26 000 元，开具增值税专用发票。高档手表适用消费税税率 20%。见表

4-11、表 4-12。

表 4-11　票样

北京增值税专用发票

110018342　　　　发票联　　　　No：848623

开票日期：2019 年 4 月 15 日

购货单位	名称：雅筑科技有限公司 统一社会信用代码：37565890857678461H 地址、电话：深圳龙岗区天台路 14 号　88791232 开户行及账号：深圳工商银行天台路支行营业室 462798088723					密码区	略
货物或应税劳务名称	规格型号	单位	数量	单价	金额	税率（%）	税额
高档手表		块	15	226 000	¥3 000 000	13%	¥3 9000
价税合计（大写）	叁佰叁拾玖万元整　　（小写）¥3 390 000						
销货单位	名称：青萍百货有限公司 统一社会信用代码：11233456709875345G 地址、电话：深圳福田区江邻路 22 号 81654876 开户行及账号：中行江邻路分理处 45311803600176					备注	

收款人：张明　　复核：李琼　　开票人：陈旭　　销货单位：

应缴纳的消费税额 =200 000 × 15 × 20%=600 000（元）

借：税金及附加　　600 000

　　贷：应交税费——应交消费税　　600 000

表 4-12　中华人民共和国税收通用完税证

注册类型　　　　填发日期：2019 年 4 月 15 日　　　　征收机关

纳税人代码	45687976554322		地址			
纳税人名称	青萍百货有限公司		税款所属时期	2019 年 4 月		
税种	品目名称	课税数量	计税金额或销售收入	税率或单位税额	已缴或扣除额	实缴金额
消费税	高档手表	15	3 000 000	20%		600 000
金额合计	（大写）陆拾万元整					
深圳市地方税务局 征税专用章	委托代征单位（人）盖章	填票人（章）史飞旭	备注	青萍百货有限公司 财务专用章		

2. 从量定额

应纳税额 = 销售数量 × 定额税率

【例 4–17】青洲白酒厂是增值税一般纳税人，2019 年 5 月销售粮食白酒 10 吨，销售额 108 400 元（不含税），为甲公司定制纪念活动用粮食白酒 1 000 瓶（500ml/ 瓶），单价 27.12 元 / 瓶（含税），并每瓶加收包装设计费 3.39 元，已开具普通发票，货款两讫，包装设计费已记入“其他业务收入”账户。计算该酒厂 2019 年 5 月份应纳消费税。

（1）销售 10 吨粮食白酒的销售额：108 400 元。

（2）销售 1 000 瓶粮食白酒销售额 =27.12 ÷（1+13%）× 1 000=24 000（元）

（3）1 000 个包装设计费 =3.39 ÷（1+13%）× 1 000=3 000（元）

应税销售额合计：108 400+24 000+3 000=135 400（元）

粮食白酒适用税率：25%

应纳消费税 =135 400 × 25%=33 850（元）

3. 复合计征

应纳税额 = 销售额 × 比例税率 + 销售数量 × 定额税率

【例 4–18】白柳卷烟生产企业为增值税一般纳税人，2019 年 4 月，销售乙类卷烟 2 000 标准条，取得含增值税销售额 103 960 元。已知乙类卷烟消费税比例税率为 36%，定额税率为 0.003 元 / 支，1 标准条有 150 支；增值税税率为 13%。

从价计征税 =103 960 ÷（1+13%）× 36%

=33 120（元）

从量计征税 =2 000 × 150 × 0.003=900（元）

应纳消费税税额 =33 120+900=34 020（元）

4.2.4 自产自用应税消费品应纳消费税的计算

纳税人自产自用的应税消费品，于移送使用有三种情况：

（1）用于连续生产应税消费品的，不纳税；

（2）有价格的按照生产的同类消费品的销售价格计算纳税；

（3）没有同类消费品销售价格的，按照组成计税价格计算纳税。具体见表4-13。

表 4-13　没有同类消费品销售价格的计税公式

三种计税方法	计税公式
从价定率计税	应纳税额 =（成本 + 利润）÷（1- 消费税税率）× 适用税率
复合计税	应纳税额 =（成本 + 利润 + 自产自用数量 × 定额税率）÷（1- 消费税税率）× 适用税率 + 自产自用数量 × 定额税率
从量定额计税	应纳税额 = 移送使用数量 × 定额税率

CHAPTER 4

【例 4-19】 2019 年 4 月，青洲白酒厂用生产的某规格粮食白酒 1.09 吨作为福利发给职工，生产成本 11 857.5 元。假若发给职工的福利酒是刚研制的新品种，没有同类产品销售价格计算福利酒的应纳消费税。

（1）确定福利酒的组成计税价格。

组成计税价格 =[11 857.5 ÷ 1.09 ×（1+9%）] ÷（1−25%）

=15 810（元／吨）

（2）计算应税销售额。

应税销售额 =15 810 × 1.09=17 232.9（元）

（3）计算福利酒应纳消费税。

应纳消费税 =17 232.9 × 25%=4 308.225（元）

4.2.5 委托加工应税消费品应纳消费税的计算

委托加工的应税消费品，收回时（除受托方为个人外）由受托方在向委托方交货时代收代缴税款。

1. 按照受托方的同类消费品的销售价格计算纳税

同类消费品的销售价格，是指纳税人或者代收代缴义务人当月销售的同类消费品的销售价格，如果当月同类消费品各期销售价格高低不同，应按销售数量加权平均计算。但销售的应税消费品有下列情况之一的，不得列入加权平均计算：

（1）销售价格明显偏低并无正当理由的；

（2）无销售价格的。

如果当月无销售或者当月未完结，应按照同类消费品上月或者最近月份的销售价格计算纳税。

2. 没有同类消费品销售价格的，按照组成计税价格计算纳税。

委托加工的应税消费品，受托方没有同类消费品销售价格的，按组成计税价格计税。计算有三种情形，具体见表 4-14。

表 4-14 消费税计税公式

三种计税方法	计税公式
从价定率计税	应纳税额 =（材料成本 + 加工费）÷（1- 消费税税率）× 适用税率
从量定额计税	应纳税额 = 委托加工数量 × 定额税率
复合计税	应纳税额 =（材料成本 + 加工费 + 委托加工数量 × 定额税率）÷（1- 消费税税率）× 适用税率 + 委托加工数量 × 单位税额

材料成本是指委托方所提供加工材料的实际成本。委托加工应税消费品的纳税人，必须在委托加工合同上如实注明（或者以其他方式提供）材料成本，凡未提供材料成本的，受托方主管税务机关有权核定其材料成本。

加工费是指受托方加工应税消费品向委托方所收取的全部费用（包括代垫辅助材料的实际成本）。

【例 4-20】 某设备制造厂招待所向青洲白酒厂提供玉米 12 吨，每吨玉米成本 24 000 元，委托其加工 2 吨玉米小烧，支付加工费 1 000 元 / 吨（不含税），辅料成本 200 元 / 吨。酒厂按合同规定收回已完工酒精玉米小烧 1 吨，另 1 吨玉米小烧尚未完工。计算青洲白酒厂应代收代缴消费税。

（1）确定组成计税价格。

组成计税价格 =[12×24 000÷2+1 000+200]÷（1-5%）

=152 842.11（元 / 吨）

（2）确定应税销售额。

应税销售额 =152 842.11×2=305 684.22（元）

（3）计算应代收代缴消费税。

代收代缴消费税 =305 684.22×5%=15 284.21（元）

4.2.6 进口应税消费品应纳消费税的计算

纳税人进口应税消费品，应当自海关填发税款缴纳证之日起 15 日内，按组成计税价格计算缴纳税款。

进口应税消费品应纳税额的计算，见表 4-15。

表 4-15　进口应税消费品应纳税额的计算

计税方法	计税公式
从价定率	组成计税价格 =（关税完税价格 + 关税）÷（1- 消费税税率） 应纳税额 = 组成计税价格 × 消费税比例税率
从量定额	组成计税价格 =（关税完税价格 + 关税 + 进口数量 × 定额税率）÷（1- 比例税率）
复合计征	组成计税价格 =（关税完税价格 + 关税 + 进口数量 × 定额税率）÷（1- 消费税比例税率） 应纳税额 = 组成计税价格 × 比例税率 + 进口数量 × 定额税率

【例 4-21】2019 年 4 月 12 日，盛明进出口商贸有限公司进口一批摩托车 300 辆，每辆完税价格为 31 800 元，已缴纳关税 10 000 元，有关款项已经全部支付，并取得海关开具的完税凭证。当月在国内销售 240 辆，获得含税销售收入 18 931 200 元。已知摩托车的消费税率为 5%，计算该企业当月应纳的消费税税额和增值税税额。

应纳进口环节的消费税额 =300×[（31 800+10 000）÷（1−5%）]×5%=660 000（元）

应纳进口环节的增值税额 =300×[（31 800+10 000）÷（1−5%）]×16%=2 112 000（元）

应纳内销环节的增值税额 =18 931 200÷（1+16%）×16%−2 112 000=499 200（元）

国内销售的摩托车由于在进口环节已缴纳消费税，所以不再缴纳消费税。

4.2.7 兼营不同税率应税消费品应纳消费税的计算

纳税人兼营不同税率的应税消费品，未分别核算销售额、销售数量的，或者将不同税率的应税消费品组成成套消费品销售的，从高适用税率。

【例 4-22】某日化厂 2019 年 5 月生产销售各类香皂 62.5 吨，销售收入 207 万元，香水 430 公斤，销售收入 64 万元，销售收入均不含税。该厂按产品品种分别核算，计算其 5 月份应纳税额。

香皂的适用税率为 10%，但国家规定，从 1994 年 1 月 1 日起，香皂暂减按 50% 税率征税。

香皂应纳消费税 =207 × 5%=10.35（万元）

香水应纳消费税 =64 × 30%=19.2（万元）

合计应纳消费税 =10.35+19.2=29.55（万元）

若化工厂 5 月份实现销售收入 271 万元（不含税），未分别香皂、香水进行核算，则该厂应

纳消费税为：

应纳消费税 =271 × 30%=81.3（万元）

4.2.8 带包装物销售应税消费品应纳消费税的计算

（1）实行从价定率办法计算应纳税额的应税消费品连同包装物销售的，无论包装物是否单独计价，也不论在会计上如何核算，均应并入应税消费品的销售额中征收消费税。

（2）如果包装物不作价随同产品销售，而是收取押金（收取酒类产品的包装物押金除外），且单独核算又未过期的，此项押金则不应并入应税消费品的销售额中征税。但对因逾期未收回的包装物不再退还的和已收取一年以上的押金，应并入应税消费品的销售额，按照应税消费品的适用税率征收消费税。

（3）既作价随同应税消费品销售，又另外收取包装物的押金，凡纳税人在规定的期限内不予退还的，均应并入应税消费品的销售额，按照应税消费品的适用税率征收消费税。

（4）对酒类产品生产企业销售酒类产品而收取的包装物押金，无论押金是否返还与会计上如何计算，均需并入酒类产品销售额中，依酒类产品的适用税

率征收消费税。

【例 4-23】 某酒厂为一般纳税人，2019 年 5 月份，销售白酒 50 吨，共使用 200 个包装桶，其中 100 个包装桶不作价而是向客户收取 200 元 / 只押金（含税），共装售 25 吨白酒，白酒售价每吨 5 600 元（不含税）；另 100 个包装桶每个作价 150 元（不含税）随同 25 吨白酒销售，计算该厂 8 月份应纳消费税。

酒类企业销售酒类产品收取的包装物押金，无论是否返还均应并入销售额纳税。

应纳消费税 =[50×5 600+200×100÷（1+13%）+100×150]×20%+50×2 000×0.5

=（280 000+17 699.12+15 000）×20%+50 000

=112 539.82（元）

4.2.9 纳税地点与纳税申报

（1）纳税人销售的应税消费品，以及自产自用的应税消费品，除国家另有规定的外，应当向纳税人核算地主管税务机关申报纳税。

（2）委托加工的应税消费品，除受托方为个体经营者外，由受托方向所在地主管税务机关代收代缴消费税税款。

（3）进口的应税消费品，由进口人或者其代理人向报关地海关申报纳税。

（4）纳税人到外县（市）销售或委托外县（市）代销自产应税消费品的，于应税消费品销售后，回纳税人核算地或销售所在地缴纳消费税。

（5）纳税人的总机构与分支机构不在同一县（市）的，应在生产应税消费品的分支机构所在地缴纳消费税。但经国家税务总局及所属省级国家税务局批准，纳税人分支机构应纳消费税也可由总机构汇总向总机构所在地主管税务机关缴纳。

（6）纳税人销售的应税消费品，如因质量等原因由购买方退回时，经所在地主管税务机关审核批准后，可退还已征收的消费税税款，但不能自行直接抵减应纳税额。

4.3 城市维护建设税

1. 征税范围

城市维护建设税征收的区域范围包括市区与非市区。

2. 纳税人

2018 年 10 月 19 日，财政部、国家税务总局起草《中华人民共和国城市维护建设税法（征求意见稿）》规定，在中华人民共和国境内缴纳增值税、消费税的单位和个人（包括外商投资企业和外国企业及外籍个人）。

3. 税率

城市维护建设税采用地区差别比例税率，纳税人所在地区不同，适用税率的档次也不同。

具体规定如下：

纳税人所在地在城市市区的，税率为 7%

纳税人所在地在县城、建制镇的，税率为 5%

4. 计税依据

包括项目

- 纳税人实际向税务机关缴纳的消费税、增值税税额
- 纳税人被税务机关查补的消费税、增值税税额
- 纳税人出口货物经批准免抵的增值税税额

不包括项目

- 纳税人进口环节被海关代征的增值税、消费税税额
- 非税款项（被加收的滞纳金和罚款等）

城市维护建设税的计税依据是纳税人实际缴纳的增值税、消费税税额。不包括加收的滞纳金和罚款。

5. 计算公式

城市维护建设税应纳税额的计算比较简单，计税方法基本上与“二税”一致，其计算公式为：

应纳税额 =（实际缴纳增值税 + 消费税）× 适用税率

实行免抵退的生产企业的城建税计算公式为：

应纳税额 =（增值税应纳税额 + 当期免抵税额 + 消费税）× 适用税率

6. 纳税地点与时间

纳税人直接缴纳“二税”的，在缴纳“二税”地缴纳城市维护建设税。

代扣代缴“二税”的企业单位，应同时代扣代缴城市维护建设税。没有代扣城市维护建设税，应由纳税单位和个人回到其所在地申报纳税。

城市维护建设税应在纳税人缴纳“二税”的同时缴纳，其纳税义务发生时间和纳税期限与“二税”是完全一致的。

【例 4-24】绿地有限公司位于广州市白云，2019 年 4 月，销售产品缴纳增值税 1 000 000 元、消费税 480 000 元。同时，被税务机关查补增值税 240 000 元并处罚款 20 000 元。

（1）计提城市维护建设税：（1 480 000+240 000）×7%=120 400（元）

借：税金及附加　120 400

　　贷：应交税费——应交城市维护建设税　120 400

（2）缴纳城市维护建设税：

借：应交税费——应交城市维护建设税　120 400

　　贷：银行存款　120 400

（3）支付税收罚款。

借：其他应付款——税收罚款　20 000

　　贷：银行存款　20 000

根据上述资料，填写城市维护建设税纳税申报表，见表 4-16。

表 4-16 城市维护建设税纳税申报表

填表日期：2019 年 5 月 5 日

统一社会信用代码：34270100580997548A　　　　金额单位：元（列至角分）

纳税人名称			税款所属期		
计税依据	计税金额	税率	应纳税额	已纳税额	应补（退）税额
1	2	3	4=2×3	5	6=4−5
增值税	1 240 000	7%	86 800	0	86 800
消费税	480 000	7%	33 600	0	33 600
合计	1 480 000		120 400	0	120 400
如纳税人填报，由纳税人填写以下各栏		如委托代理人填报，由代理人填写以下各栏			
会计主管（签章）丁国强	纳税人（公章）	代理人名称		代理人（公章）	
		代理人地址			
		经办人姓名		电话	
以下由税务机关填写					
收到申报表日期				接收人	

7. 城市维护建设税主要税收优惠

- 实行先征后返、先征后退、即征即退办法的，除另有规定外，附征的城市维护建设税一律不予退（返）还
- 对出口产品退还增值税、消费税的，不退还已缴纳的城市维护建设税
- 海关对进口产品代征的增值税、消费税，不征收城市维护建设税
- 国家重大水利工程建设基金免征城市维护建设税
- 重点群体从事个体经营扣减城市维护建设税优惠
- 小微企业免征增值税的，同时免征城市维护建设税、教育费附加、地方教育附加等税费

4.4 教育费附加

教育费附加是国家为扶持教育事业发展，计征用于教育的政府性基金。一些地方政府为发展地方教育事业，根据教育法的规定，还开征了“地方教育费附加”。地方教育费附加是地方政府自行制定的（可能需报财政部备案），收入规模较小。

教育费附加和地方教育费附加是对缴纳增值税、消费税的单位和个人，就其实际缴纳的税额为计算依据征收的一种附加费。征收比率 3%，2%，开征范围为实际缴纳增值税、消费税的单位和个人，计算依据实际缴纳增值税、消费税税额为依据，缴纳期限与“两税”同时缴纳。

计算公式如下：

应纳教育费附加 = 实际缴纳的“两税”税额 ×3%

应纳地方教育附加 = 实际缴纳的“两税”税额 ×2%

财会〔2016〕22 号文件规定：小微企业在取得销售收入时，应当按照税法的规定计算应交增值税，并确认为应交税费，在达到增值税制度规定的免征增值税条件时，将有关应交增值税转入当期损益。

为了核算教育费附加的应交及已交等情况，企业应设置“税金及附加”科目，贷方登记应交的教育费附加，借方登记已交纳的教育费附加，期末贷方余额为应交未交的教育费附加。账务处理，见表 4-17。

表 4-17　教育费附加账务处理

业务情形	账务处理
每月取得销售收入时，应当按照税法的规定计算应交增值税，并确认为应交税费	借：应收账款 / 应收票据 / 银行存款等科目 　贷：主营业务收入 / 其他业务收入 / 固定资产清理 / 工程结算等科目 　　应交税费——应交增值税
按照机构所在地的城市维护建设税适用税率和教育费附加征收率计算计提城市维护建设税和教育费附加	借：税金及附加 　贷：应交税费——应交城市维护建设税 　　应交税费——应交教育费附加 　　应交税费——应交地方教育附加

续上表

业务情形	账务处理
季度申报时，达到增值税制度规定的免征增值税条件时，将有关应交增值税转入当期损益，建议转到“营业外收入”明细科目	借：应交税费－应交增值税 　贷：营业外收入
季末，达到增值税制度规定的免征增值税条件时，将季度内计提的城市维护建设税及教育费附加冲回	借：税金及附加（红字） 　贷：应交税费——应交城市维护建设税（红字） 　　——应交教育费附加（红字） 　　——应交地方教育附加（红字）

◆将有关应交增值税转入当期损益不包括：当期代开增值税专用发票未将专用发票全部联次追回或者按规定开具红字专用发票，在代开增值税专用发票时向主管税务机关缴纳的增值税。

◆冲回的城市维护建设税及教育费附加不包括：当期代开增值税专用发票未将专用发票全部联次追回或者按规定开具红字专用发票，在代开增值税专用发票时向主管税务机关缴纳的增值税计算缴纳的城市维护建设税和教育费附加。

【例 4-25】 高能公司是一家自营出口生产企业，生产应税消费品。2019 年 4 月，消费税 1 320 000 元，增值税应纳税额为 −1 240 000 元，出口货物的“免抵退”税额为 3 680 000 元。

首先，该企业出口自产应税消费品适用消费税免税政策，所以 1 320 000 元消费税免征，其次，增值税应纳税额 −1 240 000 元的绝对值小于 3 680 000 元（出口货物的“免抵退”税额），当期应退税额为 1 240 000 元。同时计算出该企业的免抵税额 =3 680 000−1 240 000=2 440 000（元）；最后，因为当期应纳增值税为负数，该企业计算城建税和教育费附加的基数仅为该企业的免抵税额，教育费附加 =2 440 000 × 3%=73 200（元）；城建税 =2 440 000 × 7%=170 800（元）

【例 4-26】 百世商业有限公司是小规模纳税人，2019 年 4 月份含税销售收入 26 780 元，5 月份含税销售收入 31 930 元，6 月份含税销售收入为 24 823

元。城市维护建设税税率 7%，教育费附加征收率 3%，地方教育附加征收率 2%。

2017 年 9 月 27 日，针对小型微利企业融资难、融资贵等老难题，国务院常务会议制订了新的解决方案。具体来看，此次会议决定，从 2017 年 12 月 1 日到 2019 年 12 月 31 日，将金融机构利息收入免征增值税政策范围由农户扩大到小微企业、个体工商户，享受免税的贷款额度上限从单户授信 10 万元扩大到 100 万元。

另外，将小微企业借款合同免征印花税、月销售额不超过 3 万元的小微企业免征增值税两项政策优惠期限延长至 2020 年。

（1）2019 年 4 月账务处理。

借：银行存款　26 780

　贷：主营业务收入　[26 780 ÷（1+3%）]　26 000

　　应交税费——应交增值税　780

同时计提城市维护建设税和教育费附加财务处理

借：税金及附加　93.60

　贷：应交税费——应交城市维护建设税　（780 × 7%）54.60

　　应交税费——应交教育费附加　（780 × 3%）23.40

　　应交税费——应交地方教育附加　（780 × 2%）15.60

（2）2019 年 5 月账务处理。

借：银行存款　31 930

　贷：主营业务收入　31 930 ÷（1+3%）　31 000

　　应交税费——应交增值税　930

同时，计提城市维护建设税和教育费附加财务处理

借：税金及附加　111.60

　贷：应交税费——应交城市维护建设税　（930 × 7%）65.10

　　应交税费——应交教育费附加　（930 × 3%）27.90

　　应交税费——应交地方教育附加　（930 × 2%）18.60

（3）季度末达到增值税制度规定的免征增值税条件，账务处理。

2019 年 2 季度的销售额为 81 100[（26 000+31 000+24 100）×3%] 时需将分离出来的增值税 2 433 元转入“营业外收入”科目，并缴纳企业所得税。

借：应交税费——应交增值税　2 433

　　贷：营业外收入　2 433

同时将计提城市维护建设税和教育费附加冲回

借：税金及附加　−205.20

　　贷：应交税费——应交城市维护建设税　−119.70

　　　　应交税费——应交教育费附加　−51.30

　　　　应交税费——应交地方教育附加　−34.20

纳税申报

国家税务总局公告 2016 年第 6 号公告规定，小规模纳税人缴纳增值税、消费税、文化事业建设费，以及随增值税、消费税附征的城市维护建设税、教育费附加等税费，原则上实行按季申报。

——国家税务总局公告 2016 年第 6 号 国家税务总局关于合理简并纳税人申报缴税次数的公告

为落实《深化国税、地税征管体制改革方案》关于创新纳税服务机制的要求，推进办税便利化改革，根据《中华人民共和国税收征收管理法》《中华人民共和国增值税暂行条例》及其实施细则、《中华人民共和国消费税暂行条例》及其实施细则等有关税收法律法规的规定，现就合理简并纳税人申报缴税次数有关事项公告如下：

（1）增值税小规模纳税人缴纳增值税、消费税、文化事业建设费，以及随增值税、消费税附征的城市维护建设税、教育费附加等税费，原则上实行按季申报。纳税人要求不实行按季申报的，由主管税务机关根据其应纳税额大小核定纳税期限。

（2）随增值税、消费税附征的城市维护建设税、教育费附加免于零申报。

（3）符合条件的小型微利企业，实行按季度申报预缴企业所得税。

（4）对于采取简易申报方式的定期定额户，在规定期限内通过财税库银电子缴税系统批量扣税或委托银行扣缴核定税款的，当期可不办理申报手续，实行以缴代报。

一是，季度申报的时候才知道是否达标免征增值税；

二是，税款是季度申报，但是报表是按月，所以每月正常账务处理；

三是，3/9 万元免征增值税，不是直接免征，是达标后免征。

根据《财政部 国家税务总局关于扩大有关政府性基金免征范围的通知》（财税〔2016〕12 号）

第一条规定："将免征教育费附加、地方教育附加、水利建设基金的范围，由现行按月纳税的月销售额或营业额不超过 3 万元（按季度纳税的季度销售额或营业额不超过 9 万元）的缴纳义务人，扩大到按月纳税的月销售额或营业额不超过 10 万元（按季度纳税的季度销售额或营业额不超过 30 万元）的缴纳义务人。"

小微企业按月纳税的月销售额或营业额不超过 10 万元（按季度纳税的季度销售额或营业额不超过 30 万元）的免征教育费附加、地方教育附加、水利建设基金，只缴纳城建税。

注意：这项减免三个附加税费的优惠政策不仅仅针对小规模纳税人，也同样适用于一般纳税人企业。

教育费附加减免规定：

（1）对海关进口的产品征收的增值税、消费税，不征收教育费附加。

（2）对由于减免增值税、消费税而发生退税的，可以同时退还已征收的教育费附加。但对出口产品退还增值税、消费税的，不退还已征的教育费附加。

4.5 关税

关税是指一国海关根据该国法律规定，对通过其关境的进出口货物课征的一种税收。我国最初的关税制度始于西周时期，当时为了防卫地方领土之争，在边境设立关卡，进入关卡的货物需征收一定的税赋，于是便有了《周礼·地官》中有了“关市之征”的记载。

关税在各国一般属于国家最高行政单位指定税率的高级税种，对于对外贸易发达的国家而言，关税往往是国家税收乃至国家财政的主要收入。

政府对进出口商品都可征收关税，进口关税最为重要，是主要的贸易措施。

4.5.1 进出口税则

我国现行税则包括《中华人民共和国进出口关税条例》《税率适用说明》《中华人民共和国海关进口税则》《中华人民共和国海关出口税则》及进口商品从量税、复合税、滑准税税目税率表、进口商品关税配额税目税率表、进口商品税则暂定税率表、出口商品税则暂定税率表、非全税目信息技术产品税率表等附录。

进出口税则又为《2014 年中华人民共和国进出口税则》的简称。是由海关总署关税征管司组织编写，以世界海关组织制定的《商品名称及编码协调制度》为基础，结合我国贸易及其他政策情况编织而成的，是海关及进出口企业工作人员查阅本国税目、税率的必备工具书。

登录 http://www.customs.gov.cn/tabid/67735/default.aspx，可查询税目税号，如酒类税则号列及税率。

税则号列：货品名称　　酒

查询　　重置

单击“查询”按钮，出现下表图表，见表 4-18。

表 4-18　酒类税则号列及税率

税则号列	货品名称	最惠国税率	普通税率	出口税率	暂定税率
84384000	酿酒机器	7	30		
8435	制酒、制果汁或制类似饮料用的压榨机、轧碎机及类似机器				

续上表

税则号列	货品名称	最惠国税率	普通税率	出口税率	暂定税率
38070000	木焦油；精制木焦油；木杂酚油；粗木精；植物沥青；以松香、树脂酸或植物沥青为基本成分的啤酒桶沥青及类似制品	6.5	35		
33021010	生产饮料用的以香料为基本成分的制品，按容量计酒精浓度不超过 0.5% 的	15	90		
3302	工业原料用的混合香料以及以一种或多种香料为基本成分的混合物（包括酒精溶液）；生产饮料用的以香料为基本成分的其他制品				
30049051	中药酒	0	30		
29181300	酒石酸盐及酒石酸酯	6.5	30		
29181200	酒石酸	6.5	35		
23070000	葡萄酒渣；粗酒石	5	30		
22089020	白酒	10	180		
22089010	龙舌兰酒	10	180		
22087000	利口酒及柯迪尔酒	10	180		
22086000	伏特加酒	10	180		
22085000	杜松子酒	10	180		
22084000	朗姆酒及蒸馏已发酵甘蔗产品制得的其他烈性酒	10	180		
22083000	威士忌酒	10	180		5
22082000	蒸馏葡萄酒制得的烈性酒	10	180		5
2208	未改性乙醇，按容量计酒精浓度在 80% 以下；蒸馏酒、利口酒及其他酒精饮料				

关税税则又称海关税则、关税税率表，是指一国制定和公布的对进出其关境的货物征收关税的条例和税率的分类表。表内包括各项征税或免税货物的详细名称、税率、征税标准（从价或从量）、计税单位等。

关税税则分为单式税则和复式税则两种，大多数国家实行复式税则。

单式税则指一个税目只有一个税率，适用于来自任何国家同类商品的进口，没有差别待遇。在垄断前资本主义时期，各国都使用单式税则，进入垄断阶段以后，为了在国际竞争中取得优势，在关税上指差别和歧视待遇，都改用复式税则，只有少数发展中国家如委内瑞拉、巴拿马、肯尼亚等还在使用单式税则；关税税则不是一成不变的，它随着国家经济管理体制和经济政策的变化而相应调整。事实上，我国的关税税则几乎每年都有程度不同的变化和调整。

4.5.2 关税的纳税人

根据《海关法》规定，进口货物的关税纳税人是进口货物的收货人，出口货物的关税纳税人是出口货物的发货人。具体规定如下：

（1）贸易性商品的纳税人是经营进出口货物的收、发货人。

（2）物品的纳税人。

- 入境旅客随身携带的行李、物品的持有人
- 各种运输工具上服务人员入境时携带自用物品的持有人
- 馈赠物品以及其他方式入境个人物品的所有人
- 个人邮递物品的收件人

4.5.3 关税的征税范围

关税的课税对象是进出境的货物、物品。对从境外采购进口的原产于中国境内的货物，也应按规定征收进口关税。

1. 进口货物征税范围

我国对进口商品实行普遍征税，贸易性进口关税的征税范围是进口通过中国关境的货物。

我国关税以国际通行的《商品名称及编码协调制度》为基础进行归类，把商品分为21大类，97章，以下再分为项目、一级子目、两级子目，共5个等级，7445个税目，按8位数码编号，以确定具体商品适用的税目和税率。

2. 出口货物征税范围

我国对大部分出口产品不征税，只对出口盈利特别高、防止削价竞销以及国内紧俏的少数商品征收出口税。现在征收出口关税的商品有鳗鱼苗、部分有色金属矿砂石及其精矿、生锑、磷、氟钽酸钾、苯、山羊板皮、部分铁合金、钢铁废碎料、铜和铝原料及其制品、镍碇、锌碇、锑碇等 36 种。但对其中 16 种商品实行零税率，因此实际征收出口关税的商品只是 20 种。

4.5.4 关税的分类

按照不同的标准可对关税的种类进行不同的划分。如图 4-4 所示。

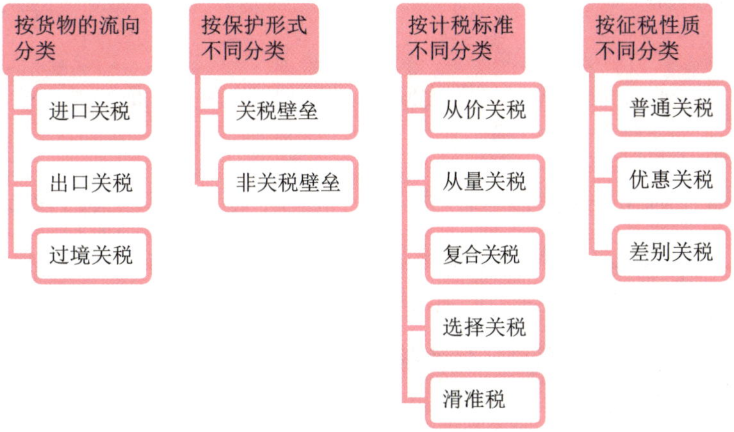

图 4-4　关税的分类

4.5.5 关税的税率

关税采用比例税率，具体可分为进口货物税率、出口货物税率及入境物品税率三个部分。

1. 进口税率的种类

进口税率分为普通税率、最惠国税率、协定税率、特惠税率、关税配额税率和暂定税率。

最惠国税率	协定税率	特惠税率	关税配额税率	暂定税率
· 对原产于与我国共同适用最惠国条款的世界贸易组织成员国或者地区的进口货物、原产于与我国签订含有相互给予最惠国待遇的双边贸易协定的国家或者地区的进口货物、原产于我国的进口货物，按照最惠国税率征收关税	· 对原产于与我国签订含有关税优惠条款的区域性贸易协定的国家或者地区的进口货物，按协定税率征收关税	· 对原产于与我国签订含有特殊关税优惠条款的贸易协定的国家或者地区的进口货物，按特惠税率征税	· 关税配额是进口国限制进口货物数量的措施，把征收关税和进口配额相结合以限制进口。对于在配额内进口的货物可以适用较低的关税配额税率，对于配额之外的则适用较高税率	· 暂定税率是指在最惠国税率的基础上，对于一些国内需要降低进口关税的货物，以及出于国际双边关系的考虑需要个别安排的进口货物，可以实行暂定税率

（1）进出口货物，应当按照收发货人或其代理人“申报”进口或者出口之日实施的税率征税。

（2）进口货物到达前，经海关核准先行申报的，应当按照装载此货物的“运输工具”申报进境之日实施的税率征税。

（3）除法律另有规定外，进出口货物的补税和退税，适用该进出口货物“原申报”进口或者出口之日所实施的税率。

需要注意的是：

（1）查获的“走私进口”货物需要补税时，应按“查获日期”实施的税率征税。

（2）暂时进口货物转为正式进口需予以补税时，应按其转为“正式进口之日”实施的税率征税。

2. 出口税率的种类

我国出口关税征税货物主要为限制出口的不可再生的资源类产品和易于竞相杀价、盲目出口、需要规范出口秩序的半制成品。目前真正征收出口关税的商品仅有 20 种，税率 0~20%。

对关税税率的理解要注意以下几方面：

第一，进口适用税率的选择是根据货物的不同原产地而确定的，适用最惠国税率、协定税率、特惠税率的国家或地区的名单，由国务院关税税则委员会决定，报国务院批准后执行。进口商品绝大部分采用从价定率的征税方法，对部分商品实行从量税、复合税和滑准税。滑准税是一种特殊的从价定率征税方法。

第二，征收出口关税的货物项目很少，采用的都是从价定率征税的方法。

第三，原产地不明的进口货物实行普通税率。

4.5.6 进口货物关税完税价格确定

关税完税价格是海关以进口货物的实际成交价格为基础，经调整确定的计征关税的价格。在计算关税完税价格之前，需要知道几个外贸数据。

第一，离岸价格（FOB），是指从起运港至目的地的运输费和保险费等由买方承担，不计入结算价格之中的销货价格。该种价格的特点是，装上船为止的一切费用和风险由买方承担。

第二，离岸价格（FOB）+ 运费（CFR），指在装运港船上交货，卖方需支付将货物运至指定目的地港所需的费用。但货物的风险是在装运港船上交货时转移。

第三，离岸价格（FOB）+ 运费 + 保险费（CIF）。货价的构成因素中包括从装运港至约定目的地港的通常运费和约定的保险费，故卖方除具有与 CFR 术语的相同的义务外，还要为买方办理货运保险，支付保险费。

我国目前选用的计价基础是第三种方式，即离岸价格（FOB）+ 运费 + 保险费（CIF）。

1. 进口货物的成交价格

进口货物的完税价格由海关以货物的成交价格为基础审查确定，并应当包括该货物运抵中华人民共和国境内输入地点起卸前的运输及其相关费用、保险费。

（1）以成交价为基础的完税价格（海关能够审查确定成交价）。

我国的关税完税价格具体包括项目如下。

进口货物完税价格所包含的因素可如图 4-5 所示。

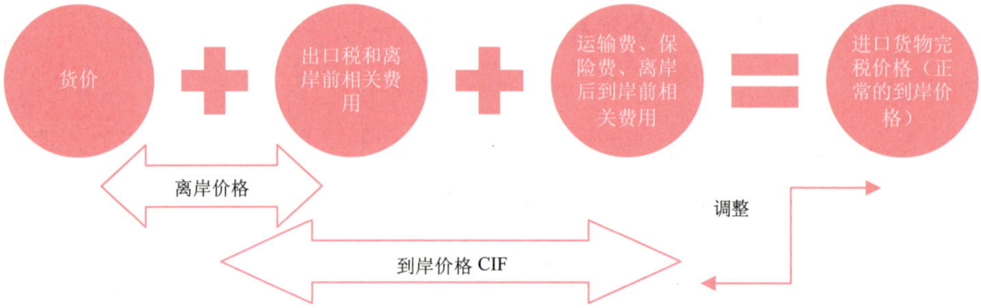

图 4-5　进口货物完税价格

货价 + 运费 + 保费，是关税完税价格的审查确定基础。计算公式如下：

进口货物完税价格 = 货价 + 采购费用（包括货物运抵我国境内输入地点起卸前的运输、保险费及其相关费用）

① 进口货物的运费，按照实际支付的费用计算。如果进口货物的运费无法确定，海关应当按照该货物的实际运输成本或者该货物进口同期运输行业公布的运费率（额）计算运费。

② 进口货物的保险费，按实际支付的费用计算。如果进口货物的保险费无法确定或者未实际发生，海关应当按照“货价加运费”两者总额的 3‰计算保险费，其计算公式如下：

保险费 =（货价 + 运费）× 3‰

以境外边境口岸价格条件成交的铁路或者公路运输进口货物，海关应当按照境外边境口岸价格的 1% 计算运输及其相关费用、保险费。

（2）由买方负担的除购货佣金以外的佣金和经纪费。

① 购货佣金：买方为购买进口货物向自己的采购代理人支付的劳务费用——不计入完税价格。

② 经纪费：买方为购买进口货物向代表买卖双方利益的经纪人支付的劳务

费用——计入完税价格。

③ 买方佣金——计入完税价格。

如甲公司需要进口一批计算机的中央处理器 CPU，如果甲公司委派采购代理人去国外采购，并支付代理人 30 000 元代理费。这 30 000 元是不能计入货物关税完税价格的。但是，如果甲公司委托的是某跨国采购中介公司，支付佣金 50 000 元，就应该计入该批货物的关税完税价格中。

（3）由买方负担的与该货物一体的容器费用。

（4）由买方负担的包装材料和包装劳务费用。

（5）买方须向卖方或者有关方直接或间接支付的特许权使用费；但是符合以下条件的除外：特许权使用费与该货物无关；特许权使用费不构成该货物向我国销售的一项条件。

（6）进口前相关税金。

【例 4-27】 嘉德外贸有限公司从俄罗斯进口一批木材，在俄罗斯口岸的成交价格是 1 640 000 元，运抵我国绥芬河口岸发生运费和保险费 38 000 元，由绥芬河口岸运抵公司所以地发生运费 15 000 元。另支付由买方负担的经纪费 24 000 元（其中，支付给本公司采购代理人 8 000 元）。嘉德外贸有限公司自行负担该批服装的包装劳务费用 10 000 元。取得了海关开具的完税凭证及国内运输部门开具的运输专用发票。

进口环节的关税完税价格 =1 640 000+38 000+（24 000−8 000）+10 000=1 704 000（元）

2. 海关估定完税价格（海关不能审查确定成交价）

进口货物的成交价格不符合规定条件或不能确定的，完税价格由海关估定：

（1）相同或类似货物成交价格方法；

（2）倒扣价格方法；

即：完税价格 = 境内销售价格 −（境内销售时的利润和一般费用及佣金 + 起卸后的运费、保险费、装卸费及其他相关费用 + 进口关税、进口环节税和其

他国内销售税）

（3）计算价格方法计算公式：

完税价格＝原材料价值及装配等加工费＋一般利润和费用＋起卸前的运费、保险费、装卸费及其他相关费用

（4）其他合理方法。

3. 特殊进口货物的完税价格确定

（1）运往境外修理后复运进口的货物。

运往境外修理的机械器具、运输工具或其他货物，出境时已向海关报明，并在海关规定期限内复运进境的，以海关审定的境外修理费和料件费为完税价格。

（2）运往境外加工后复运进境的货物。

运往境外加工的货物，出境时已向海关报明并在海关规定期限内复运进境的，以海关审定的境外加工费和料件费以及该货物复运进境的运输及其相关费用、保险费估定完税价格。

（3）租赁方式进口的货物，以海关审定的租金作为完税价格。

（4）境内留购的进口货样、展览品和广告陈列品，以海关审定的留购价格作为完税价格。

（5）减税或免税进口的货物需要补税的，以海关审定的该货物原进口时的价格，扣除折旧部分价值作为完税价格，其计算公式：

完税价格＝海关审定的该货物原进口时的价格 ×[1－申请补税时实际已使用的月数 ÷（监管年限 ×12）]

4.5.7 出口货物完税价格

出口货物的完税价格由海关以该货物向境外销售的成交价格及该货物运至我国境内输出地点装载前的运输、保险费及其相关费用为基础审查确定，不包含出口关税税额。

出口货物完税价格＝离岸价格 ÷（1＋出口税率）

出口货物的成交价格中含有支付给境外佣金的，如果单独列明可以扣除。

出口货物的成交价格不能确定的，则依次估定：

1. 同时或大约同时向同一国家或地区出口的相同货物的成交价
2. 同时或大约同时向同一国家或地区出口的类似货物的成交价
3. 按下列各项总和计算的价格：境内生产相同或类似货物的成本、加工费、通常的利润和一般费用、境内发生的运输及其相关费用、保险费；按合理方法估定的价格

4.5.8 应纳税额的计算

关税应纳税额的计算分为从价税、从量税、复合税、滑准税等。

1. 从价税

从价税是按进出口货物的价格为标准计征关税。这里的价格不是指成交价格，而是指进出口商品的完税价格。因此，按从价税计算关税，首先要确定货物的完税价格。从价税额的计算公式如下：

应纳税额 = 应税进出口货物数量 × 单位完税价格 × 适用税率

【例 4-28】2019 年 4 月 5 日，天水进出口外贸公司经有关部门批准从境外进口小轿车 45 辆（气缸容量在 2.5 升以上至 3.0 升），每辆小轿车货价 200 000 元，运抵我国海关前发生的运输费用、保险费用无法确定，经海关查实其他运输公司相同业务的运输费用占货价的比例为 1%。向海关缴纳了相关税款，并取得完税凭证。（提示：小轿车关税税率 15%、消费税税率 9%。）

进口小轿车的货价 =45 × 200 000=9 000 000（元）

进口小轿车的运输费 =9 000 000 × 1%=90 000（元）

进口小轿车的保险费 =（9000 000+90 000）× 3‰ =27 270（元）

进口小轿车应缴纳的关税：

关税的完税价格 =9 000 000+90 000+27 270=9 117 270（元）

进口关税 =9 117 270 × 15%=1 367 590.5（元）

我国实行从价定率办法计算进口消费税，计税价格由进口货物（成本加运保费）价格（即关税完税价格）加关税税额组成。我国消费税采用价内税的计

税方法，因此，计税价格组成中包括消费税税额。

组成计税价格计算公式为：

组成计税价格 =（关税完税价格 + 关税税额）÷（1− 消费税税率）

从价计征的消费税税额计算公式为：

应纳税额 = 组成计税价格 × 消费税税率

进口消费税 =（9 117 270+1 367 590.5）÷（1−12%）× 12%=1 429 753.7（元）

进口增值税 =（9 117 270+1 367 590.5）÷（1−12%）× 16%=1 906 338.3（元）

小轿车进口环节应缴纳的税金 =1 367 590.5+1 429 753.7+1 906 338.3=4 703 682.4（元）

【例 4–29】 维新药厂从境外某公司引进葡萄糖自动生产线，境外成交价格（FOB）32 400 000 元。该生产线运抵我国输入地点起卸前的运费和保险费 1 000 000 元，境内运输费用 65 000 元。另支付由买方负担的经纪费 148 000 元，买方负担的包装材料和包装劳务费 315 000 元，与生产线有关的境外开发设计费用 443 000 元，生产线进口后的现场培训指导费用 137 600 元。取得海关开具的完税凭证及国内运输部门开具的运输业专用发票。

进口环节关税完税价格 =32 400 000+1 000 000+148 000+315 000+443 000=34 306 000（元）

进口环节应缴纳的关税 =34 306 000 × 30%=10 291 800（元）

进口环节应缴纳的增值税 =34 306 000+10 291 800 × 13%=35 643 934（元）

2. 从量税

从量税是依据商品的数量、重量、容量、长度和面积等计量单位为标准来征收关税的。它的特点是不因商品价格的涨落而改变税额，计算比较简单。从量关税额的计算公式如下：

应纳税额 = 应税进口货物数量 × 关税单位税额

涉及进口商品征收消费税的应税货物有黄酒、啤酒、汽油、柴油 4 种，实行定额征收。黄酒每吨人民币 240 元，啤酒每吨人民币 220 元，汽油每升 0.2 元，柴油每升 0.1 元。

按从量税计征消费税的货品计量单位的换算标准，见表 4−19。

表 4-19　几种液体商品换算标准

计算单位	啤　酒	黄　酒	汽　油	柴　油
吨	1	1	1	1
升	988	962	1 388	1 176

【例 4-30】 城西烟酒有限公司进口 1 200 箱啤酒，每箱 24 听，每听净重 250ml，价格为 CIFUS 000 100 美元兑换人民币 824 元。关税普通税率 7.5 元 / 升，消费税税率 220 元 / 吨。

进口啤酒数量：250 × 1 200 × 24 ÷ 1 000=7 200（升）=7.287 4（吨）

关税税额：7.5 × 7 200=54 000（元）

消费税税额：220 × 7.287 4=1 603.28（元）

以重量为单位征收从量税应注意在实际应用中各国计算重量的标准各不相同，一般采用毛重、半毛重和净重。毛重（gross weight）指商品本身的重量加内外包装材料在内的总重量。半毛重（demigross weight）指商品总重量扣除外包装后的重量。净重（net weight）则指商品本身的重量，不包括内外包装材料的重量。

3. 混合税

混合税是在税则的同一税目中订有从量税和从价税两种税率。征税时混合使用两种税率计征。混合税又可分为复合税和选择税两种。

应纳税额 = 应税进口货物数量 × 关税单位税额 + 应税进口货物数量 × 单位完税价格 × 适用税率

（1）复合税

复合税是征税时同时使用从量、从价两种税率计征，以两种税额之和作为该种商品的关税税额。复合税按从量、从价的主次不同又可分为两种情况：一种是以从量税为主加征从价税，即在对每单位进口商品征税的基础上，再按其价格加征一定比例的从价税。另一种是以从价税为主加征从量税，即在按进口商品的价格征税的基础上，再按其数量单位加征一定数额的从量税。目前，我国对一些录、播音电子设备实行复合税。

【例 4-31】 隆昌电子有限公司从韩国进口磁带放像机 50 台，其中有 20 台成交价格为 CIF 境内某口岸 1 800 美元 / 台，其余 30 台成交价格为 CIF 境内某口岸 2 300 美元 / 台。已知适用的外汇折算价为 1 美元 =6.871 6 元人民币，计算应征进口关税。

计算方法：

① 确定税则归类，该批磁带放像机归入税号 8 521.102 0。

② 货物适用符合税率。原产国为韩国，适用最惠国税率，经查关税税率为：完税价格不高于 2 000 美元 / 台的，关税税率为单一从价税率 30%；完税价格高于 2 000 美元 / 台的，关税税率为 3%，每台加 4 374 元从量税。

③ 审定 CIF 价格别为合计为 36 000 美元（20 台 ×1 800 美元）和 69 000 美元（30 台 ×2 300 美元）。

④ 审定完税价格分别为 247 377.60 元（36 000×6.871 6）和 474 140.40 元（69 000×6.871 6）。

⑤ 按照计算公式分别计算进口关税税款：

20 台进口磁带放像机单一从价进口关税税额 = 完税价格 × 关税税率

=247 377.60×30%

=74 213.28（元）

30 台进口磁带放像机复合进口关税税额 = 货物数量 × 单位税额 + 完税价格 × 关税税率

=30×4 374+413 925.60×3%

=143 637.77（元）

60 台进口磁带放像机进口关税税额合计 = 从价进口关税税额 + 复合进口关税税额

=74 213.28+143 637.77

=217 851.05（元）

（2）选择税

选择税是指对某种商品同时订有从量和从价两种税率，征税时由海关选择其中一种征税，作为该种商品的应征关税额。一般是选择税额较高的一种税率征税，在物价上涨时使用从价税，物价下跌时使用从量税。有时，为了鼓励某种商品的进口，或给某出口国以优惠待遇，也有选择税额较低的一种税率征收关税的。目前，我国对天然橡胶实行选择税。

混合税结合使用了从量税和从价税，无论进口商品价格高低，都可起到一定的保护作用。目前世界上大多数国家都使用混合税，如美国、欧盟、加拿大、澳大利亚、日本，以及一些发展中国家如印度、巴拿马等。我国也对一些税目适用混合税。

4. 滑准税

滑准税亦称滑动税，是对进口税则中的同一种商品按其市场价格标准分别制订不同价格档次的税率而征收的一种进口关税。其高档价格的税率低或不征税，低档价格的税率高。征收这种关税的目的是使该种进口商品，不论其进口价格高低，其税后价格保持在一个预定的价格标准上，以稳定进口国内该种商品的市场价格。

1997 年 10 月 1 日到 2002 年，我国首次对进口新闻纸实行滑准税。2005 年 5 月 1 日至今，我国对关税配额外进口的棉花实行滑准税，较好地解决了国内棉花供应不足的问题，又稳定了国内棉花价格，保障了棉农利益。因此，实行滑准税率，进口商品应纳关税税额的计算方法，与从价税的计算方法相同。其计算公式如下：

应纳关税税额 $=T_{1、2}\times P\times$ 汇率

关税税额 = 应税进（出）口货物数量 × 单位完税价格 × 税率

在计算关税时应注意以下几点：

（1）进口税款缴纳形式为人民币。进口货物以外币计价成交的，由海关按照签发税款缴纳证之日国家外汇管理部门公布的人民币外汇牌价的买卖中间价折合人民币计征。人民币外汇牌价表未列入的外币，按国家外汇管理部门确定的汇率折合人民币。

（2）完税价格金额计算到元为止，元以下四舍五入。完税税额计算到分为止，分以下四舍五入。

（3）一票货物的关税税额在人民币 10 元以下的免税。

4.5.9 关税征收管理

1. 申报时间

（1）进出口货物，应当按照纳税义务人申报进口或者出口之日实施的税率征税。

（2）进出口货物到达前，经海关核准先行申报的，应当按照装载此货物的运输工具申报进境之日实施的税率征税。

（3）进出口货物的补税和退税，适用该进出口货物原申报进口或者出口之日所实施的税率，但下列情况除外：

1. 按照特定减免税办法批准予以减免税的进口货物，后因情况改变经海关批准转让或出售或挪作他用需补税的，应当适用海关接受申报办理纳税手续之日实施的税率征税
2. 加工贸易进口料、件等属于保税性质的进口货物，如经批准转为内销，应按向海关申报转为内销之日实施的税率征税；如未经批准擅自转为内销的，则按海关查获日期所施行的税率征税
3. 暂时进口货物转为正式进口需补税时，应按其申报正式进口之日实施的税率征税
4. 分期支付租金的租赁进口货物，分期付税时，应按该项货物原进口之日实施的税率征税

2. 纳税期限

关税的纳税义务人或其代理人，应在海关填发税款缴款书之日起 15 日内向指定银行缴纳；不能按期缴纳税款，经海关总署批准，可延期缴纳，但最长不得超过 6 个月。

3. 税收优惠

以下享受免税。

1. 一票货物关税税额、进口环节增值税或者消费税税额在人民币 50 元以下的
2. 无商业价值的广告品及货样
3. 国际组织、外国政府无偿赠送的物资

4 · 进出境运输工具装载的途中必需的燃料、物料和饮食用品

5 · 因故退还的中国出口货物，可以免征进口关税，但已征收的出口关税，不予退还

6 · 因故退还的境外进口货物，可以免征出口关税，但已征收的进口关税不予退还

4. 酌情减免税

以下情况可以酌情减免关税。

1 · 在境外运输途中或者在起卸时，遭受到损坏或者损失的

2 · 起卸后、海关放行前，因不可抗力遭受损坏或者损失的

3 · 海关查验时已经破漏、损坏或者腐烂，经证明不是保管不慎造成的

4.6 土地增值税

土地增值税是对有偿转让国有土地使用权及地上建筑物和其他附着物产权并取得增值性收入的单位和个人所征收的一种税。

土地增值税最早起源于 18 世纪中叶的法国。土地增值税是对土地增值额课税，其实质是土地收益或地租收税。我国土地增值税征间开始时间是 1994 年，即《中华人民共和国土地增值税暂行条例》生效实施之日。

4.6.1 土地增值税特点

与其他税种相比，土地增值税具有以下四个特点：

（1）以转让房地产的增值额为计税依据。

土地增值税的增值额是以征税对象的全部销售收入额扣除与其相关的成本、费用、税金及其他项目金额后的余额，与增值税的增值额有所不同。

（2）征税面比较广。

凡在我国境内转让房地产并取得收入的单位和个人，除税法规定免税的外，均应依照土地增值税条例规定缴纳土地增值税。换言之，凡发生应税行为的单位和个人，不论其经济性质，也不分内、外资企业或中、外籍人员，无论专营或兼营房地产业务，均有缴纳增值税的义务。

（3）实行超率累进税率。

土地增值税的税率是以转让房地产增值率的高低为依据来确认，按照累进原则设计，实行分级计税，增值率高的，税率高，多纳税；增值率低的，税率低，少纳税。

（4）实行按次征收。

土地增值税在房地产发生转让的环节，实行按次征收，每发生一次转让行为，就应根据每次取得的增值额征一次税。

4.6.2 征税范围

一般征税范围规定：

（1）土地增值税的课税对象是有偿转让国有土地使用权及地上建筑物和其他附着物产权所取得的增值额；

（2）土地增值税既对转让土地使用税权课税，地上建筑物及其附着物连同国有土地使用权一并转让；

（3）土地增值税只对有偿转让的房地产征税，对以继承、赠予等方式无偿转让的房地产，不予征税。

基本征税范围，见表4-20。

表4-20 基本征税范围

<table>
<tr><th>具体事项</th><th>税法规定</th></tr>
<tr><td>只卖地</td><td rowspan="3">【提示】①限国有土地使用权转让，不含集体地；
②土地出让不征收；
（出让：一级市场；转让：二级市场）
③权属不转让的不征收（如出租）；
④一般应取得收入，无收入不征（如继承）</td></tr>
<tr><td>新房销售</td></tr>
<tr><td>存量房销售</td></tr>
</table>

具体情况判定，见表 4-21。

表 4-21　具体情况判定

具体事项	税法规定
房地产继承、赠予	继承不属于征税范围； 特定赠予不属于征税范围； （仅限：公益性、直系亲属或直接赡养义务人） 非公益性赠予征税
房地产出租	不属于征税范围
房地产抵押	抵押期不属于征税范围； 抵押期满，转让权属抵债，征税
房地产交换	单位之间换房，双方均征税； 个人互换自有居住用房地产，经税务核实，可免征
合作建房	建成后按比例分房自用，暂免征税； 建成后转让的，应征税
代建房	不属于征税范围
房地产重新评估	不属于征税范围（实际转让时产生增值要征税）

企业改制重组土地增值税政策，见表 4-22。

表 4-22　企业改制重组土地增值税政策

具体事项	税法规定
整体改建	①重组时暂不征税 （不适用于房地产开发企业） ②重组后再转让土地使用权，应纳税，原地价款及费用可扣除
合并：原主体存续	
分立	
改制重组时以国有房地产投资，权属转移变更到被投资企业	

4.6.3 税率

税率设计按照增值多的多征，增值少的少征，无增值的不征的基本原则。土地增值税采用四级超率累进税率，见表 4-23。

表 4-23　土地增值税税率

级　数	增值额与扣除项目金额的比率	税率（%）	速算扣除系数（%）
1	不超过 50% 的部分	30	0
2	超过 50% 至 100% 的部分	40	5

续上表

级　数	增值额与扣除项目金额的比率	税率（%）	速算扣除系数（%）
3	超过 100% 至 200% 的部分	50	15
4	超过 200% 的部分	60	35

4.6.4 应税收入的确定

《中华人民共和国土地增值税暂行条例》（1993 年第 138 号文）第五条纳税人转让房地产所取得的收入，包括货币收入、实物收入和其他收入。

货币收入	实物收入	共他收入
• 现金、银行存款、支票、银行本票、汇票等各种信用票据和国库卷、金融债券、股票等有价证券	• 房屋、土地、钢材等，实物的价值不太容易确定，一般需要评估	• 如专利权、商标权、著作权、专有技术使用权、商誉权等。此类比较少见，其价值需要进行评估

4.6.5 成本扣除项目

《中华人民共和国土地增值税暂行条例实施细则》第七条：条例第六条所列的计算增值额的扣除项目，见表 4-24。

表 4-24　成本扣除项目

项　目	释　义	配　比
取得土地使用权所支付的金额	①含登记过户费及契税。 ②契税不因土地出让金的减免而减免。 ③不包括土地闲置费（所得税中可扣）	土地支付金额的配比： 实际扣除土地金额 = 取得土地使用权所支付的金额 ×（已开发土地 ÷ 全部土地）×（已售房 ÷ 全部房）
房地产开发成本	①土地征用及拆迁补偿费； ②前期工程费； ③建筑安装工程费； ④基础设施费； ⑤公共配套设施费；	开发成本的配比： 实际扣除开发成本 = 所有的房地产开发成本 ×（已售房 / 全部房）

续上表

项　目	释　义	配　比
房地产开发成本	⑥开发间接费用。 【提示 1】包括精装修费用。 【提示 2】质量保证金如计入发票中，则可以扣除。 【提示 3】成本不符合清算要求或不实的，由税务核定	
房地产开发费用	【提示】期间费用，不按账簿金额扣除。 ①不能按项目计算分摊利息，或不能提供贷款证明的： 开发费用 =（地价款及费用 + 开发成本）×10% 以内 【提示】全用自有资金，没有利息支出的，按此方法扣除。 ②能按项目计算分摊利息，并能提供贷款证明的： 开发费用 = 利息 +（地价款及费用 + 开发成本）×5% 以内 利息注意两点：（所得税中可扣除） a. 不能超过按商业银行同类同期银行贷款利率计算的金额。 b. 不包括超过规定上浮幅度的部分、超期利息、加罚利息。 【提示】计入开发成本的利息，在清算时应调整至财务费用中计算扣除	房地产开发费用的配比（包括单独利息）： 实际扣除开发费 = 所有的房地产开发费用 ×（已售房 ÷ 全部房）
与转让房地产有关的税金	房企：城建税、教育费附加、地方教育附加。 其他企业：加扣印花税。 【提示 1】印花税万分之五“产权转移书据”。 【提示 2】外资企业从 2010 年 12 月 1 日起开始交纳城建税及教育费附加	
其他扣除项目	仅适用于房企新建房：（只卖地、卖存量房不能扣） 加计扣除费用 =（取得土地使用权支付的金额 + 房地产开发成本）×20%	
房屋及建筑物的评估价格	适用于：存量房销售 评估价格 = 重置成本价 × 成新度折扣率 ①不能取得评估价格，但能提供购房发票的，经税务确认，可按发票所载金额并从购买年度起至转让年度止每年加计 5% 计算扣除。计算扣除项目时“每年”按购房发票所载日期起至售房发票开具之日止，每满 12 个月计一年；超过一年，未满 12 个月但超过 6 个月的，可以视同为一年。 扣除金额 = 发票价 ×（1+5%× 年数） ②对纳税人购房时缴纳的契税，凡能提供契税完税凭证的，准予作为“与转让房地产有关的税金”予以扣除，但不作为加计 5% 的基数。 ③对于转让旧房及建筑物，既没有评估价格，又不能提供购房发票的，地方税务机关可以实行核定征收	

成本扣除项目适用情况，见表 4-25。

表 4-25 成本扣除项目

具体情况	可扣除项目
房地产开发企业新房销售	①取得土地使用权所支付的金额。 ②房地产开发成本。 ③房地产开发费用。 ④转让有关的税金：城建税、教育费附加、地方教育附加。 ⑤财政部规定的其他扣除项目（加计扣除）
其他企业新房销售	①取得土地使用权所支付的金额。 ②房地产开发成本。 ③房地产开发费用。 ④与转让房地产有关的税金：城建税和教育费附加、地方教育附加、印花税
存量房销售	①取得土地使用权所支付的金额。 ②房屋及建筑物的评估价格（评估费可扣）。 ③转让环节缴纳的税金：城建税、教育费附加、地方教育附加、印花税
	①购房发票价每年加计 5%。 ②转让环节缴纳的税金：城建税、教育费附加、地方教育附加、印花税、契税 【提示】按评估价计税的不扣契税；按发票价的可扣契税
只卖地	①取得土地使用权所支付的金额。 ②转让环节缴纳的税金：城建税、教育费附加、地方教育附加、印花税

4.6.6 土地增值税清算

土地增值税以国家有关部门审批的房地产开发项目为单位进行清算，对于分期开发的项目，以分期项目为单位清算。开发项目中同时包含普通住宅和非普通住宅的，应分别计算增值额。

1. 土地增值税的清算条件

（1）符合下列情形之一的，纳税人应进行土地增值税的清算：

- 房地产开发项目全部竣工、完成销售的
- 整体转让未竣工决算房地产开发项目的
- 直接转让土地使用权的

（2）符合下列情形之一的，主管税务机关可要求纳税人进行土地增值税清算：

1. 已竣工验收的房地产开发项目，已转让的房地产建筑面积占整个项目可售建筑面积比例在 85% 以上，或该比例虽未超过 85%，但剩余可售建筑面积已经出租或自用的
2. 取得销售（预售）许可证满三年仍未销售完毕的
3. 纳税人申请注销税务登记但未办土地增值税清算手续的
4. 省税务机关规定的其他情况

2. 非直接销售和自用房地产的收入确定

（1）房地产开发企业将开发的产品用于职工福利、奖励、对外投资、分配给股东或投资人、抵偿债务、换取其他单位和个人的非货币性资产等，发生所有权转移时应视同销售房地产。

（2）房地产开发企业将开发的部分房地产转为企业自用或用于出租等商业用途时，如果产权未产生转移，不征收土地增值税，在税款清算时不列收入，不扣除相应的成本和费用。

（3）土地增值税清算时，已全额开具商品房销售发票的，按照发票所载金额确认收入；未开具发票或未全额开具发票的，以交易双方签订的销售合同所载的售房金额及其他收益确认收入。销售合同所载商品房面积与有关部门实际测量面积不一致，在清算前已发生补、退房款的，应在计算土地增值税时予以调整。

3. 土地增值税的扣除项目

土地增值税的扣除项目，见表 4-26。

表 4-26 土地增值税的扣除项目

要点	主要规定
可据实扣除的项目	（1）房地产开发企业开发建造的与清算项目配套的居委会和派出所用房、会所、停车场（库）、物业管理场所、变电站、热力站、水厂、文体场馆、学校、幼儿园、托儿所、医院、邮电通信等公共设施，按以下原则处理：①建成后产权属于全体业主所有的，其成本、费用可以扣除；②建成后无偿移交给政府、公用事业单位用于非营利性社会公共事业的，其成本、费用可以扣除；③建成后有偿转让的，应计算收入，并准予扣除成本、费用。 （2）房地产开发企业销售已装修的房屋，其装修费用可以计入房地产开发成本。 （3）房地产开发企业在工程竣工验收后，根据合同约定，扣留建筑安装施工企业一定比例的工程款，作为开发项目的质量保证金，在计算土地增值税时，建筑安装施工企业就质量保证金，在计算土地增值税时，建筑安装施工企业就质量保证金对房地产开发企业开具发票的，按发票所载金额予以扣除。 （4）房地产开发企业为取得土地使用权所支付的契税，应视同“按国家统一规定缴纳的有关费用”，计入“取得土地使用权所支付的金额”中扣除。 （5）房地产开发企业支付给回迁户的不差价款，计入拆迁补偿费；回迁户支付给房地产开发企业的补差价款，应抵减本项目拆迁补偿费。 （6）货币安置拆迁的，房地产开发企业凭合法有效凭据计入拆迁补偿费
可核定扣除的项目	前期工程费、建筑安装工程费、基础设施费、开发间接费用的凭证或资料不符合清算要求或不实的
不可扣除的项目	（1）除另有规定外，扣除取得土地使用权所支付的金额、房地产开发成本、费用及与转让房地产有关税金，须提供合法有效凭证；不能提供合法有效凭证的，不予扣除。 （2）房地产开发企业的预提费用，除另有规定外，不得扣除。 （3）房地产开发企业在工程竣工验收后，根据合同约定，扣留建筑安装施工企业一定比例的工程款，作为开发项目的质量保证金，建筑安装施工企业就质量保证金未对房地产开发企业开具发票的，扣留的保证金不得扣除。 （4）房地产开发企业逾期开发缴纳的土地闲置费不得扣除

4. 清算期限

对于符合清算条件，应进行土地增值税清算的项目，纳税人应当在满足条件之日起 90 日内到主管税务机关办理清算手续。对于符合第二种清算条件，税务机关可要求纳税人进行土地增值税清算的项目，由主管税务机关确定是否进行清算；对于确定需要进行清算的项目，由主管税务机关下达清算通知，纳税人应当在收到清算通知之日起 90 日内办理清算手续。应进行土地增值税清算的纳税人或经主管税务机关确定需要进行清算的纳税人，在上述规定的期限内拒不清算或不提供清算资料的，主管税务机关可依据《中华人民共和国税收征收管理法》有关规定处理。

5. 土地增值税的核定征收

房地产开发企业有下列情形之一的，税务机关可以参照与其开发规模和收入水平相近的当地企业的土地增值税税负情况，按不低于预征率的征收率核定征收土地增值税：

根据《国家税务总局关于房地产开发企业土地增值税清算管理有关问题的通知》(国税发〔2006〕187 号)的规定，房地产开发企业有下列情形之一的，税务机关可以参照与其开发规模和收入水平相近的当地企业的土地增值税税负情况，按不低于预征率的征收率核定征收土地增值税：

- 依照法律、行政法规的规定应当设置但未设置账簿的
- 擅自销毁账簿或者拒不提供纳税资料的
- 虽设置账簿，但账目混乱或者成本资料、收入凭证、费用凭证残缺不全，难以确定转让收入或扣除项目金额的
- 符合土地增值税清算条件，未按照规定的期限办理清算手续，经税务机关责令限期清算，逾期仍不清算的
- 申报的计税依据明显偏低，又无正当理由的

6. 纳税人清算土地增值税时应提供的清算资料

1. 土地增值税清算表及其附表
2. 房地产开发项目清算说明，主要内容应包括房地产开发项目立项、用地、开发、销售、关联方交易、融资、税款缴纳等基本情况及主管税务机关需要了解的其他情况
3. 项目竣工决算报表、取得土地使用权所支付的地价款凭证、国有土地使用权出让合同、银行贷款利息结算通知单、项目工程合同结算单、商品房购销合同统计表、销售明细表、预售许可证等与转让房地产的收入、成本和费用有关的证明资料。主管税务机关需要相应项目记账凭证的，纳税人还应提供记账凭证复印件
4. 纳税人委托税务中介机构审核鉴证的清算项目，还应报送中介机构出具的《土地增值税清算税款鉴证报告

7. 清算后再转让房地产的处理

在土地增值税清算时未转让的房地产，清算后销售或有偿转让的，纳税人应按规定进行土地增值税的纳税申报，扣除项目金额按清算时的单位建筑面积成本费用乘以销售或转让面积计算。

单位建筑面积成本费用 = 清算时的扣除项目总金额 ÷ 清算的总建筑面积

8. 土地增值税清算后，应补缴的土地增值税加收滞纳金

纳税人按规定预缴土地增值税后，清算补缴的土地增值税，在主管税务机关规定的期限内补缴的，不加收滞纳金。

4.6.7 "营改增"后土地增值税确定

根据《中华人民共和国土地增值税暂行条例》及其实施细则、《财政部、国家税务总局关于"营改增"后契税、房产税、土地增值税个人所得税计税依据问题的通知》(财税〔2016〕43号)等规定，现就土地增值税若干征管问题明确如下：

1. 土地增值税应税收入的确认

"营改增"后，纳税人转让房地产的土地增值税应税收入不含增值税。适用增值税一般计税方法的纳税人，其转让房地产的土地增值税应税收入不含增值税销项税额；适用简易计税方法的纳税人，其转让房地产的土地增值税应税收入不含增值税应纳税额。

为方便纳税人，简化土地增值税预征税款计算，房地产开发企业采取预收款方式销售自行开发的房地产项目的，可按照以下方法计算土地增值税预征计征依据：

土地增值税预征的计征依据 = 预收款 − 应预缴增值税税款

2. 视同销售房地产的土地增值税应税收入的确认

纳税人将开发产品用于职工福利、奖励、对外投资、分配给股东或投资人、抵偿债务、换取其他单位和个人的非货币性资产等，发生所有权转移时应视同销售房地产，其收入应按照《国家税务总局关于房地产开发企业土地增值税清算管理有关问题的通知》(国税发〔2006〕187 号)第三条规定执行。纳税人安置回迁户，其拆迁安置用房应税收入和扣除项目的确认，应按照《国家税务总局关于土地增值税清算有关问题的通知》(国税函〔2010〕220 号)第六条规定执行。

3. 转让房地产有关的税金的扣除

(1)“营改增”后，计算土地增值税增值额的扣除项目中“与转让房地产有关的税金”不包括增值税。

(2)“营改增”后，房地产开发企业实际缴纳的城市维护建设税、教育费附加，凡能够按清算项目准确计算的，允许据实扣除。凡不能按清算项目准确计算的，则按该清算项目预缴增值税时实际缴纳的城市维护建设税、教育费附加扣除。

其他转让房地产行为的城建税、教育费附加扣除比照上述规定执行。

4.“营改增”前后土地增值税清算的计算问题

房地产开发企业在“营改增”后进行房地产开发项目土地增值税清算时，按以下方法确定相关金额：

(1)土地增值税应税收入 =“营改增”前转让房地产取得的收入 +“营改增”后转让房地产取得的不含增值税收入

(2)与转让房地产有关的税金 =“营改增”前实际缴纳的营业税、城建税、教育费附加 +“营改增”后允许扣除的城建税、教育费附加

5.“营改增”后建筑安装工程费支出的发票确认

“营改增”后，土地增值税纳税人接受建筑安装服务取得的增值税发票，应按照《国家税务总局关于全面推开营业税改征增值税试点有关税收征收管理事项的公告》(国家税务总局公告 2016 年第 23 号)规定，在发票的备注栏注明建筑服务发生地县(市、区)名称及项目名称，否则不得计入土地增值税扣除项目金额。

6. 旧房转让时的扣除计算

“营改增”后，纳税人转让旧房及建筑物，凡不能取得评估价格，但能提

供购房发票的，《中华人民共和国土地增值税暂行条例》第六条第一、三项规定的扣除项目的金额按照下列方法计算：

（1）提供的购房凭据为“营改增”前取得的营业税发票的，按照发票所载金额（不扣减营业税）并从购买年度起至转让年度止每年加计 5% 计算。

（2）提供的购房凭据为“营改增”后取得的增值税普通发票的，按照发票所载价税合计金额从购买年度起至转让年度止每年加计 5% 计算。

（3）提供的购房发票为“营改增”后取得的增值税专用发票的，按照发票所载不含增值税金额加上不允许抵扣的增值税进项税额之和，并从购买年度起至转让年度止每年加计 5% 计算。

【例 4-32】天津市景秀嘉禾房地产开发公司为一般纳税人，2018 年开发御景园高层住宅楼，当年有关经营情况如下：

（1）该住宅楼销售 90%，取得销售收入 81 400 000 元，并签订了销售合同。剩余 10% 以每年 3 300 000 元对外进行出租，租期一年，租金一次性收取，并签订了租赁合同。

（2）签订土地使用权购买合同，支付与该项目相关的土地使用权价款 13 200 000 元，相关税费 484 000 元。

（3）发生土地拆迁补偿费 7 600 000 元，前期工程费 4 130 000 元，支付工程价款 12 450 000 元，基础设施 3 000 000 元，公共配套设施费 780 000 元，开发间接费用 1 240 000 元。

（4）发生销售费用 5 430 000 元，财务费用 1 780 000 元，管理费用 3 420 000 元。

（5）该房地产开发公司不能按转让房地产项目计算分摊利息，当地政府规定的开发费用扣除比例为 9%。

以上收入均为含增值税收入，房地产开发公司按照一般计税方法征税。（本题不考虑地方教育费附加）

（1）计算土地增值税时准予扣除的税金（包括增值税、城市建设维护税和教育费附加）。

准予扣除的税金 =（81 400 000−13 200 000×90%）÷（1+10%）×10%×（7%+3%）

=632 000（元）

①住宅楼对外出租，不属于土地增值税征税范围，不征收土地增值税。

②要坚持配比原则，比如住宅楼销售 90%，对应的土地价款只能扣除 90% 的部分，而且在计算增值税时，相关税费 39 万元不能扣除。

③本案例收入均为含增值税收入，要价税分离。

（2）计算土地增值税时准予扣除的取得土地使用权支付的金额。

准予扣除的取得土地使用权支付的金额 =（13 200 000+484 000）×90%

=12 315 600（元）

① 要明确允许扣除的土地使用权支付金额，包含地价款和相关税费。

② 要坚持配比原则，比如本题中住宅楼销售 90%，剩余面积对外出租，出租部分不交土地增值税，对应的为取得土地使用权所支付的金额就不能扣除，所以只能扣除 90% 的部分，要乘以 90%。

（3）计算土地增值税时准予扣除项目。

准予扣除的房地产开发成本 =（7 600 000+4 130 000+12 450 000+3 780 000+1 240 000）×90%=26 280 000（元）

准予扣除的房地产开发费用 =（12 315 600+26 280 000）×9%=3 473 604（元）

准予扣除的其他扣除项目金额 =（12 315 600+26 280 000）×20%=7 719 120（元）

准予扣除项目合计金额 =632 000+12 315 600+26 280 000+3 473 604+7 719 120

=50 420 324（元）

注意：只有房地产开发企业销售新建房，享受加计扣除的优惠，除此以外的，不享受加计扣除的优惠。另外，扣除项目要坚持配比原则。

（4）计算该房地产开发公司应缴纳的土地增值税。

不含增值税收入 =81 400 000−（81 400 000−13 200 000×90%）÷（1+10%）×10%=75 080 000（元）

增值额 =75 080 000−50 420 324=2 4659 676（元）

增值率 =24 659 676÷50 420 324×100%=48.91%，适用税率 30%，速算扣

除系数 0

根据土地增值税计算公式：土地增值税税额 = 增值额 × 税率 − 扣除项目金额 × 速算扣除系数

应纳土地增值税 =24 659 676 × 30%=7 397 902.80（元）

根据上述资料，填写土地增值税申报表，见表 4-27。

表 4-27 土地增值税清算申报表

（从事房地产开发的纳税人适用）

税款所属时间：2018 年 1 月 1 日 填表日期：2019 年 1 月 5 日

纳税人编码：08437326574605833H

金额单位：人民币元　　　　面积单位：平方米

<table>
<tr><td>纳税人名称</td><td colspan="2">天津市景秀嘉禾房地产开发公司</td><td>项目名称</td><td>御景园高层住宅楼</td><td>项目地址</td><td colspan="2">天津武清区南园街 12 号</td></tr>
<tr><td>业别</td><td>房地产行业</td><td>经济性质</td><td>民营企业</td><td>纳税人地址</td><td>天津市武清区京津公路慧翔龙苑底商 1871 号</td><td>邮政编码</td><td>462454</td></tr>
<tr><td>开户银行</td><td>工商银行天津武清支行</td><td>银行账号</td><td>543426</td><td>主管部门</td><td></td><td>电话</td><td>022-6785432</td></tr>
</table>

<table>
<tr><td colspan="2">项目</td><td>行次</td><td>金额</td></tr>
<tr><td colspan="2">一、转让房地产收入总额　1=2+3</td><td>1</td><td>81 400 000</td></tr>
<tr><td rowspan="2">其中</td><td>货币收入</td><td>2</td><td>81 400 000</td></tr>
<tr><td>实物收入及其他收入</td><td>3</td><td></td></tr>
<tr><td colspan="2">二、扣除项目金额合计　4=5+6+13+16+20</td><td>4</td><td>50 420 324</td></tr>
<tr><td colspan="2">1. 取得土地使用权所支付的金额</td><td>5</td><td>12 315 600</td></tr>
<tr><td colspan="2">2. 房地产开发成本　6=7+8+9+10+11+12</td><td>6</td><td>29 200 000</td></tr>
<tr><td rowspan="6">其中</td><td>土地征用及拆迁补偿费</td><td>7</td><td>7 600 000</td></tr>
<tr><td>前期工程费</td><td>8</td><td>4 130 000</td></tr>
<tr><td>建筑安装工程费</td><td>9</td><td>12 450 000</td></tr>
<tr><td>基础设施费</td><td>10</td><td>3 000 000</td></tr>
<tr><td>公共配套设施费</td><td>11</td><td>780 000</td></tr>
<tr><td>开发间接费用</td><td>12</td><td>1 240 000</td></tr>
</table>

续上表

<table>
<tr><td colspan="2">3. 房地产开发费用　13=14+15</td><td>13</td><td></td></tr>
<tr><td rowspan="2">其中</td><td>利息支出</td><td>14</td><td></td></tr>
<tr><td>其他房地产开发费用</td><td>15</td><td></td></tr>
<tr><td colspan="2">4. 与转让房地产有关的税金等　16=17+18+19</td><td>16</td><td>6 952 000</td></tr>
<tr><td rowspan="3">其中</td><td>增值税</td><td>17</td><td>6 320 000</td></tr>
<tr><td>城市维护建设税</td><td>18</td><td>442 400</td></tr>
<tr><td>教育费附加</td><td>19</td><td>189 600</td></tr>
<tr><td colspan="2">5. 财政部规定的其他扣除项目</td><td>20</td><td></td></tr>
<tr><td colspan="2">三、增值额　21=1−4</td><td>21</td><td>24 659 676</td></tr>
<tr><td colspan="2">四、增值额与扣除项目金额之比（%）22=21 ÷ 4</td><td>22</td><td>48.91%</td></tr>
<tr><td colspan="2">五、适用税率（%）</td><td>23</td><td>30%</td></tr>
<tr><td colspan="2">六、速算扣除系数（%）</td><td>24</td><td></td></tr>
<tr><td colspan="2">七、应缴土地增值税税额　25=21 × 23−4 × 24</td><td>25</td><td>7 397 902.80</td></tr>
<tr><td colspan="2">八、已缴土地增值税税额</td><td>26</td><td>0</td></tr>
<tr><td colspan="2">九、应补（退）土地增值税税额　27=25−26</td><td>27</td><td>7 397 902.80</td></tr>
</table>

<table>
<tr><td rowspan="2">授权代理人</td><td>（如果你已委托代理申报人，请填写下列资料）
为代理一切税务事宜，现授权 ____（地址）_____ 为本纳税人的代理申报人，任何与本报表有关的来往文件都可寄与此人。</td><td rowspan="2">声明</td><td rowspan="2">我声明：此纳税申报表是根据《中华人民共和国土地增值税暂行条例》及其《实施细则》的规定填报的。我确信它是真实的、可靠的、完整的
声明人签字：张成</td></tr>
<tr><td>授权人签字：__________</td></tr>
</table>

<table>
<tr><td>纳税人签章</td><td></td><td>法人代表签章</td><td>钟梅</td><td>经办人员（代理申报人）签章</td><td></td><td>备注</td><td></td></tr>
</table>

（以下部分由主管税务机关负责填写）

<table>
<tr><td>税务机关收到日期</td><td></td><td>接收人</td><td></td><td>审核日期</td><td></td><td>税务审核人员签章</td><td></td></tr>
<tr><td>审核记录</td><td colspan="5"></td><td>税务机关盖章</td><td></td></tr>
</table>

4.6.8 土地增值税征收管理

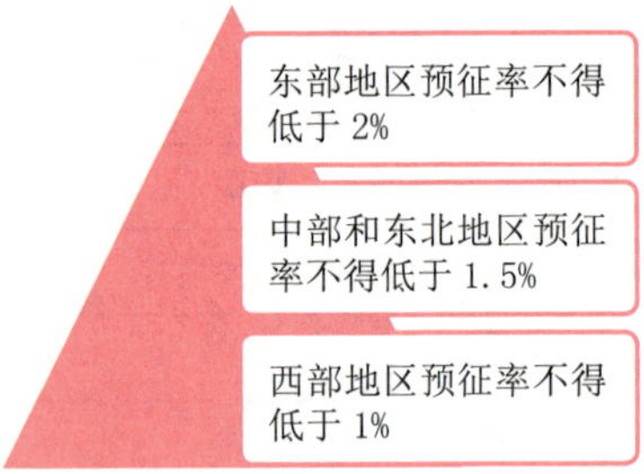

1. 征收管理

除保障性住房外，东部地区省份预征率不得低于 2%，中部和东北地区省份不得低于 1.5%，西部地区省份不得低于 1%。

2. 纳税地点：房地产所在地

纳税人是自然人的。当转让的房地产坐落地与其居住所在地一致时，则在住所所在地税务机关申报纳税；当转让的房地产坐落地与其居住所在地不一致时，在办理过户手续所在地的税务机关申报纳税。

3. 纳税申报

纳税人应在转让房地产合同签订后 7 日内，到房地产所在地主管税务机关申报纳税。

4.6.9 免征土地增值税的情况

（1）个人之间互换自有居住用房地产。

（2）合作建房建成后按比例分房自用。

（3）国家征用收回的房地产。

（4）建造普通标准住宅出售，增值额未超过扣除项目金额 20% 的。

（5）企事业单位、社团及组织转让旧房作为公租房房源，增值额未超过扣除项目金额 20% 的。

4.7 房产税

房产税是古今各国政府广为开征的古老税种。欧洲中世纪时，房产税名目繁多，如“窗户税”“灶税”“烟囱税”等。中国古籍《周礼》上所称“廛布”即为最初的房产税。至唐代的间架税、清代和“中华民国”时期的房捐，均属房产税性质。

中华人民共和国成立后，1950 年 1 月政务院公布的《全国税政实施要则》，规定全国统一征收房产税；同年 6 月，将房产税和地产税合并为房地产税。1951 年 8 月 8 日，政务院公布《城市房地产税暂行条例》；到 1986 年又重新做了一次修改，就是现在执行的暂行条例——《中华人民共和国房产税暂行条例》。根据暂行条例的规定，对居民住房免征房产税，而不是说中国没有房地产税。

4.7.1 房产税特点

房产税是以房屋为征税对象，按房屋的计税余值或租金收入为计税依据，向产权所有人征收的一种财产税。

房产税特点如下：

- 房产税属于财产税中的个别财产税，其征税对象只是房屋
- 征收范围限于城镇的经营性房屋
- 区别房屋的经营使用方式规定征税办法，对于自用的按房产计税余值征收，对于出租房屋按租金收入征税

4.7.2 纳税人和征税范围

房产税的纳税人是指在我国城市、县城、建制镇和工矿区（不包括农村）内拥有房屋产权的单位和个人，具体包括产权所有人、承典人、房产代管人或者使用人。

1. 产权属于国家的，其经营管理的单位为纳税人
2. 产权属于集体和个人的，集体单位和个人为纳税人

3
- 产权出典的，承典人为纳税人

4
- 产权所有人、承典人均不在房产所在地的，房产代管人或者使用人为纳税人

5
- 产权未确定以及租典（租赁、出典）纠纷未解决的，房产代管人或者使用人为纳税人

6
- 纳税单位和个人无租使用房产管理部门、免税单位及纳税单位的房产，由使用人代为缴纳房产税

7
- 房地产开发企业房地产开发企业建造的商品房，在出售前，不征收房产税，但对出售前房地产开发企业已使用或出租、出借的商品房应按规定征收房产税

（1）房产税的征税范围是城市、县城、建制镇和工矿区内的房屋，不包括农村。

（2）独立于房屋之外的建筑物（如围墙、烟囱、水塔、室外游泳池等）不属于房产，不是房产税的征税对象。

4.7.3 计税依据

从价计征——计税依据是房产原值一次减除10%~30%的扣除比例后的余值。各地扣除比例由当地省、自治区、直辖市人民政府确定。

1. 以房产联营投资的，房产税计税依据应区别对待

（1）以房产联营投资，共担经营风险的，以房产余值为计税依据计征房产税。

（2）以房产联营投资，收取固定收入，不承担经营风险，只收取固定收入的，实际是以联营名义取得房产租金，因此应由出租方按租金收入计征房产税。

2. 融资租赁房屋

以房产余值为计税依据计征房产税，租赁期内房产税的纳税人，由当地税务机关根据实际情况确定。

3. 居民住宅区内业主共有经营性房产

由实际经营的代管人或使用人缴纳房产税。其中：

（1）自营的，依照房产原值减除 10%~30% 后的余值计征；

（2）出租的，依照租金收入计征。

4. 地下建筑物房产税规定

（1）凡在房产税征收范围内的具备房屋功能的地下建筑，包括与地上房屋相连的地下建筑以及完全建在地面以下的建筑、地下人防设施等，均应当依据有关规定征收房产税。

（2）对不同用途的独立地下建筑物房产税的减征：

① 工业用途房产，房屋原价的 50%~60% 作为应税房产原值；

② 商业和其他用途房产，房屋原价的 70%~80% 作为应税房产原值。

（3）对于与地上房屋相连的地下建筑，如房屋的地下室、地下停车场、商场的地下部分等，应将地下部分与地上房屋视为一个整体按照地上房屋建筑的有关规定计算征收房产税。

（4）出租的地下建筑，按照出租地上房屋建筑的有关规定计算征收房产税。

4.7.4 应纳税额

房产税应纳税额计算方法，房产税征收标准有从价或从租两种情况：房产税税率采用比例税率。按照房产余值计征的，年税率为 1.2%；按房产租金收入计征的，年税率为 12%。

1. 从价计征

（1）以房产余值（按房产原值一次减除 10%~30%）为计税依据。

（2）应纳税额 = 房产原值 ×（1− 扣除比例）× 1.2%

2. 从租计征

应纳税额 = 租金收入 × 12%

【例 4-33】 李琴拥有两处房产，一处原值 1 200 000 元的房产供自己和家人居住，另一处原值 700 000 元的房产于 2019 年 4 月 1 日出租，按市场价每月取得租金收入 2 500 元。

根据规定，个人所有非营业用的房产（居民住房），免征房产税。即

1 200 000 元的一套房产因自住，故免征房产税。出租的一套住房征收房产税。

2019 年应纳房产税 =2 500 × 12 × 12%=3 600（元）。

4.7.5 税收优惠

房产税税收优惠如下：

（1）国家机关、人民团体、军队“自用”（不包括出租）的房产，免征房产税。

（2）由国家财政部门拨付事业经费（全额或者差额）的单位（学校、医疗卫生单位、托儿所、幼儿园、敬老院以及文化、体育、艺术类单位）所有的、本身业务范围内使用的房产，免征房产税。

（3）宗教寺庙、公园、名胜古迹“自用”的房产，免征房产税。

（4）个人所有非营业用的房产（居民住房），免征房产税。

（5）纳税人因房屋大修导致连续停用半年以上的，在房屋大修期间免征房产税。

（6）对非营利性医疗机构、疾病控制机构和妇幼保健机构等卫生机构自用的房产，免征房产税。

（7）老年服务机构自用的房产，免征房产税。

4.7.6 纳税义务发生时间

（1）纳税人将原有房产用于生产经营，从生产经营之月起，缴纳房产税。

（2）纳税人自行新建房屋用于生产经营，从建成之次月起，缴纳房产税。

（3）纳税人委托施工企业建设的房屋，从办理验收手续之次月起，缴纳房产税。

（4）纳税人购置新建商品房，自房屋交付使用之次月起，缴纳房产税。

（5）纳税人购置存量房，自办理房屋权属转移、变更登记手续，房地产权属登记机关签发房屋权属证书之次月起，缴纳房产税。

（6）纳税人出租、出借房产，自交付出租、出借房产之次月起，缴纳房产税。

（7）房地产开发企业自用、出租、出借本企业建造的商品房，自房屋使用或交付之次月起，缴纳房产税。

（8）纳税人因房产的实物或权利状态发生变化而依法终止房产税纳税义务的，其应纳税款的计算截止到房产的实物或权利状态发生变化的当月末。

第 5 章
期末结算利润涉及税金的核算

根据《企业会计准则》，企业月底或年末要核算收入、成本、费用、税金等。税金包括增值税、企业所得税、代扣代交的个人所得税等。

5.1 增值税的缴纳

增值税的计税方法，包括一般计税方法和简易计税方法。一般计税方法是按照销项税额减去进项税额的差额计算应纳税额，适用于增值税一般纳税人。简易计税方法是按照销售额与征收率的乘积计算应纳税额，一般适用于小规模纳税人。但一般纳税人特定销售项目也采用简易计税。

5.1.1 一般计税方法的计算

我国目前对一般纳税人采用的是国际上通行的购进扣税法，即当期销项税额抵扣当期进项税额后的余额。应纳税额的计算流程图，如图 5-1 所示。

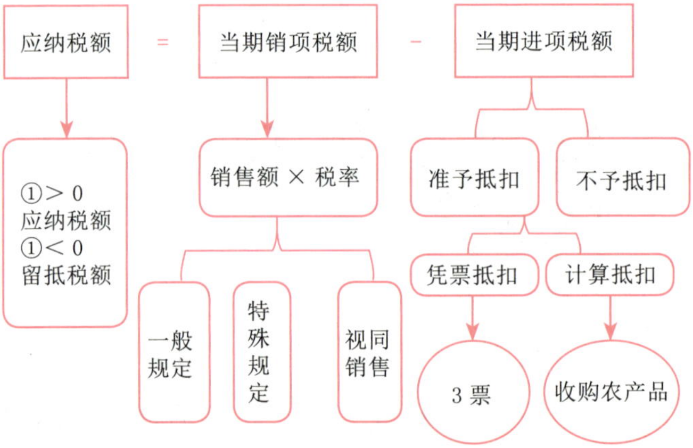

图 5-1 一般纳税人应纳税额计算流程图

一般计税方法的账务处理，见表 5-1。

表 5-1 一般计税方法的账务处理

缴纳时间	账务处理
当月缴纳税款	借：应交税费——应交增值税（已交税金） 贷：银行存款
当月缴纳以前月份税款	借：应交税费——未交增值税 贷：银行存款
税款减免的账务处理	借：应交税费——应交增值税（减免税款） 贷：营业外收入

续上表

缴纳时间	账务处理
税款返还	借：银行存款 　贷：营业外收入
当月应交未交的增值税	借：应交税费——应交增值税（转出未交增值税） 　贷：应交税费——未交增值税
当月多交的增值税	借：应交税费——未交增值税 　贷：应交税费——转出多交增值税
当月预交应交增值税	借：应交增值税——已交税金 　贷：银行存款

【例 5-1】 2019 年 4 月，雅致电子有限公司发生销项税额合计 258 900 元，进项税额转出合计为 36 100 元，进项税额合计为 118 700 元。则当月应交增值税计算如下：

应交增值税 =258 900+36 100−118 700

=176 300（元）

以银行存款缴纳，编制会计分录。

借：应交税费 – 应交增值税（已交税金）　　176 300

　贷：银行存款　　176 300

5.1.2 特殊计算方法的计算

当期应交增值税 = 销项税额 –（进项税额 – 进项税额转出 – 出口退税）– 出口抵减内销产品应纳税额 – 减免税款

一般纳税人原则上适用一般计税方法，但是在一些特殊情形下可以使用简易计税方法，一经选择 36 个月内不得变更。

“营改增”一般纳税人简易计税项目一览表，见表 5-2。

表 5-2 “营改增”一般纳税人简易计税项目一览表

业务项目	政　策	发票开具
一、一般纳税人发生的下列应税行为		
公共交通运输服务	可以选择适用简易计税方法计税	可以自行开具增值税专用发票

续上表

业务项目	政　策	发票开具
经认定的动漫企业为开发动漫产品提供的动漫设计、制作等服务及在境内转让动漫版权	可以选择适用简易计税方法计税	
电影放映服务、仓储服务、装卸搬运服务、收派服务和文化体育服务	可以选择适用简易计税方法计税	
以纳入营改增试点之日前取得的有形动产为标的物提供的经营租赁服务	可以选择适用简易计税方法计税	
在纳入营改增试点之日前签订的尚未执行完毕的有形动产租赁合同	可以选择适用简易计税方法计税	
以清包工方式提供的建筑服务	可以选择适用简易计税方法计税	
为甲供工程提供的建筑服务	可以选择适用简易计税方法计税	
为建筑工程老项目提供的建筑服务	可以选择适用简易计税方法计税	
公路经营企业收取试点前开工的高速公路的车辆通行费	可减按3%的征收率计算应纳税额	
跨县（市）提供建筑服务，	选择适用简易计税方法计税的，应以全部价款和价外费用扣除支付的分包款后的余额为销售额，按照3%的征收率在建筑服务发生地预缴税款	
二、一般纳税人销售不动产		
一般纳税人销售其2016年4月30日前取得（不含自建）的不动产	可以选择适用简易计税方法，以取得的全部价款和价外费用减去该项不动产购置原价或者取得不动产时的作价，按照5%的征收率在不动产所在地预缴税款，向机构所在地主管税务机关进行纳税申报	
一般纳税人销售其2016年4月30日前自建的不动产	可以选择适用简易计税方法，以取得的全部价款和价外费用为销售额，按照5%的征收率在不动产所在地预缴税款，向机构所在地主管税务机关进行纳税申报	
房地产开发企业中的一般纳税人，销售自行开发的房地产老项目	可以选择适用简易计税方法按照5%的征收率计税	
三、一般纳税人租赁不动产		
一般纳税人出租其2016年4月30日前取得的不动产	可以选择适用简易计税方法，按照5%的征收率计算应纳税额。纳税人出租其2016年4月30日前取得的与机构所在地不在同一县（市）的不动产，应按照上述计税方法在不动产所在地预缴税款	

5.1.3 简易计税方法

采用简易计税方法计税的，应当按照征收率计算缴纳增值税，不得抵扣进项税额。但一般纳税人收到简易征收项目专票可按照相关规定抵扣进项税额。

简易计税法公式如下：

应交增值税 = 含税价 ÷（1+ 税率）× 税率

简易计税方法适用主体：①小规模纳税人；②一般纳税人的特定销售。

按照财会〔2016〕22 号《增值税会计处理规定》的要求，增值税一般纳税人企业应设置“应交税费——简易计税”科目，核算一般纳税人采用简易计税方法发生的增值税计提、扣减、预缴、缴纳等业务。

小规模纳税人原则适用简易计税方法；小规模纳税人不牵涉进项税额、销项税额的核算。

从企业税收管控的角度看，一般纳税人的一般计税方法相对较为规律，税控防伪比对系统和固定的核算规程让税务管理变得相对轻松，风险一般不容易发生（恶意除外）；而简易计税方法则相对繁杂，涉及是否符合适用条件、是否备案、进项税额分摊与转出等问题，有些税务风险不好防控。所以在有些项目具体选择简易计税还是一般计税时要多加考量。

5.1.4 扣缴计税方法

扣缴计税方法仅适用于境外单位在境内提供“营改增”业务范围的服务且未设立营业机构的情形。境外单位或者个人在境内发生应税行为，在境内未设有经营机构的，扣缴义务人按照下列公式计算应扣缴税额。

应扣缴税额 = 接受方支付的价款 ÷（1+ 税率）× 税率

【例 5-2】 德国利亚尔公司为中国长春汽车制造公司提供技术咨询服务，为此在中国长春汽车制造公司所在市区租赁一办公场所，德国利亚尔公司从国外派业务人员到中国长春汽车制造公司工作，服务全部发生在中国境内。双方签订的服务合同约定，服务期限为 10 个月，服务收费为人民币 1 314 400 元（含增值税），所涉及的税费由税法确定的纳税人一方缴纳。

德国利亚尔公司应缴纳的增值税 =1 314 400 ÷（1+6%）× 6%=74 400（元）。

5.1.5 纳税信用等级

随着社会信用体系建设的完善，纳税信用的社会价值和社会影响力日益增强，纳税信用评价级别对企业的发展产生直接影响。从 2018 年 4 月 1 号起，纳税信用级别将由原来的 A、B、C、D 四级变更为 A、B、M、C、D 五级。

对纳税信用评价为 M 级的企业，税务机关实行两项激励措施：一是取消增值税专用发票认证；二是税务机关适时进行税收政策和管理规定的辅导。

1. 适用 M 级企业范围

未发生《信用管理办法》第二十条所列失信行为的下列企业适用 M 级纳税信用：新设立企业；评价年度内（1 月 1 日至 12 月 31 日）无生产经营业务收入且年度评价指标得分 70 分以上的企业。

纳税信用 M 级企业适用的激励措施：

一是可在网上勾选认证增值税专用发票，不用再前往办税服务厅办理增值税发票认证；

二是税务机关加大服务力度，适时进行税收政策和管理规定的辅导。

2. 对 A、B、M、C 级纳税人的举措

（1）对 A 级纳税人的激励措施。

① 向社会公告 A 级纳税人名单。

② 取消增值税发票认证（可通过网上勾选平台，勾选认证增值税专用发票）。

③ 一般纳税人可单次领取 3 个月的增值税发票用量；普通发票按需领用。

④ 可评定为出口企业管理一类企业，享受出口退（免）税便利措施。

⑤ 连续 3 年被评为 A 级信用级别，还可以由税务机关提供绿色通道或专门人员帮助办理涉税事项。

⑥ 一般纳税人申请增值税专用发票最高开票限额一百万元及以上的，主管国税机关无需事前进行实地查验。

⑦ 税务机关与相关部门实施的联合激励措施等。

（2）对 B 级纳税人的激励措施。

① 可一次领取不超过 2 个月的增值税发票用量。

② 取消增值税发票认证（可通过网上勾选平台，勾选认证增值税专用发票）。

③ 税务机关与相关部门实施的联合激励措施等。

（3）对 C 级纳税人的激励措施。

取消增值税发票认证（可通过网上勾选平台，勾选认证增值税专用发票）。

（4）对 D 级纳税人的惩戒措施。

① 公开 D 级纳税人及其直接责任人员名单，对直接责任人员注册登记或者负责经营的其他纳税人纳税信用直接判为 D 级。

② 增值税专用发票领用按辅导期一般纳税人政策办理，普通发票的领用实行交（验）旧供新、严格限量供应。

③ 出口企业管理类别评定为四类，加强出口退税审核。

④ 加强纳税评估，严格审核其报送的各种资料。

⑤ 列入重点监控对象，提高监督检查频次，发现税收违法违规行为的，不得适用规定处罚幅度内的最低标准。

⑥ 将纳税信用评价结果通报相关部门，建议在经营、投融资、取得政府供应土地、进出口、出入境、注册新公司、工程招投标、政府采购、获得荣誉、安全许可、生产许可、从业任职资格、资质审核等方面予以限制或禁止。

⑦ D 级评价保留 2 年，第三年纳税信用不得评价为 A 级。

3. 已公布的纳税信用评价结果

取消认证后，取得的增值税发票是不是就可以直接申报抵扣或者出口退税？

答案是，取消认证后，取得的增值税发票并不能直接用以申报抵扣或者出口退税。目前的取消认证，是指取消纸质发票的扫描认证，符合取消认证条件的纳税人还应通过增值税发票查询平台，完成增值税发票电子信息的有关操作后，方可申报抵扣或者出口退税。若在增值税发票查询平台中未查询到对应的发票信息，还可以按照原来纸质增值税发票的认证方式进行扫描认证。

4. 增值税发票查询平台可以对哪些发票进行操作

通过增值税发票查询平台可以对增值税专用发票、货物运输业增值税专用发票、机动车销售统一发票进行取消增值税发票认证后的有关操作。

（1）进项税发票认证抵扣。

企业一般纳税人每月的经营业务结束之后，开始进行进项税发票认证。将进项发票录入增值税纳税申报系统【发票管理】中，每月20号至月末前一天进行增值税进项发票的网上认证工作，发票的认证可能会有不能通过认证的情况。不能通过认证的发票意味着此项购进业务不得抵扣进项税。

① 导入网上认证发票，如图5-2所示。

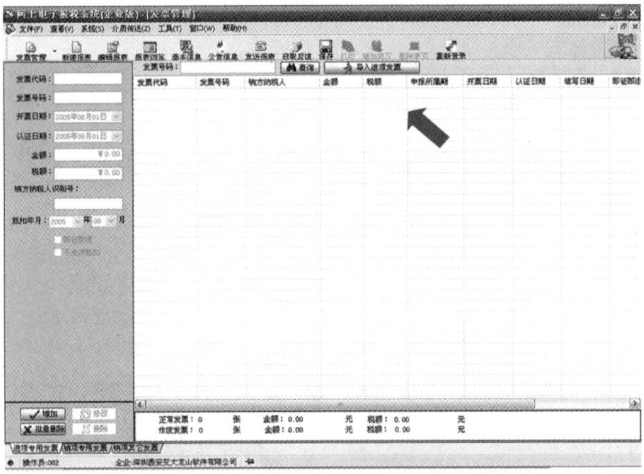

图5-2　导入网上认证发票界面

② 单击“导入进项发票”按钮，如图5-3所示。

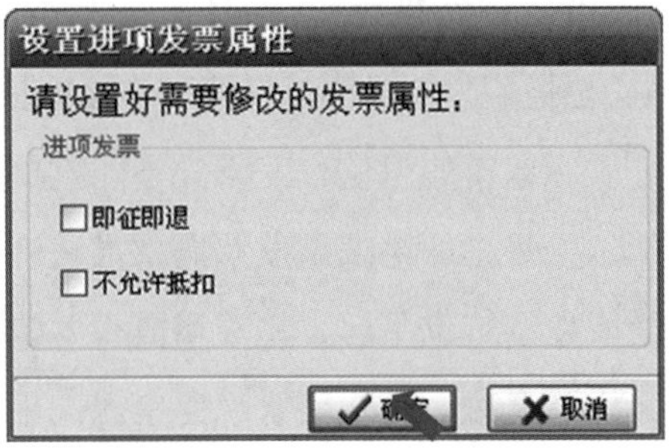

图5-3　设置进项发票属性

③ 选择发票属性，在相应的类别选中后导入的所有发票类别均为该属性，如图 5-4 所示。一般企业无需选择，直接单击“确定”按钮即可。

图 5-4　导入文件

④ 选择网上认证导出的认证相符发票所在路径，单击“打开”文件，如图 5-5 所示。

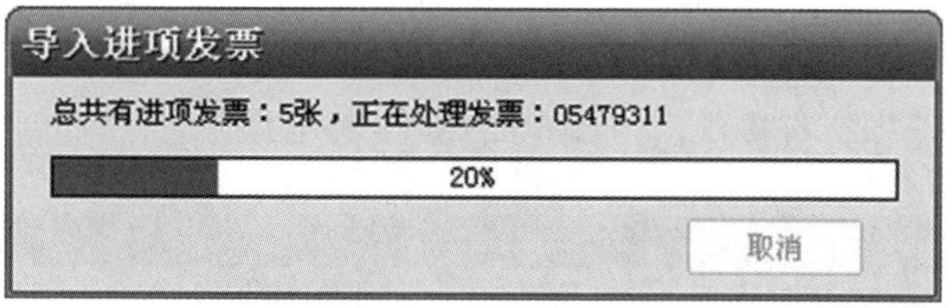

图 5-5　导入进项发票

⑤ 发票正在导入，如图 5-6 所示。

图 5-6　成功导入发票

需要注意的是，购进固定资产、非正常损失、外贸企业购进供出口的货物、因退货将抵扣联退还销货方、非应税项目、免税货物等发票在导入时，在不允许抵扣进项发票前打勾。

（2）销项专用发票认证抵扣。

① 一般销项专用发票。

以 Windows 版开票系统为例。选择开票子系统版本，单击“导入销项发票”，如图 5-7 所示。

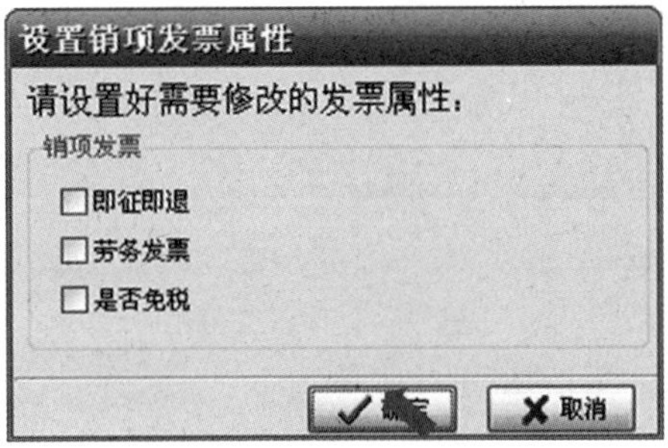

图 5-7　设置销项发票属性

② 选择发票属性，在相应的类别选中后导入的所有发票类别均为该属性。一般企业无需选择，直接单击“确定”，如图 5-8 所示。

图 5-8　导入销项发票文件

③ 选择销项发票所在路径，单击“打开”文件，如图 5-9 所示。

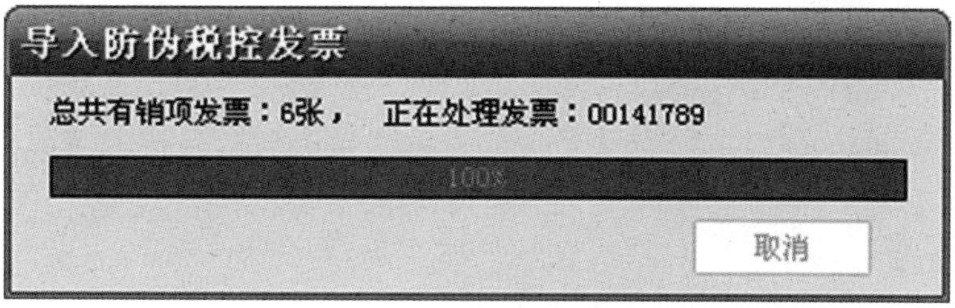

图 5-9　导入防伪税控发票

④ 发票正在导入，如图 5-10 所示。

图 5-10　导入销项发票界面

⑤ 导入完成后提示信息，单击“确定”，导入完成。

其他如即征即退发票、劳务发票、免税发票参考进项发票操作。

（3）运输发票管理。

发票类型分为航空运输、铁路运输、管道运输、海洋运输、公路运输、内河运输。

四小票信息的采集可通过《通用采集软件》录入完成后进行数据导出后，在申报软件的相应发票窗口导入，也可以在申报软件中直接单击“增加”按钮后录入。

① 导入运输发票：点击屏幕右上方的“数据导入”按钮，在默认路径下选择相应运输发票文件，单击“打开”按钮即可导入。

② 运输发票的录入：点击“增加”按钮，逐项输入发票信息，最后单击“确定”按钮保存即可，如图 5-11 所示。

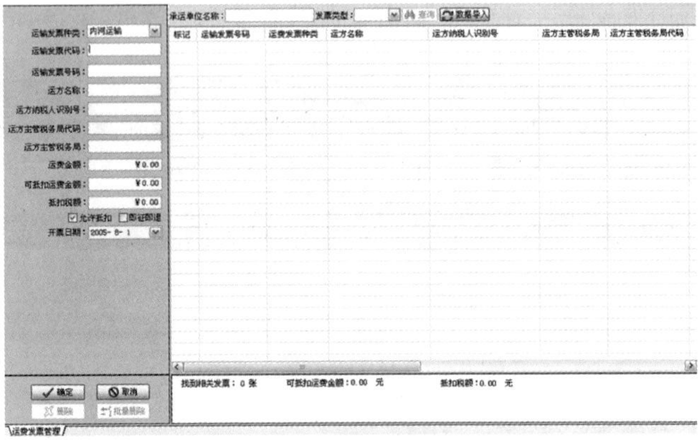

图 5-11　运输发票界面

（4）销项税发票抄税。

企业一般纳税人发生销售业务，在税控系统中开具增值税专用发票（销项）或开具普通发票。月末至每月初 2 号前进行汇总抄税在开票系统中打印相关发票清单报表。

（5）销项其他发票。

正常普通发票。

纳税人当期销售货物、价外费用和按税法规定应视同销售开具普通发票的销售额。在发票管理，销项其他发票中填入相应的发票数据信息，如图 5-12 所示。

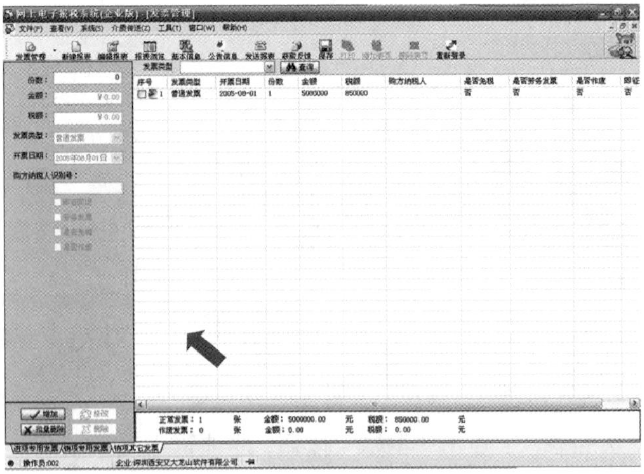

图 5-12　发票管理界面

单击“增加”按钮，左侧发票录入区域变为可编辑。在相应栏目按实际情况录入，选择发票类型为“普通发票”，如图 5-13 所示。

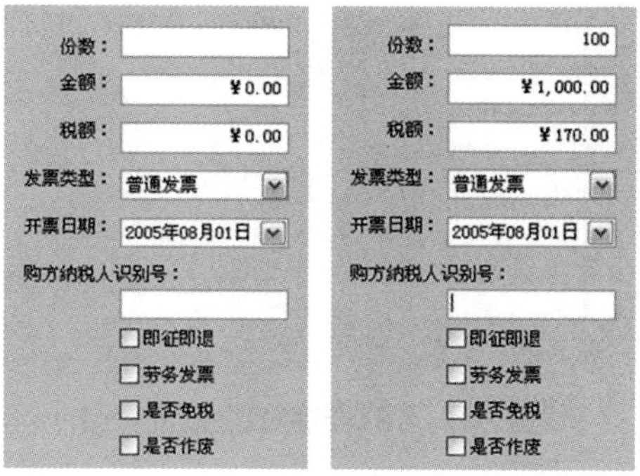

图 5-13　普通发票确认界面

录入完成单击“确定”按钮保存，系统提示保存成功，如图 5-14 所示。

图 5-14　增加发票界面

（6）未开具发票。

纳税人当期销售货物、价外费用和按税法规定应视同销售未开具发票以及其他未开具发票的销售额。从发票管理，销项其他发票中录入相关的发票信息。

请参考普通发票录入。

（7）纳税检查调整。

纳税人本期因税务、财政、审计部门检查计算调整的按适用税率征收增值税的应税货物、应税劳务的销售额、销项税额或按简易征税办法征收增值税货物的销售额、应纳税额。在发票管理，销项其他发票中填入相关信息。

请参考普通发票录入。

（8）海关完税凭证管理。

① 导入完税证：点击屏幕右上方的“导入完税证”按钮，在默认路径下选择相应完税证文件，单击“打开”按钮即可导入。

② 完税凭证的录入：点击“增加”按钮，逐项输入发票信息，最后单击“确定”按钮保存即可，如图 5-15 所示。

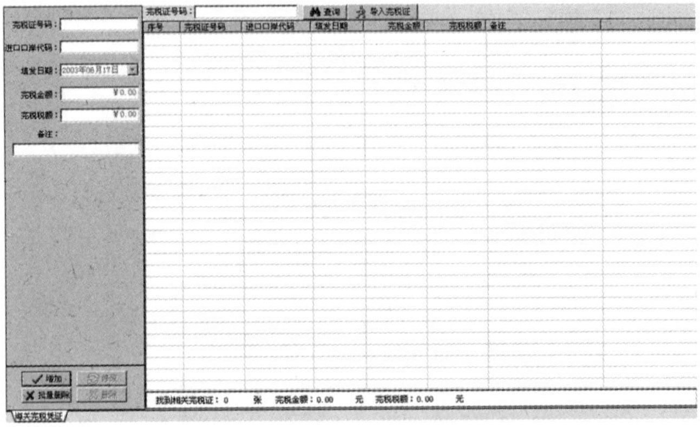

图 5-15 海关完税凭证认证界面

5.1.6 预缴税款

预缴税款是为了保证税款均衡入库的一种手段。增值税预缴税款的情形主要可以分为 4 类。

1. 房地产开发企业取得预收款需要预缴税款

财税〔2016〕36 号附件 2《营业税改征增值税试点有关事项的规定》第一条第八款：房地产开发企业采取预收款方式销售所开发的房地产项目，在收到预收款时按照 3% 的预征率预缴增值税。

【例 5-3】 天津嘉和房地产开发企业公司是增值税一般纳税人，2019 年 4 月 30 日开工香丽园小区商品房项目，该项目可售建筑面积共计 12 500 平米，共计支付土地出让金 10 500 万元。

2019 年 5 月销售该项目 4 000 平米，取得预收款 26 705 万元，其中 2 670.50 万元开具增值税专用发票，其余开具增值税普通发票，不考虑其他业务，企业决定采用一般计税方法核算 A 房地产项目。

问：6 月份该企业香丽园小区项目商品房纳税申报如何处理？

解析：房地产老项目一般计税方法的纳税申报，主要做好以下工作。

（1）计算应纳税额。

① 预收款预缴税额 = 预收款 ÷（1+ 适用税率或征收率）× 3%=26 705 ÷

（1+9%）×3%=735（万元）。

② 可抵减的土地价款 =（当期销售房地产项目建筑面积 ÷ 房地产项目可供销售建筑面积）× 支付的土地价款 =（4 000 ÷ 12 500）× 10 500=3 360（万元）。

③ 由于开具发票，则确认当期销项税额（本题不考虑进项税额，即为应纳税额）=（26 705−3 360）÷（1+9%）× 9%=1 927.57（万元）

④ 当期确认的增值税应纳税额合计 =（销项税额 − 进项税额）− 预缴税款 =（1 927.57−0）−735=1 192.57（万元）

（2）增值税预缴报表的申报。

在预缴时，应将预缴税款金额填入《增值税预缴税款表》，房地产企业预售房产应填入第 2 项“销售不动产”一行。

第一列“销售额”填写收到的预收款 245 000 000，第二列“扣除金额”填 0，第三列“预征率”填 3%，第四列“预征税额”填预缴的税额填 7 350 000。

合计栏自动带出来。见表 5−3。

表 5−3　增值税预缴税款表

税款所属时间：2019 年 5 月 1 日　至 2019 年 5 月 31 日

纳税人识别号：124355464325446245　　　是否适用一般计税方法　是□　否□

纳税人名称：（公章）		天津嘉和房地产开发企业公司		金额单位：元（列至角分）	
项目编号		XTM765443	项目名称	香丽园小区	
项目地址		天津东丽区新城街 4 号			
预征项目和栏次		销售额	扣除金额	预征率	预征税额
1		2	3	4	
建筑服务	1				
销售不动产	2	245 000 000		3%	7 350 000
出租不动产	3				
	4				
合计	6	245 000 000		3%	7 350 000

（3）填写纳税申报表附表一。

将本期预收情况填入《增值税纳税申报表（一般纳税人适用）》附表一（本期销售情况明细），见表 5−4。

表 5-4 增值税纳税申报表附列资料（一）

（本期销售情况明细）

税款所属时间：　　年　　月　　日 至　　　年　　月　　日

纳税人名称：（公章） 天津嘉和房地产开发企业公司　　　　金额单位：元至角分

项目及栏次				开具增值税专用发票		开具其他发票		未开具发票		纳税检查调整		合计			服务、不动产和无形资产扣除项目本期实际扣除金额	扣除后	
				销售额	销项（应纳）税额	销售额	销项（应纳）税额	销售额	销项（应纳）税额	销售额	销项（应纳）税额	销售额	销项（应纳）税额	价税合计		含税（免税）销售额	销项（应纳）税额
				1	2	3	4	5	6	7	8	9=1+3+5+7	10=2+4+6+8	11=9+10	12	13=11-12	14=13÷（100%+税率或征收率）×税率或征收率
一、一般计税方法计税	全部征税项目	13%税率的货物及加工修理修配劳务	1											—	—	—	—
		13%税率的服务、不动产和无形资产	2														
		9%税率	3	24 500 000	2 205 000	220 500 000	19 845 000	—	—	—	—	245 000 000	22 050 000	267 050 000	33 600 000	6 900 000	19 275 700
		9%税率的货物及加工修理修配劳务	4a											—	—	—	—
		9%税率的服务、不动产和无形资产	4b														
		6%税率	5														
	其中：即征即退项目	即征即退货物及加工修理修配劳务	6	—	—	—	—	—	—	—	—			—	—	—	—
		即征即退服务、不动产和无形资产	7	—	—	—	—	—	—	—	—						

① 计算不含税销售额。

专用发票不含税金额 =2 670.50 ÷（1+9%）=2 450（万元）

普通发票不含税金额 =（26 705−2 670.50）÷（1+9%）=22 050（万元），则申报如下：

② 填列。

首先填写：在“税率 9%”的“开具增值税专用发票”下的“销售额”内填入不含税销售额 24 500 000（26 705 000 ÷ 1.09）元；“销项（应纳）税额”内填入计算的销项税额 2 205 000（24 500 000 × 9%）元。

注意，一般填入不含税额销售后，纳税申报系统会把销项税额自动计算出来，只需要做尾数调整，原则是 1 元以内可以不调整，但要保证和账上一致。

其次填写：在“税率 9%”的“开具其他发票”（也就是增值税普通发票）下的“销售额”内填入不含税销售额 220 500 000 元；“销项（应纳）税额”内填入计算的销项税额 19 845 000 元。

最后填写：“服务、不动产和无形资产扣除项目本期实际扣除金额”填入 33 600 000 元，“销项（应纳）税额”应该等于前面计算的 1 927.57 万元。

（4）填报增值税附列资料三（服务、不动产和无形资产扣除项目明细）。

在第 2 行，“9 税率的项目”的相应栏次内填入相应数据：

“本期服务、不动产和无形资产价税合计额（免税销售额）”应为本期销售项目价税合计额 33 600 000 元；

第 4 列“期初余额”填入 0；

第 5 列“本期发生额”填入本期允许扣除的地价 33 600 000 元；

第 6 列“本期应扣除金额”填入 33 600 000 元；

第 7 列“本期实际扣除金额”应保证小于本期发生的销售额且小于应扣除金额，填入 33 600 000 元；

第 8 列“期末余额”填入 0。

注意，如果销售额较少，销售面积较大，可能会出现不足扣减的情况，则以负数填列。

表 5-5 增值税纳税申报表附列资料（三）

（服务、不动产和无形资产扣除项目明细）

（服务、不动产和无形资产扣除项目明细）

税款所属时间：2019 年 5 月 1 日至 2019 年 5 月 31 日

纳税人名称：（公章） 金额单位：元至角分

项目及栏次		本期服务、不动产和无形资产价税合计额（免税销售额）	服务、不动产和无形资产扣除项目				
			期初余额	本期发生额	本期应扣除金额	本期实际扣除金额	期末余额
		1	2	3	4=2+3	5(5 ≤ 1 且 5 ≤ 4)	6=4-5
13% 税率的项目	1						
9% 税率的项目	2	33 600 000	0	33 600 000	33 600 000	33 600 000	0
6% 税率的项目（不含金融商品转让）	3						
6% 税率的金融商品转让项目	4						
5% 征收率的项目	5						
3% 征收率的项目	6						
免抵退税的项目	7						
免税的项目	8						

（5）填报《增值税纳税申报表（一般纳税人适用）》主表。

首先，主表第 11 行。“一般项目”下的“本月数”填写本期销项税额 19 275 700 元，该数与“附表一”第 4 行、14 列“销项（应纳）税额”数对应。

其次，在本期没有其他进项税额的情况下，第 19 行“应纳税额”内填写本期销项税额与进项税额之差 19 275 700 元，该数一般也会自动带出。

再次，第 27 行“本期已缴税额”、第 28 行“分次预缴税额”均填写预缴的税款金额 7 350 000 元。

第 32 栏“应纳税额合计”内填写应纳税额 11 925 700 元，该数一般也会自动带出。

在本期没有发生其他税款的情况下，第 34 栏“本期应补（退）税额”内填写应纳税额 11 925 700 元。具体填报见表 5-6。

表 5-6　填报《增值税纳税申报表（一般纳税人适用）》主表

项　目		栏　次	一般项目	
			本月数	本年累计
销售额	（一）按适用税率计税销售额	1		
	其中：应税货物销售额	2		
	应税劳务销售额	3		
	纳税检查调整的销售额	4		
	（二）按简易办法计税销售额	5		
	其中：纳税检查调整的销售额	6		
销售额	（三）免、抵、退办法出口销售额	7		
	（四）免税销售额	8		
	其中：免税货物销售额	9		
	免税劳务销售额	10		
税款计算	销项税额	11	19 275 700	
	进项税额	12		
	上期留抵税额	13		
	进项税额转出	14		
	免、抵、退应退税额	15		
	按适用税率计算的纳税检查应补缴税额	16		
	应抵扣税额合计	17=12+13−14−15+16		——
	实际抵扣税额	18（如 17<11，则为 17，否则为 11）		
	应纳税额	19=11−18	19 275 700	
	期末留抵税额	20=17−18		
	简易计税办法计算的应纳税额	21		
	按简易计税办法计算的纳税检查应补缴税额	22		
	应纳税额减征额	23		
	应纳税额合计	24=19+21−23	19 275 700	
税款缴纳	期初未缴税额（多缴为负数）	25		
	实收出口开具专用缴款书退税额	26		
	本期已缴税额	27=28+29+30+31	7 350 000	

续上表

项 目		栏 次	一般项目	
			本月数	本年累计
税款缴纳	① 次预缴税额	28	7 350 000	——
	② 出口开具专用缴款书预缴税额	29		——
	③ 本期缴纳上期应纳税额	30		
	④ 本期缴纳欠缴税额	31		
	期末未缴税额（多缴为负数）	32=24+25+26−27	11 925 700	
	其中：欠缴税额（≥ 0）	33=25+26−27		——
	本期应补（退）税额	34=24−28−29	11 925 700	——
	即征即退实际退税额	35		——
	期初未缴查补税额	36		
	本期入库查补税额	37		
	期末未缴查补税额	38=16+22+36−37		

2. 建安业取得的预收款及异地（非同一行政区划）提供建筑服务取得收入时需要预缴税款

财税〔2017〕58 号第三条：纳税人提供建筑服务取得预收款，应在收到预收款时，以取得的预收款扣除支付的分包款后的余额，按照本条第三款规定的预征率预缴增值税。

纳税人跨县（市、区）提供建筑服务，按照以下规定预缴税款：

（1）一般纳税人跨县（市、区）提供建筑服务，适用一般计税方法计税的，以取得的全部价款和价外费用扣除支付的分包款后的余额，按照 2% 的预征率计算应预缴税款。

（2）一般纳税人跨县（市、区）提供建筑服务，选择适用简易计税方法计税的，以取得的全部价款和价外费用扣除支付的分包款后的余额，按照 3% 的征收率计算应预缴税款。

（3）小规模纳税人跨县（市、区）提供建筑服务，以取得的全部价款和价外费用扣除支付的分包款后的余额，按照 3% 的征收率计算应预缴税款。

纳税人跨县（市、区）提供建筑服务，按照以下公式计算应预缴税款：

① 适用一般计税方法计税的

应预缴税款 =（全部价款和价外费用 − 支付的分包款）÷（1+9%）×2%。

② 适用简易计税方法计税的

应预缴税款 =（全部价款和价外费用 − 支付的分包款）÷（1+3%）×3%

纳税人取得的全部价款和价外费用扣除支付的分包款后的余额为负数的，可结转下次预缴税款时继续扣除。

纳税人应按照工程项目分别计算应预缴税款，分别预缴。

3. 对于异地不动产（土地使用权）出租业务需要预缴税款

财税〔2016〕36 号附件 2《营业税改征增值税试点有关事项的规定》：不动产经营租赁服务。

一般纳税人出租其 2016 年 4 月 30 日前取得的不动产，可以选择适用简易计税方法，按照 5% 的征收率计算应纳税额。纳税人出租其 2016 年 4 月 30 日前取得的与机构所在地不在同一县（市）的不动产，应按照上述计税方法在不动产所在地预缴税款后，向机构所在地主管税务机关进行纳税申报。

一般纳税人出租其 2016 年 5 月 1 日后取得的、与机构所在地不在同一县（市）的不动产，应按照 3% 的预征率在不动产所在地预缴税款后，向机构所在地主管税务机关进行纳税申报。

小规模纳税人出租其取得的不动产（不含个人出租住房），应按照 5% 的征收率计算应纳税额。纳税人出租与机构所在地不在同一县（市）的不动产，应按照上述计税方法在不动产所在地预缴税款后，向机构所在地主管税务机关进行纳税申报。

财税〔2016〕68 号文中关于不动产经营租赁服务规定为：

① 房地产开发企业中的一般纳税人，出租自行开发的房地产老项目，可以选择适用简易计税方法，按照 5% 的征收率计算应纳税额。纳税人出租自行开发的房地产老项目与其机构所在地不在同一县（市）的，应按照上述计税方法在不动产所在地预缴税款后，向机构所在地主管税务机关进行纳税申报。房

地产开发企业中的一般纳税人，出租其 2016 年 5 月 1 日后自行开发的与机构所在地不在同一县（市）的房地产项目，应按照 3% 预征率在不动产所在地预缴税款后，向机构所在地主管税务机关进行纳税申报。

②房地产开发企业中的小规模纳税人，出租自行开发的房地产项目，按照 5% 的征收率计算应纳税额。纳税人出租自行开发的房地产项目与其机构所在地不在同一县（市）的，应按照上述计税方法在不动产所在地预缴税款后，向机构所在地主管税务机关进行纳税申报。

纳税人以经营租赁方式将土地出租给他人使用，按照不动产经营租赁服务缴纳增值税。

【例 5-4】 广博房地产公司为一般纳税人，机构所在地为西安。2019 年 4 月承揽骊山市一道路施工项目，2019 年 7 月取得该工程项目的结算款 471.5 万元（含税价），当月支付给分包方劳务公司分包款 308 万元（含税价）。

广博房地产公司应在青岛市工程所在地主管国税机关预缴增值税。

应预缴税款 =（471.5−308）÷（1+9%）×2%=3（万元）

结合案例得知，总包方在预缴税款时可以扣除支付给分包方的分包款，而这跟分包方选择哪种计税方法以及包方开具专用发票还是普通发票没有必然关系，在向工程发生地主管国税机关预缴税款时，需要提交与发包方、分包方签订的合同及从分包方取得的发票原件及复印件。

4. 对于不动产转让业务需要预缴税款

财税〔2016〕36 号附件 2《营业税改征增值税试点有关事项的规定》：一般纳税人销售其 2016 年 4 月 30 日前取得的不动产（不含自建），适用一般计税方法计税的，以取得的全部价款和价外费用为销售额计算应纳税额。上述纳税人应以取得的全部价款和价外费用减去该项不动产购置原价或者取得不动产时的作价后的余额，按照 5% 的预征率在不动产所在地预缴税款后，向机构所在地主管税务机关进行纳税申报。

一般纳税人销售其 2016 年 4 月 30 日前自建的不动产，适用一般计税方法计税的，应以取得的全部价款和价外费用为销售额计算应纳税额。纳税人应以取得的全部价款和价外费用，按照 5% 的预征率在不动产所在地预缴税款后，向机构所在地主管税务机关进行纳税申报。

5.1.7 小规模纳税人申报技巧

1. 小微企业纳税申报

2017 年 9 月 27 日，针对小型微利企业融资难、融资贵等老难题，国务院常务会议制订了新的解决方案。具体来看，此次会议决定，从 2017 年 12 月 1 日到 2019 年 12 月 31 日，将金融机构利息收入免征增值税政策范围由农户扩大到小微企业、个体工商户，享受免税的贷款额度上限从单户授信 10 万元扩大到 100 万元。另外，将小微企业借款合同免征印花税、月销售额不超过 3 万元的小微企业免征增值税两项政策优惠期限延长至 2020 年。

【例 5-5】 昌明商业有限公司是小规模纳税人，2019 年 1~3 月发生以下业务。

（1）销售甲商品，价税合计销售额 6.18 万元。

（2）提供安装服务，价税合计销售额 15.45 万元以上收入均自行开具增值税普通发票。

（1）税款计算与分析。

① 销售甲商品。

不含税销售额 =6.18 ÷（1+3%）=6 万元，甲企业销售货物的季度销售额为 6 万元，可以享受小微企业暂免征收增值税优惠政策。

不再计算缴纳增值税。

② 安装服务。

不含税销售额为 =15.45 ÷（1+3%）=15 万元，甲企业提供餐饮服务的季度销售额超过 9 万元，该项业务不能享受小微企业暂免征收增值税优惠政策，

当月应纳税额为 15 × 3%=0.45（万元）。

③ 纳税申报，见表 5-7。

表 5-7　增值税纳税申报表

（小规模纳税人适用）

统一社会信用代码:	9	4	5	7	2	4	7	8	8	4	1	2	3	3	4	7	1	1	3	9

纳税人名称（公章）：金额单位：元至角分

税款所属期：2019 年 1 月 1 日至 2019 年 3 月 31 日　　填表日期：2019 年 4 月 5 日

	项目	栏次	本期数		本年累计	
			应税货物及劳务	应税服务	应税货物及劳务	应税服务
一、计税依据	（一）应征增值税不含税销售额	1		150 000		
	税务机关代开的增值税专用发票不含税销售额	2		150 000		
	税控器具开具的普通发票不含税销售额	3				
	（二）销售使用过的应税固定资产不含税销售额	4（4 ≥ 5）		——		——
	其中：税控器具开具的普通发票不含税销售额	5		——		——
	（三）免税销售额	6=7+8+9	60 000			
	其中：小微企业免税销售额	7	60 000			
	未达起征点销售额	8				
	其他免税销售额	9				
	（四）出口免税销售额	10（10 ≥ 11）				
	其中：税控器具开具的普通发票销售额	11				
二、税款计算	本期应纳税额	12	4 500			
	本期应纳税额减征额	13				
	本期免税额	14				
	其中：小微企业免税额	15				
	未达起征点免税额	16				
	应纳税额合计	17=12−13	4 500			
	本期预缴税额	18			——	——
	本期应补（退）税额	19=17−18	4 500		——	——

续上表

纳税人或代理人声明：本纳税申报表是根据国家税收法律法规及相关规定填报的，我确定它是真实的、可靠的、完整的。	如纳税人填报，由纳税人填写以下各栏： 办税人员：白露蒙　财务负责人：龙树才 法定代表人：温馨　联系电话：0755-67895434 如委托代理人填报，由代理人填写以下各栏： 代理人名称（公章）： 经办人： 联系电话：

主管税务机关：　　接收人：　　接收日期

5.2 企业所得税

企业所得税是以企业的生产经营所得和其他所得为计税依据而征收的一种税。

- 以纳税人一定期间内的纯收益额或净所得额为计税依据
- 以量能负担为征税原则
- 实行按年计征、分期预缴的征管办法

根据登记注册地标准和实际管理机构标准，企业所得税的纳税人分为居民企业和非居民企业，分别确定不同的纳税义务。

两个标准满足其一，即为我国的居民企业。

居民企业是指依法在中国境内成立，或者依照外国（地区）法律成立但实际管理机构在中国境内的企业。如，格力集团有限公司及旗下各子公司都是我国的居民企业。

居民企业承担“全面”纳税义务，就其境内、境外全部所得纳税。

5.2.1 企业所得税的征税范围

企业所得税纳税人即所有实行独立经济核算的中华人民共和国境内的内资企业或其他组织，包括7类，如图5-16。

图5-16

企业所得税的征税对象是纳税人取得的所得。包括销售货物所得、提供劳务所得、转让财产所得、股息红利所得、利息所得、租金所得、特许权使用费所得、接受捐赠所得和其他所得。

企业所得税是指对中华人民共和国境内的企业（居民企业及非居民企业）和其他取得收入的组织以其生产经营所得为课税对象所征收的一种所得税。作为企业所得税纳税人，应依照《中华人民共和国企业所得税法》缴纳企业所得税，但个人独资企业及合伙企业除外。

个人独资企业、合伙企业不使用本法，这两类企业征收个人所得税，避免重复征税。

5.2.2 应税所得来源地标准的确定

销售货物所得	提供劳务所得	转让财产所得	股息、红利等权益性投资收益所得	利息、租金、特许权使用费所得
• 按照交易活动发生地	• 按照劳务发生地	• ①不动产转让所得：按照不动产所在地。 • ②动产转让所得：按照转让动产的企业或机构、场所所在地。 • ③权益性投资资产转让所得：按照被投资企业所在地	• 按照分配所得的企业所在地	• 按照负担、支付所得的企业或者机构、场所所在地确定，或者按照负担、支付所得的个人的住所地

5.2.3 企业所得税的税率

我国目前企业所得税率有 25%、20%、15%、10%。

5.2.4 企业应纳税所得额的计算

企业年终核算会计利润，按适用税率上缴所得税，但企业交所得税时不一定是按照会计利润乘以所得税率所得金额缴纳的，这是因为税法规定的利润和会计核算的利润依据不同。会计利润是按照《企业会计准则》的规定计算的利润总额，应纳税所得额是按税法规定计算的应税利润，两者在认定标准上有些区别，所以不一定相等。需要在企业会计利润的基础上进行调整才能计算出所得税应税利润（应纳税所得额）

会计利润与企业所得税应纳税所得额之间的关系是：

应纳税所得额 = 税前会计利润 + 纳税调整增加额 − 纳税调整减少额

应纳所得税额 = 应纳税所得额 × 适用税率

（1）“纳税调整增加额”主要包括税法规定允许扣除项目中，企业已计入当期费用但超过税法规定扣除标准的金额（如超过税法规定标准的职工福利费、工会经费、职工教育经费、业务招待费、公益性捐赠支出、广告费和业务宣传费等），以及企业已计入当期损失但税法规定不允许扣除项目的金额（如税收滞纳金、罚金、罚款等）。

具体规定如下：

1. 企业发生的职工福利费支出，不超过工资薪金总额 14% 的部分，准予扣除
2. 企业拨缴的工会经费，不超过工资薪金总额 2% 的部分，准予扣除
3. 企业发生的职工教育经费支出，不超过工资薪金总额的 8% 的部分，准予扣除；超过部分，准予在以后纳税年度结转扣除
4. 企业发生的与生产经营活动有关的业务招待费支出，按照发生额的 60% 扣除，但最高不得超过当年销售（营业）收入的 5‰

5

• 企业发生的符合条件的广告费和业务宣传费支出，除国务院财政、税务主管部门另有规定外，不超过当年销售（营业）收入15%的部分，准予扣除，超过部分，准予在以后纳税年度结转扣除

6

• 企业发生的公益性捐赠支出，不超过年度利润总额12% 的部分，准予在计算应纳税所得额时扣除

（2）“纳税调整减少额”主要包括按税法规定允的弥补的亏损和准予免税的项目，如前5年内未弥补亏损和国债利息收入等。

5.2.5 收入的确定

企业每一纳税年度的收入总额，减除不征税收入、免税收入、各项扣除以及允许弥补的以前年度亏损后的余额，为应纳税所得额。

5.2.6 收入总额

企业以货币形式和非货币形式从各种来源取得的收入，为收入总额。

1. 一般收入

销售货物收入	提供劳务收入	转让财产收入	股息、红利等权益性投资收益	利息收入
• 销售商品、产品、原材料、包装物、低值易耗品以及其他存货取得的收入	• 建筑安装、修理修配、交通运输、仓储租赁、金融保险、邮电通信、咨询经纪、文化体育、科学研究、技术服务、教育培训、餐饮住宿、中介代理、卫生保健、社区服务、旅游、娱乐、加工以及其他劳务服务活动取得的收入	• 企业转让固定资产、生物资产、无形资产、股权以及其他财产而取得的收入	• 企业因权益性投资从被投资方取得的收入	• 企业将资金提供他人使用但不构成权益性投资，或者因他人占用本企业资金取得的收入

租金收入	特许权使用费收入	接受捐赠收入	其他收入
• 企业提供固定资产、包装物以及其他有形资产的使用权取得的收入	• 企业提供专利权、非专利技术、商标权、著作权以及其他特许权的使用权而取得的收入	• 企业接受的来自其他企业、组织或个人无偿给予的货币性资产和非货币性资产	• 企业资产溢余收入、逾期未退包装物押金收入、确实无法偿付的应付账款、已作坏账损失处理后又收回的应收账款、债务重组收入、补贴收入、违约金收入、汇兑收益等

2. 不征税收入

（1）不征税收入用于支出所形成的费用，不得在计算应纳税所得额时扣除。

（2）不征税收入用于支出所形成的资产，其计算的折旧、摊销不得在计算应纳税所得额时扣除。

3. 免税收入

（1）国债利息收入。

（2）居民企业直接投资于其他居民企业取得的股息、红利等权益性投资收益（不包括连续持有居民企业公开发行并上市流通的股票不足 12 个月取得的投资收益）。

5.2.7 税前扣除项目

企业实际发生的与取得收入有关的、合理的支出，包括成本、费用、税金、损失和其他支出，准予在计算应纳税所得额时扣除。如图 5-18。

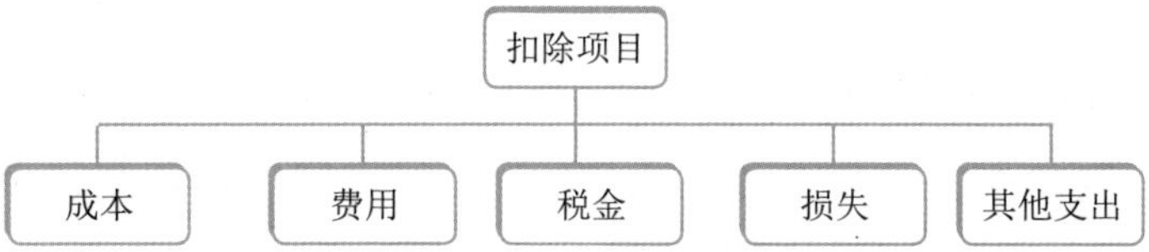

图 5-18

1. 税前扣除的原则

真实性	相关性	合理性	配比原则	确定性原则
• 实际发生，符合税法规定，不得重复扣除	• 与取得的应税收入相关	• 正常、必要	• 与收入配比，不得提前或滞后	• 金额确定

2. 成本与费用的概念

成本，是指企业在生产经营活动中发生的销售成本、销货成本、业务支出以及其他耗费。对于没有形成利润的成本是以资产形态存在的（生产成本、劳务成本等），而费用是要计入当期损益的，两者比较容易区分；对于计入当期损益的成本往往是指产品和服务的销售成本，它是能够对象化的费用，而期间费用是不能对象化的费用。视同销售成本要计入，和视同销售收入对应。

（1）成本要与收入相匹配；视同销售成本也要与视同销售收入匹配。

【例 5–6】 祥晟小汽车生产企业为增值税一般纳税人，2018 年度自行核算的相关数据为：全年取得产品销售收入总额 2 354 000 元，应扣除的产品销售成本 1 358 000 元。2019 年 2 月经聘请的会计师事务所对 2018 年度的经营情况进行审核，发现以下相关问题：12 月 20 日收到代销公司代销 8 辆小汽车的代销清单及货款 2 340 000 元（小汽车每辆成本价 156 800 元，与代销公司不含税结算价 181 250 元）。

企业会计处理为：

借：银行存款——代销汽车款　　　　2 340 000

　　贷：预收账款——代销汽车款　　　　2 340 000

按照规定采取代销方式销售货物，所得税应以收到代销清单的当天确认收入，该企业将收到的银行存款记入“预收账款”科目核算不正确。

应调增收入 =181 250 × 8=1 450 000（元），同时调增销售成本 1 254 400 元。

因此，该企业 2008 年度产品销售收入总额 =2 354 000+1 450 000=3 804 000（元）。

扣除的产品销售成本 =1 358 000+1 254 400=2 612 400（元）。

（2）与出口退税结合掌握，企业外销货物的成本包括不得免征和抵扣的增值税。

【例 5-7】 甲外贸企业为增值税一般纳税人，享受出口实行免退税政策。2019 年 1 月 12 日，收购一批货物出口。收购时取得了增值税专用发票，注明价款 2 400 000 元，增值税 384 000 元，该外贸企业出口收入（FOB）折合人民币 4 200 000 元，货物退税率 8%。

外贸企业外销货物成本 = 外销货物的采购成本 + 不得退还的增值税

外贸企业不得退还的增值税 =384 000−2 400 000×8%=192 000（元）

该企业外销成本是 2 400 000+192 000=2 592 000（元）。

【例 5-8】 乙工业企业（增值税一般纳税人）出口享受免抵退税政策。自产一批货物出口，该企业该批货物制造成本 3 450 000 元（不含出口需转出的增值税进项税），出口收入（FOB）折合人民币 4 370 000 元，货物征税率为 13%，货物退税率 9%，则其外销成本是多少？

工业企业外销货物成本 = 外销的产成品成本 + 免抵退税不得免征和抵扣的税额

工业企业免抵退税不得免征和抵扣的税额（进项税转出数）=（外销 FOB- 耗用免税购进料件的价格）× 征退税率之差 =4 370 000×（13%−9%）=174 800（元），该企业外销成本是 3 450 000+174 800=3 624 800（元）。

根据财政部税务总局海关总署《关于深化增值税改革有关政策的公告》规定：

（1）一般纳税人（以下称纳税人）发生增值税应税销售行为或者进口货物，原适用 16% 税率的，税率调整为 13%；原适用 10% 税率的，税率调整为 9%。

（2）纳税人购进农产品，原适用 10% 扣除率的，扣除率调整为 9%。纳税人购进用于生产或者委托加工 13% 税率货物的农产品，按照 10% 的扣除率计算进项税额。

（3）原适用 16% 税率且出口退税率为 16% 的出口货物劳务，出口退税率调整为 13%；原适用 10% 税率且出口退税率为 10% 的出口货物、跨境应税行为，出口退税率调整为9%。

（4）适用13%税率的境外旅客购物离境退税物品，退税率为11%；适用9%税率的境外旅客购物离境退税物品，退税率为8%。

以上规定，自2019年4月1日执行。

3. 工资薪金支出

企业发生的合理的工资薪金支出，准予扣除。

（1）工资薪金，指企业每一纳税年度支付给在本企业任职或者受雇的员工的所有现金形式或者非现金形式的劳动报酬，包括基本工资、奖金、津贴、补贴、年终加薪、加班工资，以及与员工任职或者受雇有关的其他支出。

（2）工资薪金总额，不包括企业的职工福利费、工会经费、职工教育经费、社会保险费和住房公积金等。

（3）合理的工资薪金，指企业按照股东大会、董事会、薪酬委员会或相关管理机构制定的工资薪金制度规定实际发放给员工的工资薪金。

4. 社会保险费

（1）企业依照国务院有关主管部门或者省级人民政府规定的范围和标准为职工缴纳的五险一金（基本养老保险费、基本医疗保险费、失业保险费、工伤保险费、生育保险费和住房公积金），准予扣除。

（2）为在本企业任职或者受雇人员支付的补充养老保险费、补充医疗保险费，分别在不超过职工工资总额5%的部分，准予扣除；超过的部分，不予扣除。

（3）除依照国家有关规定为特殊工种职工支付的人身安全保险费和国务院财政、税务主管部门明确规定可以扣除的商业保险费外，企业为投资者或者职工支付的其他商业保险费，不得扣除。

（4）企业参加财产保险，按照规定缴纳的保险费，准予扣除。

（5）纳税人参加运输保险，按照规定交纳的保险费用，准予扣除。

5. 职工福利费

企业实际发生的职工福利费支出，不超过实际支付的工资薪金总额14%的部分，准予扣除。

6. 工会经费

企业拨缴的工会经费（或实际发生的工会支出），不超过实际支付的工资薪金总额 2% 的部分，准予扣除。

7. 职工教育经费

企业实际发生的职工教育经费支出，不超过实际支付的工资薪金总额 2.5% 的部分，准予扣除；超过部分，准予在以后纳税年度结转扣除。

软件生产企业发生的职工教育经费中的职工培训费用，可以据实全额税前扣除。见表 5-8。

表 5-8　扣除标准

费用项目	扣除标准	超过标准的部分
职工福利费	不超过工资薪金总额 14% 的部分	不得扣除
工会经费	不超过工资薪金总额 2% 的部分	不得扣除
职工教育经费	不超过工资薪金总额 8% 的部分	准予在以后纳税年度结转扣除

【例 5-9】 嘉诚公司全年计入成本、费用中的实发工资总额 14 500 000 元，并按照实发工资规定的比例计算提取了 2% 的职工工会经费（实际拨缴 370 000 元）、8% 的职工教育经费（实际发生额 1 280 000 元），职工福利费没有计提，按实际发生额 1 740 000 元计入了成本费用。见表 5-9。

表 5-9　“三费”扣除标准

项目	实际发生数	扣除标准	税法可扣除数	会计入账数	纳税调整数
工会经费	370 000	14 500 000 × 2%=290 000	290 000	370 000	+80 000
职工教育经费	1 280 000	14 500 000 × 8%=1 160 000	1 160 000	57.5	+120 000
职工福利费	1 740 000	14 500 000 × 14%=2 030 000	2 030 000		0

8. 业务招待费

企业发生的与生产经营活动有关的业务招待费支出，按照发生额的 60% 扣除，但最高不得超过当年销售（营业）收入的 5‰。

招待费按发生额的 60% 与销售收入的 5‰“孰低值”扣除。见表 5-10。

表 5-10　招待费扣除标准

	实际发生额 ×60% 且不超过销售（营业）收入 ×5‰ （孰低原则）
业务招待费扣除	例如：甲纳税人某年销售收入 13 450 000 元 实际发生业务招待费 106 340 元 扣除标准 1：销售（营业）收入 ×5‰ =13 450 000× 5‰ =67 250（元） 扣除标准 2：实际发生额的 60%=106 340×60%=63 804（元） 税上扣除限额为 63 804 元（实际未超过 63 804 元的可以据实扣除，超过了，不能扣除）。结论：税前可扣除 63 804 元

9. 广告费和业务宣传费

企业发生的符合条件的广告费和业务宣传费支出，除国务院财政、税务主管部门另有规定外，不超过当年销售（营业）收入 15% 的部分，准予扣除；超过部分，准予在以后纳税年度结转扣除。

（1）广告费与业务宣传费实行合并扣除。

化妆品、医药和饮料企业发生的广告费和业务宣传费支出，不超过当年销售（营业）收入 30% 的部分，准予扣除；超过部分，准予在以后纳税年度结转扣除（该政策延至 2015 年）。

（2）烟草企业的烟草广告费和业务宣传费支出，一律不得扣除。

（3）对关联企业的广告宣传费，可按分摊协议归集扣除。

业务招待费、广告费和业务宣传费的计算基数是相同的，包括主营业务收入 + 其他业务收入 + 视同销售收入，但不包括营业外收入和投资收益，不包括税收上其他调整收入。

广告费支出与赞助支出应区分，与生产经营无关的非广告性质的赞助费在所得税前不得列支，见表 5-11。

表 5-11　广告费与业务宣传费合并计算

标准	不超过当年销售（营业）收入 15% 以内的部分，准予扣除；准予在以后纳税年度结转扣除（超标部分当年不允扣以后允扣）

续上表

广告费支出扣除	例如：某制药厂 2018 年销售产品收入 29 400 000 元，其他业务收入 2　340 000 元，广告费支出 5 460 000 元，业务宣传费 1 350 000 元，则计算 2018 年允许税前扣除的广告费和业务宣传费是多少？
	广告费和业务宣传费扣除标准 =（29 400 000+2　340 000）× 15%=4 761 000（元）（实际支出超过 4 761 000 元，据实扣除，超过 4 761 000 元也只能扣 4 761 000 元）广告费和业务宣传费实际发生额 =5 460 000+1 350 000=6 810 000（元），超标准 6 810 000-4 761 000=2 049 000（元） 结论：只允许扣除 4 761 000 元。

10. 利息支出

（1）非金融企业向金融企业借款的利息支出、金融企业的各项存款利息支出和同业拆借利息支出、企业经批准发行债券的利息支出，准予扣除。

（2）非金融企业向非金融企业借款的利息支出，不超过按照金融企业同期同类贷款利率计算的数额的部分，准予扣除；超过的部分，不得扣除。

（3）借款费用资本化与费用化的区分，见表 5-12。

表 5-12　借款费用资本化与费用化的区分

标准	向非金融机构借款利息支出标准；向金融机构借款利息支出标准
利息支出扣除	例如：某公司 2018 年度“财务费用”账户列支两笔利息费用：①向银行借入生产用资金 2 500 000 元，借款利率为 5.5%，借款期限 6 个月，支付借款利息 5 万元；②经批准向本企业职工借入生产用资金 1 860 000 元，借用期限 10 个月，支付借款利息 71 240 元。请计算该公司 2018 年度允许税前扣除的利息支出。
	银行借款，实际利息支出 =2 500 000 × 5% × 6 ÷ 12=62 500（元）。税法规定，利息支出准予扣除，因此该项借款允许税前扣除的利息为 62 500 元。 本企业职工借款，实际利息支出 3.5 万。税法规定，向非金融机构借款利息支出不超过同类同期贷款利息计算的部分允许扣除；超过部分不予税前扣除。同类同期贷款利息 =1 860 000 × 5.5% × 6 ÷ 12=51 150（元）；因此，允许税前扣除 51 150 元。 结论：当处允许税前扣除的利息支出 =62 500+51 150=113 650（元）

11. 税金

纳税人按照规定缴纳的消费税、资源税、土地增值税、关税、城市维护建设税、教育费附加，以及按照规定缴纳的房产税、车船税、土地使用税、印花税等，可以税前扣除。

（1）企业缴纳的增值税属于价外税，不得扣除。

（2）企业缴纳的所得税、为职工代缴的个人所得税，不得扣除，见表 5-13。

表 5-13 企业缴纳的所得税、为职工代缴的个人所得税

准予扣除的税金的方式		可扣除税金举例
在发生当期扣除	通过计入税金及附加在当期扣除	消费税、城市维护建设税、出口关税、资源税、土地增值税、教育费附加、房产税、车船税、城镇土地使用税、印花税等
在发生当期计入相关资产的成本，在以后各期分摊扣除		车辆购置税、契税、耕地占用税等

12. 损失

企业在生产经营活动中发生的固定资产和存货的盘亏、毁损、报废损失，转让财产损失，呆账损失，坏账损失，自然灾害等不可抗力因素造成的损失以及其他损失，可以税前扣除。

企业发生的损失，减除责任人赔偿和保险赔款后的余额，依照国务院财政、税务主管部门的规定扣除。

企业已经作为损失处理的资产，在以后纳税年度又全部收回或者部分收回时，应当计入当期收入。

企业从事生产经营之前进行筹办活动期间发生的筹办费用支出，不得计算为当期的亏损。企业可以在开始经营之日的当年一次性扣除，也可以按照新税法有关长期待摊费用的处理规定处理。

企业会计准则规定，筹建期间发生的开办费直接计入当期损益。

13. 其他支出

（1）借款费用。

① 企业在生产经营活动中发生的合理的不需要资本化的借款费用，准予扣除。

② 企业为购置、建造固定资产、无形资产和经过 12 个月以上的建造才能达到预定可销售状态的存货发生的借款费用，应当作为资本性支出计入有关资产的成本，按规定扣除。

（2）专项资金。

企业依照法律、行政法规有关规定提取的用于环境保护、生态恢复等方面的专项资金，准予扣除。

上述专项资金提取后改变用途的，不得扣除。

（3）劳动保护支出。

企业发生的合理的劳动保护支出，准予扣除。

（4）手续费及佣金支出

① 财产保险企业按当年全部保费收入扣除退保金等后余额的 15% 计算限额；人身保险企业按当年全部保费收入扣除退保金等后余额的 10% 计算限额。超过限额部分，不得扣除。

② 其他企业：按与具有合法经营资格的中介服务机构或个人（不含交易双方及其雇员、代理人和代表人等）所签订服务协议或合同确认的收入金额的 5% 计算限额。超过限额部分，不得扣除。

14. 公益性捐赠支出

企业发生的公益性捐赠支出，在年度会计利润总额 12% 以内的部分，准予在计算应纳税所得额时扣除；超过年度利润 12% 的部分，准予结转以后三年内在计算应纳税所得额时扣除。

公益性捐赠支出与赞助支出不同。

公益性捐赠支出必须通过公益性社会团体或者县级以上人民政府及其部门转赠。直接向受赠人进行的捐赠视为赞助支出，不得扣除。

企业在纳税年度内出现亏损，当年发生的公益性捐赠支出，不得扣除。

【例 5–10】 春苗小额贷款有限公司（一般纳税人）通过民政局向灾区捐赠钱 900 000 元，已取得民政局开具的公益性捐赠票据。假定该厂当年实现利润总额 6 900 000 元。

捐赠扣除限额 =6 900 000 × 12%=828 000（元）。

而实际捐赠额为 900 000 元，超过扣除限额，故当年可在税前扣除的捐赠额为 900 000 元。

5.2.8 禁止扣除项目

禁止扣除的项目包括以下几个方面。

（1）向投资者支付的股息、红利等权益性投资收益款项。

（2）企业所得税税款和由其代缴的职工个人所得税。

（3）税收滞纳金。

（4）属于行政处罚范畴的罚金、罚款和被没收财物的损失。

注意：企业间的罚款可以在所得税前列支，但政府对企业的行政罚款不得在所得税前列支。

纳税人按照经济合同规定支付的违约金、罚息、罚款和诉讼费等，准予税前扣除。

（5）未经核定的准备金支出。

（6）年度会计利润总额 12% 以外的公益性捐赠支出。

（7）赞助支出、非公益性捐赠支出。

（8）企业之间支付的管理费、企业内营业机构之间支付的租金和特许权使用费、非银行企业内营业机构之间支付的利息。

亏损弥补

企业纳税年度发生的亏损，准予向以后年度结转，用以后年度的所得弥补，但结转年限最长不得超过 5 年。

注意：税法所指的亏损是指按税法规定调整后的金额；境外营业机构的亏损不得抵减境内营业机构的盈利。

【例 5-11】 下表为经税务机关审定的某国有企业 7 年应纳税所得额情况，假设该企业一直执行 5 年亏损弥补规定，计算该企业 7 年间应缴纳的企业所得税。计算结果，见表 5-14。

表 5-14 计算税前补亏

单位：万元

年 度	2012	2013	2014	2015	2016	2017	2018
未弥补亏损前的应纳税所得额	−210	30	−69	45	24	48	80

关于 2012 年的亏损，要用 2013 年至 2017 年的所得弥补，尽管期间 2014 年亏损，也要占用 5 年抵亏期的一个抵扣年度，且先亏先补，2014 年的亏损需在 2012 年的亏损问题解决之后才能考虑。到了 2017 年，2012 年的亏损未弥补完但 5 年抵亏已期满，还有 63 万元亏损不得在 2018 年的所得税前弥补；2014 年之后的 2015 年至 2017 年之间的所得，已被用于弥补 2012 年的亏损，2014 年的亏损只能用 2018 年所得弥补，在弥补 2014 年亏损后，2018 年应纳税所得额 =80−69=11（万元），要计算纳税，应纳企业所得税 =11×25%=2.75（万元）。

5.2.9 企业所得税应纳税额的计算

企业所得税应纳税额的计算分为直接计算法和间接计算法。

1. 直接计算法

应纳税所得额 = 企业每一纳税年度的收入总额不征税收入 − 免税收入 − 各项扣除 − 允许弥补的以前年度亏损

在计算应纳税所得额时，企业财务、会计处理办法与税收法律、行政法规的规定不一致的，应当依照税收法律、行政法规的规定计算。

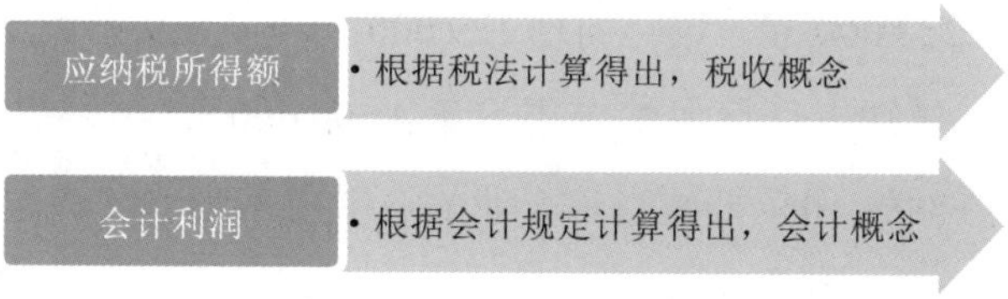

企业应纳税所得额的计算，以权责发生制为原则，属于当期的收入和费用，不论款项是否收付，均作为当期的收入和费用；不属于当期的收入和费用，即使款项已经在当期收付，均不作为当期的收入和费用。

2. 间接计算法

应纳税所得额 = 会计利润总额 ± 纳税调整项目金额

【例 5–12】 2018 年，雅鑫设备制造厂实现税前收入总额 64 800 000 元（其中包括产品销售收入 56 860 000 元、销售材料收入 7 940 000 元），发生各项成本费用共计 39 860 000 元，其中包括：合理的工资薪金总额 12 450 000 元、职工福利费 1 790 000 元，职工教育经费 750 000 元，工会经费 830 000 元；业务招待费 1 100 000 元，广告费 12 300 000 元，税收滞纳金 134 000 元，银行罚息 129 000 元，环保部门罚款 64 000 元，支付给其他投资企业的股息 890 000 元，提取的各项准备金支出 1 100 000 元。另外，企业当年购置环境保护专用设备 4 500 000 元，购置完毕即投入使用。

计算过程：

会计利润 =56 860 000+7 940 000−39 860 000=24 940 000（元）。

（1）"三费"超过标准支出 =（1 790 000+750 000+830 000）−12 450 000×（14%+8%+2%）=3 370 000−2 988 000=382 000 元，应调增所得额 382 000 元。

（2）业务招待费超支 =1 100 000−（56 860 000+7 940 000）×5÷1 000=776 000（元），应调增所得额 776 000 元。

（3）销售费用超支广告费 =12 300 000−（56 860 000+7 940 000）×15%=2 580 000（元），应调增所得额 2 580 000 元。

（4）税收滞纳金 134 000 元，环保部门罚 129 000 元，支付给其他投资企业的股息 890 000 元，提取的各项准备金支出 1 100 000 元不得在税前列支，应调增所得额 2 253 000 元。银行罚息 129 000 元可以在税前列支。

（5）企业当年购置环境保护专用设备 4 500 000 元，按新所得税法规定，可以按设备投资额的 10% 抵减当年企业的应缴所得税额。该企业可以抵减税额 =4 500 000 ×10%=450 000（元）。

应纳税所得额 =56 860 000+7 940 000−39 860 000+382 000+776 000+2 580 000+2 253 000=30 931 000（元）。

应纳所得税额 =30 931 000×25%−4 500 000 ×10%=7 282 750（元）。

5.2.10 企业所得税的税收优惠

1. 免征或减征

（1）从事农、林、牧、渔业项目的所得。

（2）从事国家重点扶持的公共基础设施项目投资经营的所得，自项目取得第一笔生产经营收入所属纳税年度起，3 免 3 减半。

（3）从事符合条件的环境保护、节能节水项目的所得（3 免 3 减半）。

（4）一个纳税年度内，居民企业技术转让所得不超过 500 万元的部分，免征企业所得税；超过 500 万元的部分，减半征收企业所得税。

2. 加计扣除

（1）企业为开发新技术、新产品、新工艺发生的研究开发费用，未形成无形资产计入当期损益的，按照研究开发费用的 50% 加计扣除；形成无形资产的，按照无形资产成本的 150% 摊销。

（2）企业安置残疾人员的，在按照支付给残疾职工工资据实扣除的基础上，按照支付给残疾职工工资的 100% 加计扣除。

3. 减计收入

企业综合利用资源，生产符合国家产业政策规定的产品所取得的收入，可以在计算应纳税所得额时按 90% 计入收入总额。

4. 抵免应纳税额

（1）企业购置用于环境保护、节能节水、安全生产等专用设备的投资额，可以按设备投资额 10% 抵免当年应纳税额；当年不足抵免的，可以在以后 5 个纳税年度结转抵免。

（2）居民企业来源于中国境外的应税所得已在境外缴纳的所得税税额，可以从其当期应纳税额中抵免，抵免限额为该项所得依照本法规定计算的应纳税额；超过抵免限额的部分，可以在以后 5 个年度内，用每年度抵免限额抵免当年应抵税额后的余额进行抵补。

抵免应纳税额的计算。

抵免限额 = 境外所得 × 我国法律规定的适用（加权平均）税率

① 境外实际缴纳的所得税为 100 万元，抵免限额为 80 万元，按抵免限额 80 万元抵免；20 万元可以在以后 5 个年度内结转抵补。

② 境外实际缴纳的所得税为 50 万元，抵免限额为 80 万元，按境外实际缴纳的所得税金额 50 万元抵免。

企业所得税的计提、缴纳、汇算清缴会计分录

根据《企业所得税暂行条例》的规定，企业所得税按年计算，分月或分季预缴。按月（季）预缴（一般是分季度预缴），年终汇算清缴所得税的会计处理，见表5-15。

表5-15 企业所得税的计提、缴纳、汇算清缴会计分录

按月或按季计提	借：所得税费用 贷：应交税费——应交企业所得税
按季缴纳所得税	借：应交税费——应交企业所得税 贷：银行存款
次年5月31日前汇算清缴，应补税额（全年应交所得税额－已预缴税额）	借：以前年度损益调整 贷：应交税费——应交企业所得税
缴纳税款	借：应交税费——应交企业所得税 贷：银行存款 调整 借：利润分配——未分配利润 贷：以前年度损益调整
年度汇算清缴，应纳所得税额少于已预缴税额	借：应交税费——应交企业所得税 贷：以前年度损益调整 借：以前年度损益调整 贷：利润分配——未分配利润

5.3 个人所得税

英国是最早开征个人所得税的国家，1799年开征差别税率个人所得税，即不同收入，征收的税率不同，此法后来被很多国家借鉴。

目前，世界各国征收个人所得税的情况。

1. 美国：采用统一超额累进税率

美国个人所得税采用六级超额累进税率结构，税率分别为10%、15%、25%、28%、33%和35%。类似于我国个人所得税中的“起征点”，美国个税法称其为“宽免额”，是按年收入计算的。

2. 德国：采用分类综合所得税

从德国的具体情况来看，其将应税所得分为七种：农林业所得、工商经营所得、独立劳动所得、非独立劳动所得、资产所得、租赁所得以及其他个人所得，不属于上述分类的部分不需要缴纳个人所得税。

3. 俄罗斯：采用 13% 的单一税率

自 2001 年起，俄罗斯取消了原有的 12%、20% 和 30% 三档累进税率，对居民纳税人获得的绝大部分收入（如工资、薪金等）实行 13% 的单一税率，而这也是整个欧洲最低的个人所得税的税率水平）。单一税是一种更加简化的综合所得课税模式，它的特点在于简化税制并减轻中高收入者的税负，以期引导人们依法纳税。

4. 英国

英国个人按所得税分类规定的所得，扣除必要费用后加以汇总，再统一扣除生计费用后的余额。允许扣除的生计费用包括：基础扣除、抚养扣除、劳动所得扣除、老年人扣除、病残者扣除、寡妇（鳏夫）扣除和捐款扣除等。这些扣除项目的金额，按法律规定每年随物价指数进行调整。2007 年 3 月，英国政府宣布，从 2008 年 4 月起，将个人所得税基本税率从 22% 减至 20%，为 75 年来的最低点。

5. 日本

根据日本现行的个人所得税法，税率如下：

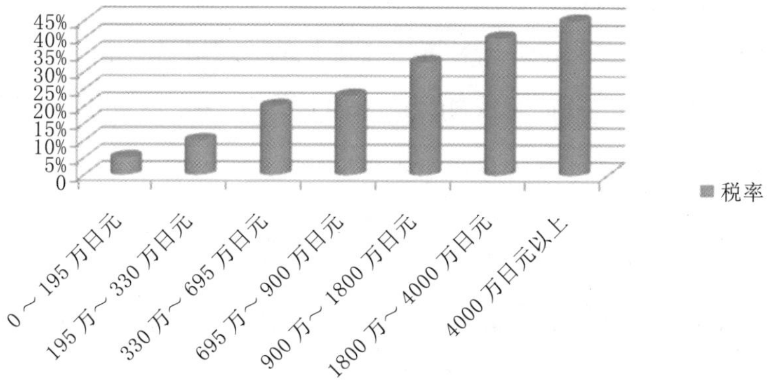

CHAPTER 5

5.3.1 我国个人所得税发展

我国 1950 年在《税政实施要则》中提及开征个人所得税，因当时都实行低工资制，而且差距很小，没有真正开征。1980 年 12 月 14 日公布《个人所得税实施细则》，仅对外籍个人开征个人所得税。1986 年 9 月公布《中华人民共和国个人收入调节税暂行条例》，对全国人民开征个人所得税。

我国个人所得税开征情况如下：

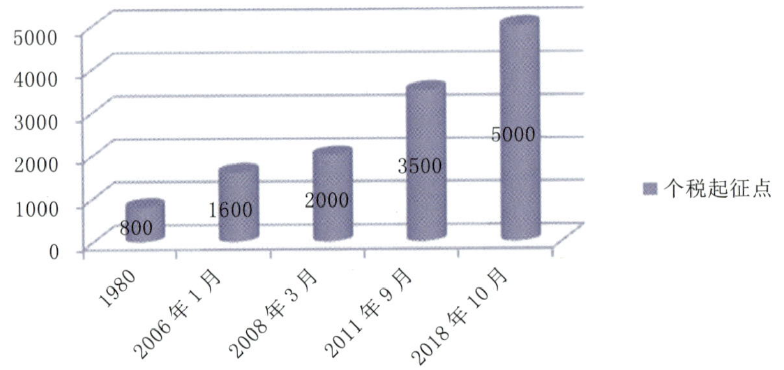

由于居民收入逐步提高，原个税起征点 3 500 元较低，政府顺应民意，于 2018 年 8 月 31 日，第十三届全国人大常委会第五次会议通过《全国人民代表大会常务委员会关于修改〈中华人民共和国个人所得税法〉的决定》以 157 票赞成，2 票反对，11 票弃权，表决通过了关于修改个人所得税法的决定。新修订的个人所得税法自 2019 年 1 月 1 日起施行。

这是 1980 年个人所得税法出台以来第 7 次大修，被舆论称为是一次根本性变革。自此，中国个人所得税告别此前按月征收、按次征收的方式，将采取综合征收模式。

新税法规定主要对四个方面进行了修订：

1
- 工薪所得扣除标准提高到 5000 元

2
- 调整工薪所得税率结构，由 9 级调整为 7 级，取消了 15% 和 40% 两档税率，将最低的一档税率由 5% 降为 3%

3

• 调整个体工商户生产经营所得和承包承租经营所得税率级距。生产经营所得税率表第一级级距由年应纳税所得额 5 000 元调整为 15 000 元，其他各档的级距也相应作了调整

4

• 个税纳税期限由 7 天改为 15 天，比现行政策延长了 8 天，进一步方便了扣缴义务人和纳税人纳税申报

5.3.2 个人所得税征收范围

个人所得税征收的范围包括：工资薪金所得；个体工商户生产、经营所得；对企事业单位的承包经营、承租经营所得；劳务报酬所得；稿酬所得；特许权使用费所得；利息、股息、红利所得；财产租赁所得；财产转让所得；偶然所得；经国务院财政部门确定征税其他所得。

起征点确定为每月 5 000 元。新个税法规定：居民个人的综合所得，以每一纳税年度的收入额减除费用 60 000 元以及专项扣除、专项附加扣除和依法确定的其他扣除后的余额，为应纳税所得额。

5.3.3 税率

个人所得税税率表一（综合所得适用），见表 5–16。

表 5–16　综合所得（工薪所得、劳务报酬所得、稿酬所得、特许权使用费所得）

级数	应纳税所得额（含税）	应纳税所得额（不含税）	税率（%）	速算扣除数
1	不超过 3 000 元的部分	不超过 2 910 元的部分	3	0
2	超过 3 000 元至 12 000 元的部分	超过 2 910 元至 11 010 元的部分	10	210
3	超过 12 000 元至 25 000 元的部分	超过 11 010 元至 21 410 元的部分	20	1 410
4	超过 25 000 元至 35 000 元的部分	超过 21 410 元至 28 910 元的部分	25	2 660
5	超过 35 000 元至 55 000 元的部分	超过 28 910 元至 42 910 元的部分	30	4 410
6	超过 55 000 元至 80 000 元的部分	超过 42 910 元至 59 160 元的部分	35	7 160
7	超过 80 000 元的部分	超过 59 160 元的部分	45	15 160

说明：

1. 本表含税级距中应纳税所得额，是指综合所得金额 – 各项社会保险金（五险一金）– 起征点 5 000 元（外籍 4 800 元）的余额。

2. 本表按照新个税法修正案税率推算，仅供参考。

CHAPTER 5

在维持7级超额累进税率不变的基础上，进一步拉长3%、10%、20%三档较低税率对应的级距，同步缩减25%税率的级距，30%、35%、45%三档较高税率级距维持不变。这样处理，一是7级税率可以较好实现公平和效率的统一。二是扩大中低档税率级距，进一步降低中低收入者的税负，解决此前纳税人收入小幅增加适用税率急剧攀升的问题。

多项支出可抵税。新个税法规定：专项附加扣除，包括子女教育、继续教育、大病医疗、住房贷款利息或者住房租金、赡养老人等支出，具体范围、标准和实施步骤由国务院确定，并报全国人大常委会备案。减税向中低收入倾斜。

例如，张平为某国企中层领导，工资、薪金所得为20 500元/月（已扣除"五险一金"）。假设无其他扣除项目企业在为张平发放工资、薪金时，应纳税所得额=20 500−5 000=15 500（元），该所得额适用新个税税率20%、速算扣除数1 410元，应扣缴个人所得税税额=15 500×20%−1 410=1 690（元）。

5.3.4 年终奖所得

将年终奖金额除以12个月，以每月平均收入金额来确定税率和速算扣除数，年终奖所得税率表与工资、薪金所得的税率表相同，只是计算方式不同。见表5-17。

表5-17 个人所得税税率表（二）

级数	平均每月收入	税率（%）	速算扣除数
1	不超过3 000元的部分	3	0
2	超过3 000元至12 000元的部分	10	210
3	超过12 000元至25 000元的部分	20	1 410
4	超过25 000元至35 000元的部分	25	2 660
5	超过35 000元至55 000元的部分	30	4 410
6	超过55 000元至80 000元的部分	35	7 160
7	超过80 000元的部分	45	15 160

说明：

1. 本表平均每月收入为年终奖所得金额除以12个月后的平均值。
2. 税率表与工资、薪金所得税率表相同。

经营所得个人所得税税率表（三），见表 5-18。

表 5-18　经营所得个人所得税税率表（三）

级数	应纳税所得额（含税）	应纳税所得额（不含税）	税率（%）	速算扣除数
1	不超过 30 000 元的部分	不超过 28 500 元的部分	5	0
2	超过 30 000 元到 90 000 元的部分	超过 28 500 元至 82 500 元的部分	10	1 500
3	超过 90 000 元至 300 000 元的部分	超过 82 500 元至 250 500 元的部分	20	10 500
4	超过 300 000 元至 500 000 元的部分	超过 250 500 元至 390 500 元的部分	30	40 500
5	超过 500 000 元的部分	超过 390 500 元的部分	35	65 500

说明：本表含税级距指每一纳税年度的收入总额，减除成本、费用以及损失的余额。

此外，还对个别条文作了文字修改，并对条文序号作了相应调整。

对原个体工商户的生产经营税率表进行了改革完善，在维持 5% 至 35% 的 5 级超额累进税率不变的情况下，大幅度调整各档次税率级距，如最低税率 5% 对应的级距由原 1.5 万元提高到 3 万元；最高税率 35% 对应的级距上限由原 10 万元提高到 50 万元，切实减轻了纳税人税收负担。

5.3.5 应纳税所得额的确定

（1）居民个人的综合所得，以每一纳税年度的收入额减除费用 60 000 元以及专项扣除、专项附加扣除和依法确定的其他扣除后的余额，为应纳税所得额。

专项扣除包括居民个人按照国家规定的范围和标准缴纳的基本养老保险、基本医疗保险、失业保险等社会保险费和住房公积金等；专项附加扣除包括子女教育、继续教育、大病医疗、住房贷款利息和住房租金等支出。

（2）非居民个人的工资、薪金所得，以每月收入额减除费用 5 000 元后的余额为应纳税所得额；劳务报酬所得、稿酬所得、特许权使用费所得，以每次收入额为应纳税所得额。

（3）经营所得，以每一纳税年度的收入总额减除成本、费用以及损失后的余额，为应纳税所得额。

（4）财产租赁所得，每次收入不超过 4 000 元的，减除费用 800 元；4 000 元以上的，减除 20% 的费用，其余额为应纳税所得额。

（5）财产转让所得，以转让财产的收入额减除财产原值和合理费用后的余额，为应纳税所得额。

（6）利息、股息、红利所得，偶然所得和其他所得，以每次收入额为应纳税所得额。

个人所得税是代扣代缴，也就是说在发放工资时进行扣缴，因此不是计提。

（1）计提工资。

借：管理费用——工资

　　贷：应付职工薪酬——工资

（2）实际发放。

借：应付职工薪酬——工资

　　贷：库存现金或银行存款

　　　　应交税费——代扣代缴个人所得税

（3）根据月末账上实际应交个人所得税情况申报纳税，上交给税务机关后。

借：应交税费——代扣代缴个人所得税

　　贷：银行存款（库存现金）

5.3.6 纳税申报

个人所得税以所得人为纳税人，以支付所得的单位或者个人为扣缴义务人。

扣缴义务人应当按照国家规定办理全员全额扣缴申报。

纳税人有中国公民身份号码的，以中国公民身份号码为纳税人识别号；纳税人没有中国公民身份号码的，由税务机关赋予其纳税人识别号。扣缴义务人扣缴税款时，纳税人应当向扣缴义务人提供纳税人识别号。

有下列情形之一的，纳税人应当依法办理纳税申报：

- 取得综合所得需要办理汇算清缴
- 取得应税所得没有扣缴义务人
- 扣缴义务人未扣缴税款
- 取得境外所得
- 因移居境外注销中国户籍
- 非居民个人在中国境内从两处以上取得工资、薪金所得
- 国务院规定的其他情形

居民个人取得综合所得按年计算个人所得税；有扣缴义务人的，由扣缴义务人按月或者按次预扣预缴税款，居民个人年度终了后需要补税或者退税的，按照规定办理汇算清缴。预扣预缴办法由国务院税务主管部门制定。

居民个人向扣缴义务人提供专项附加扣除信息的，扣缴义务人按月预扣预缴税款时应当按照规定予以扣除，不得拒绝。

非居民个人取得综合所得，有扣缴义务人的，由扣缴义务人按月或者按次扣缴税款，不办理汇算清缴。

扣缴义务人每月所扣的税款，应当在次月 15 日内缴入国库，并向税务机关报送纳税申报表。

纳税人取得综合所得需要办理汇算清缴的，应当在取得所得的次年 3 月 1 日至 6 月 30 日内办理汇算清缴。

纳税人取得经营所得的，应当在月度或者季度终了后 15 日内向税务机关报送纳税申报表，并预缴税款；次年 3 月 31 日前办理汇算清缴。

纳税人取得应税所得没有扣缴义务人的，应当在取得所得的次月 15 日内

向税务机关报送纳税申报表，并缴纳税款。

纳税人取得应税所得，扣缴义务人未扣缴税款的，纳税人应当在次年6月30日前，缴纳税款；税务机关通知限期缴纳的，纳税人应当按照期限缴纳税款。

纳税人从中国境外取得所得的，应当在取得所得的次年3月1日至6月30日内申报纳税。

纳税人因移居境外注销中国户籍的，应当在注销中国户籍前办理税款清算。

非居民个人在中国境内从两处以上取得工资、薪金所得的，应当在取得所得的次月15日内向税务机关申报纳税。

纳税人办理汇算清缴退税或者扣缴义务人为纳税人办理汇算清缴退税的，税务机关审核后，按照国库管理的有关规定办理退税。

第 6 章
增值税的筹划

税务筹划是企业在法律规定的许可范围内，通过对经营、投资、理财等活动的事先筹划与安排，进行纳税方案的优化选择，以期达到节约税收成本或税后所得最大化的一种经济行为。

6.1 一般纳税人进项税额的税务筹划

一般纳税人进项税额可从抵扣时间、运费。

6.1.1 进项税额调整避税筹划案例

一般纳税人在计算进项税金时，应仅限于从三种进货凭证进行：一是从增值税专用发票，即按专用发票记载的增值税金确定；二是从海关增值税完税凭证，即按完税凭证记载的增值税金确定；三是从免税农业产品进货发票进行计算。

一般纳税人在购入货物时，如果能判断出该货物不符合进项税金具备的前提和不符合规定的扣除项目，可以不进行进项税金处理。但在许多情况下纳税人不能在货物或劳务购入时就能判断或者能准确判断出是否有不予抵扣的情形（例如不能判断今后一定会发生非常损失等等）。这样，进项税金处理一般采取先抵扣后调整的方法。因此，纳税人应掌握正确的调整方法。

进项税金调整额针对不同情况按下列方法进行计算：

（1）一般纳税人在购入货物既用于实际征收增值税项目又用于增值税免税项目或者非增值税项目而无法准确划分各项目进项税金的情况下：

进项税金调整额＝当月进项税金 ×（免税、非应税项目合计 ÷ 全部销售额合计）

（2）一般纳税人发生其他项目不予抵扣的情况下：

进项税金调整额＝货物或应税劳务购进价格 × 税率

（3）非正常损失的在产品、产成品中的外购货物或劳务的购进价格，需要纳税人结合成本有关资料还原计算。

【例 6-1】 某增值税一般纳税人，2 月基本建设项目领用货物成本为 54 000 元；产成品因风灾损失价值 125 000 元，其中损失价值中购进货物成本 89 000 元，进项货物税率全部为 13%，则

进项税金调整额＝（54 000+89 000）×13%=18 590（元）

【例 6-2】 某增值税一般纳税人生产甲乙两种产品，其中甲产品免征增值税，2 月份支付水费 42 000 元，进项税金 6 720 元；支付热电力费 15 400 元，进项税金 2 464 元，本月购入其他货物进项税金为 84 500 元。上述进项税金的货物全部共同用于甲、乙两种产品生产。当月共取得销售额为 4 000 000 元，其中甲产品为 400 000 元，则进项税金调整额为：

进项税金调整额 =（6 720+2 464+84 500）× 400 000 ÷ 4 000 000

=9 368.40（元）

6.1.2 运费纳税筹划

根据税法规定，①自备车辆运输的，油料等费用可抵扣 13%；②外购其他单位运输服务的，按运输发票的 9% 抵扣。

【例 6-3】 凡顺有限公司（一般纳税人）采购货物时面临两种运输方式：一是直接由销货方运输；二是自行选择运输公司。若自行选择运输公司运输，则货物采购价格为 328 万元，运费 4 万元；若由销货方运输，则货物采购价格和运费合计 332 万元（可开具一张货物销售发票），增值税率 13%，则企业应如何选择？

方案一：若自行选择运输公司运输

可抵扣的增值税 =328 × 13%+4 × 9%=43（万元）

购货成本 =328+4−43=289（万元）

方案二：若由销货方运输

可抵扣的增值税 =332 × 13%=43.16（万元）

购货成本 =332−43.16=228.84（万元）

可见，企业由销货方运输相应抵扣的增值税较多，购货成本较低，应选择由销货方运输。

6.1.3 其他税务筹划

根据《国家税务总局关于进一步明确营改增有关征管问题的公告》（国家

税务总局公告 2017 年第 11 号）：自 2017 年 7 月 1 日起，增值税一般纳税人取得的 2017 年 7 月 1 日及以后开具的增值税专用发票和机动车销售统一发票，应自开具之日起 360 日内认证或登录增值税发票选择确认平台进行确认，并在规定的纳税申报期内，向主管国税机关申报抵扣进项税额。

企业应在认证通过的当月按照增值税有关规定核算当期进项税额并申报抵扣，否则不予抵扣进项税额。

准予从销项税额中抵扣的进项税额，限于增值税税款抵扣凭证上注明的增值税额和购进负税农产品的价格中所含增值税额，因此进项税额避税策略包括：

（1）在价格同等的情况下，购买具有增值税发票的货物。

（2）纳税人购买货物或应税劳务，不仅向对方索要专用的增值税发票，而且向销方取得增值税款专用发票上说明的增值税额。

（3）纳税人委托加工货物时，不仅向委托方收取增值税专用发票，而且要努力争取使发票上注明的增值税额尽可能地大。

（4）纳税人进口货物时，向海关收取增值税完税凭证，并注明增值税额。

（5）购进免税农业产品的价格中所含增值税额，按购货发票或经税务机关认可的收购凭据上注明的价格，依照 10% 的扣除税率，获得 10% 的抵扣。

（6）为了顺利获得抵扣，避税者应当特别注意下列情况，并防止它发生：第一，购进货物，应税劳务或委托加工货物未按规定取得并保存扣税凭证的；第二，购进免税农业产品未有购货发票或经税务机关认可的收购凭证；第三，购进货物，应税劳务或委托加工货物的扣税凭证上未按规定注明增值税额及其他有关事项，或者所注税额及其他有关事项不符合规定的。

（7）在采购固定资产时，将部分固定资产附属件作为原材料购进，并获得进项税额抵扣。

（8）将非应税和免税项目购进的货物和劳务与应税项目购进的货物与劳务混同购进，并获得增值税发票。

（9）采用兼营手段，缩小不得抵扣部分的比例。

以上两大类策略，是从可供避税筹划的实际操作的角度着眼而提出的。从本质上说可归纳为：一是争取缩小销项税额；二是争取扩大进项税额，其效果是从两个方向压缩应缴税额。

6.2 一般纳税人销项税额的税务筹划

增值税筹划从销项税额、进项税额、发票、税率等方面进行操作。

筹划总体原则	缩小销项税额	扩大进项税额
• 尽可能地缩小销项税额，扩大进项税额	• 缩小销售额和推迟确认时间	• 不同抵扣时间、不同购进价格

利用销项税额避税的关键在于：第一，销售额避税；第二，税率避税。一般来说，后者余地不大，利用销售额避税可能性较大。就销售额而言存在下列避税筹划策略：

1. • 实现销售收入时，采用特殊的结算方式，拖延入账时间，延续税款缴纳
2. • 随同货物销售的包装物，单独处理，不要汇入销售收入
3. • 销售货物后加价收入或价外补贴收入，采取措施不要汇入销售收入
4. • 设法将销售过程中的回扣冲减销售收入
5. • 采取某种合法合理的方式坐支，少汇销售收入
6. • 商品性货物用于本企业专项工程或福利设施，本应视同对外销售，但采取低估价、次品折扣方式降低销售额
7. • 采用用于本企业继续生产加工的方式，避免作为对外销售处理
8. • 以物换物

9 · 为职工搞福利或发放奖励性纪念品，低价出售，或私分商品性货物

10 · 为公关将合格品降低为残次品，降价销售给对方或送给对方

11 · 纳税人因销货退回或折让而退还购买方的增值税额，应从销货退回或者在发生的当期的销项税额中抵扣

6.2.1 分期收款销售纳税筹划

采用分期收款方式销售商品产品，可以起到延迟纳税的效果。

【例 6-4】 2019 年 5 月 1 日，湘江公司销售一套设备，销售成本 800 万元；其进项税额在购进时已经抵扣。如果购货方在销售成立日支付货款，只须付 1 100 万元（不含增值税）即可。如果约定采用分期收款方式，从销售当月末分 10 个月分期收款，每月 130 万元（不含增值税），合计 1 300 万元（不含增值税）。湘江公司使用增值税率 13%，城市维护建设税 7%、教育费附加 3%。试分析哪一种销售方式对企业有利？

方案一：

一次性收款的销售收入为 1 100 万元，湘江公司在当月交纳增值税 143 万元（1 100 × 13%）、城市维护建设税和教育费附加 17.6 万元（176 × 10%），流转税合计 193.6 万元。同时，应纳企业所得税额为（1 100−800）×25%=75（万元）

方案二：

采用分期收款销售的应收销售收入总额的公允价值可以认定为 1 100 万元，名义价款与公允价值的差额 300 万元融资收益。交纳的增值税、城市维护建设税和教育费附加与方案一没有变化，但是由于分期收款，分期 4 次交纳，起到*延迟纳税*的效果。

虽然因为实现融资收益，增加了各月份的应纳税所得额 30 万元 [（1 100−800）÷10]，从而导致应纳所得税额为（1 300−800）×25%=125（万元），但

同时也确实提高了企业的经济效益，同时，由于分期实现利润而分期纳税，等于给企业带来了一笔无息贷款。

6.2.2 折扣、折让销售纳税筹划

销售额和折扣额在同一张发票上分别注明，可按折扣后的余额作为增值额计算增值税；如果将折扣另开发票，不论在财务上如何处理，均不得从销售额中减除折扣额。

【例 6-5】 凌云商业批发企业为增值税一般纳税人，销售给甲公司一批产品，增值税率 13%，不含税价格 110 万元，给予销售折扣 5%，且折扣额与销售额在同一张发票上注明，这批货物购进成本为 90 万元。

购货方须支付款项 =110×95%×（1+13%）=118.09（万元）

批发企业应缴纳增值税额 =110×95%×13%−90×13%=13.59−11.7=1.89（万元）

批发企业毛利润 =110×95%−90=14.50（万元）

1. 现金折扣

税法规定，现金折扣不得从销售额中抵减。

【例 6-6】 上例中凌云商业批发企业销售货物时提供现金折扣，客户 10 天内付款，享受 5% 的折扣，假定其他条件不变，则：

批发企业应缴纳的增值税额 =110×13%−90×13%=2.6（万元）

购货方应付款 =（110−110×5%）+110×13%=118.8（万元）

批发企业毛利润 =110−110×5%−90=14.5（万元）

2. 商业折扣

税法规定，如果销售额和折扣额在同一张发票上分别注明，可按折扣后的余额作为销售额计算增值税；如果将折扣额另开发票，不论其在会计上如何处理，均不得从销售额中抵减折扣额。

3. 销售折让

销售折让可以从货物或应税劳务的销售额中扣除，以其余额计缴增值税一般纳税人因销售折让而退还给购买方的增值税额，取得索取折让证明单后开具

红字发票，可从折让当期的销项税额中扣减。

【例 6-7】假设上例中的商业批发企业将价格 110 万元（不含税）的货物售出后发现有质量问题，该企业决定给予 5% 的折让，购买方取得了当地主管税务机关开具的折让证明单后，该批发企业按销售额的 5% 开具了红字专用发票。假定其他条件不变，则：

购货方应付款 =（110−110×5%）×（1+13%）=118.09（万元）

该企业应缴增值税额 =（110×13%−110×5%×13%）−90×13%=14.3−0.72−11.7=1.88（万元）

批发企业毛利润 =（110−110×5%）−90=14.5（万元）

折扣销售与折让销售效果一样，而现金折扣让利效果较差。

6.2.3 价外费用的税务筹划

包装物押金单独记账核算的，不并入销售额计算消费税额，也不并入销售额计算增值税额。收取的押金超过一年以上的计缴增值税，可得到延缓一年纳税的好处。

【例 6-8】陈记有限公司销售 500 辆经济型小汽车，单价为 40 000 元，其中包含包装物价值 800 元。该项业务销售额为 20 000 000 元（40 000×500），小汽车消费税税率为 5%，因此该项业务应纳消费税税额为 1 000 000（即 20 000 000×5%），增值税销项税额为 2 600 000（20 000 000×13%）。总计纳税 3 600 000 元

根据该公司的情况，可以在包装物上下点功夫，寻求避税的途径。例如，可以采取收取包装物押金的方式，这样可以降低小汽车售价，每个售价 39 200 元，此时该企业应纳消费税为：

500×39 200×5%=980 000（元）

增值税销项税额为：

500×39 200×13% =2 548 000（元）

纳税合计 =980 000+2 548 000=3 528 000（元）

可以节约税收成本 672 000（4 200 000−3 528 000）元。

6.3 利用扣税凭证避税筹划

一般纳税人的避税筹划可以从两方面入手：一是缩小销项税额；二是扩大进项税额。对于后者，应该注意合理利用扣税凭证进行避税筹划。

【例 6-9】 向阳木材有限公司从哈尔滨林业局调进一批原木，该林业局属事业机构，为非增值税一般纳税人，因此不得开具专用发票，而且长期以来，该林业局调出木材只开具专用收据而无开具发票的习惯。向阳木材有限公司收到该收据后，无法按正常的程序扣税，也不得按农产品收购凭证扣税。经与该林业局协商，林业机构同意向当地税务机关申领普通发票，并给木材公司开具了普通发票，林业局由于其调出的原木属自产自销，因而无论开收据还是普通发票，均不需交纳增值税。而对于木材公司来说，根据现行政策，一般纳税人从小规模纳税人处购进农副产品（原木属农产品）可凭普通发票按 9% 抵扣进项税金，解决了进项税金的抵扣矛盾，合理降低了税收负担。

6.4 增值税税率的税务筹划

增值税税率的规定：基本税率、低税率、零税率等。一般纳税人兼营不同税率产品应分别核算销售额。

【例 6-10】 新良有限公司属于增值税一般纳税人，2019 年 4 月的经营收入有机电产品销售额 440 万元，其中农机销售额 210 万元。企业当月可抵扣的进项税额为 42 万元（销售额均为不含税销售额）。

（1）未分别核算。

应纳增值税额 $=440\times13\%-42=15.2$（万元）

（2）分别核算。

应纳增值税额 $=(440-210)\times13\%+210\times9\%-42=6.8$（万元）

分别核算可以为该企业降低增值税税负 8.4 万元（15.2 万元 –6.8 万元）。

6.5 确定纳税人身份的纳税筹划

税法依据：增值税一般纳税人销售或者进口货物，提供加工、修理修配劳务，税率一般为13%；销售或者进口部分优惠税率货物，税率为9%。增值税小规模纳税人增值税征收率为3%。

增值税一般纳税人可以抵扣增值税进项税额，而增值税小规模纳税人不能抵扣增值税进项税额；增值税一般纳税人销售货物时可以向对方开具增值税专用发票，增值税小规模纳税人则不可以（虽可申请税务机关代开，但抵扣率很低）。

增值税小规模纳税人的优势在于：增值税小规模纳税人不能抵扣的增值税进项税额将直接计入产品成本，最终可以起到抵减企业所得税的作用；增值税小规模纳税人销售货物因不开具增值税专用发票，即不必由对方负担销售价格13%或9%的增值税销项税额，因此销售价格相对较低。我们可通过比较两种纳税人的现金净流量来做出纳税人身份的选择。

【例6-11】 金源超市为小规模纳税人，从某厂购进应税消费品，支付该已税消费品的含税价为100 000元，消费税税率30%。

若取得普通发票，允许抵扣的消费税为100 000÷（1+3%）×30%=2 9126.2（元）

若没有取得普通发票，允许抵扣的消费税为100 000÷（1+13%）×30%=26 548.67（元）

【例6-12】 圣通模具有限公司为增值税小规模纳税人，年应税销售额为180万元（不含增值税），会计核算制度比较健全，符合转化为增值税一般纳税人的条件，适用13%的增值税税率。该企业钢材有限公司增值税一般纳税人处购入钢材110万元（不含增值税）。其纳税筹划方案如下：

方案一：仍作为增值税小规模纳税人。

应纳增值税=180×3%=5.4（万元）

应纳城建税及教育费附加=5.4×（7%+3%）=0.54（万元）

现金净流量=含税销售额－含税购进金额－应纳增值税－应纳城建税及

教育费附加 – 应纳企业所得税 =180×（1+3%）−110×（1+13%）−5.4−0.54−[（180−110−0.54）×25%]=185.4−124.3−5.4−0.54−17.3=37.86（万元）。

方案二：申请成为增值税一般纳税人。

应纳增值税 =180×13%−110×13%=9.1（万元）

应纳城建税及教育费附加 =9.1×（7%+3%）=0.91（万元）

现金净流量 = 含税销售额 – 含税购进金额 – 应纳增值税 – 应纳城建税及教育费附加 – 应纳企业所得税 =180×（1+13%）−110×（1+13%）−9.1−0.91−[（180−110−0.91）×25%]

=203.4−124.3−9.1−0.91−17.27

=51.82（元）。

由此可见，方案二比方案一多获现金净流量 13.96（51.82−37.86）万元。因此，企业应当选择方案二。

6.6 分别核算不同销售方式的纳税筹划

税法依据：纳税人的下列混合销售行为，应当分别核算货物的销售额和非增值税应税劳务的营业额，并根据其销售货物的销售额计算缴纳增值税，非增值税应税劳务的营业额不缴纳增值税；未分别核算的，由主管税务机关核定其货物的销售额：①销售自产货物并同时提供建筑业劳务的行为；②财政部、国家税务总局规定的其他情形。纳税人兼营非增值税应税项目的，应分别核算货物或者应税劳务的销售额和非增值税应税项目的营业额；未分别核算的，由主管税务机关核定货物或者应税劳务的销售额。

筹划思路：既然上述两种行为未分别核算的，由主管税务机关核定货物或者应税劳务的销售额，那么企业在分别核算导致成本过高的情况下，通过综合权衡，可以选择不分别核算，以降低总支出。

【例 6-13】 佳美电器大卖场是增值税小规模纳税人，2019 年 4 月共销售商品 309 000 元（含增值税），同时对外提供安装服务，取得收入 41 200 元。

佳美电器大卖场未对两项业务分别核算。税务机关在核定时，将商品销售额核定为288 400元，将安装业务收入核定为61 800元。若佳美电器大卖场增加人员分别核算，则需要多支出人员工资等4 320元。其纳税筹划方案如下：

方案一：分别核算。

应纳税额 =309 000÷（1+3%）×3%+41 200×5%=9 000+2 060=11 060（元）。

应纳城建税及教育费附加 =11 060×（7%+3%）=1 106（元）。

工资等多支出额 =4 320（元）。

税费支出额合计 =11 060+1 106+4 320=16 486（元）。

方案二：不分别核算。

应纳税额 =288 400÷（1+3%）×3%+61 800×5%=8 400+3 090=11 490（元）

应纳城建税及教育费附加 =11 490×（7%+3%）=1 149（元）。

税费支出额合计 =11 490+1 149=12 639（元）。

可见，方案二比方案一少支出3 847元（16 486−12 639），因此不分别核算合适。

6.7 免征增值税的项目

（1）免征增值税的项目如下：

① 农业生产者销售的自产农业产品（包括种植业、养殖业、林业、牧业和水产业生产的各种初级产品），这里的农业生产者包括从事农业生产的单位和个人；

② 避孕药品用具；

③ 古旧图书，指向社会收购的古书和旧书；

④ 直接用于科学研究、科学试验和教学的进口仪器、设备；

⑤ 外国政府、国际组织无偿援助的进口货物和设备；

⑥ 来料加工，来件装配和补偿贸易所需进口的设备；

⑦ 由残疾人组织直接进口供残疾人的专用品；

⑧ 个体经营者及其他个人销售的自己使用过的物品。游艇、摩托车及应征消费品以外的货物。

（2）关于兼营业务减税、免税的规定纳税人进行兼营，并且单独核算免税、减税项目的销售额，即可获得免税、减税。

（3）对于起征点的规定。税法规定，纳税人销售额未达到财政部的增值税起征点的，免征增值税。增值税起征点幅度如下：

① 销售货物的起征点为月销售额 600~2 000 元。

② 销售应税劳务的起征点为月销售额 200~800 元。

③ 按次纳税的起征点为每次（日）销售额 50~80 元。

这里所说的销售额是指从事货物生产或提供应税劳务，以及以从事货物生产或提供应税劳务为主，兼营货物批发和零售的年应税销售额在 100 万元以下的小规模纳税人。

6.8 减免税的计算

企业全部产品减免税的计算如下：

（1）免税的计算。

免税指国家免征企业“应交税费”，企业要照常计算应扣税金、销项税金，进而算出应交税金，该“应交税费”即为免税税额。

（2）减税的计算。

减税包括减率征收和减额征收。凡减率征收的产品，仍照常计算应扣税金，只是在结转销项税金时，按减征的税率计算销项税金。减率产品由于销项税金减少而使应交税金相应减少，这部分减征税金体现在企业的利润中。减额征收，企业照常计算应扣税金、销项税金和应交税金，然后对应交税金减征一定数额，如果企业既生产减免税产品，同时又生产应税产品，由于应扣税金是按购进额计算的，难以按产品分开，因此通常要按无税生产成本对应扣税金进行比例分摊。

第 7 章

企业所得税的纳税筹划

企业所得税纳税筹划可以从企业组织方式、收入形式、成本费用等方面进行。

7.1 利用企业组织形式筹划

企业按照组织方式的不同，在法律上又可以分为三种类型，如图7-1所示。

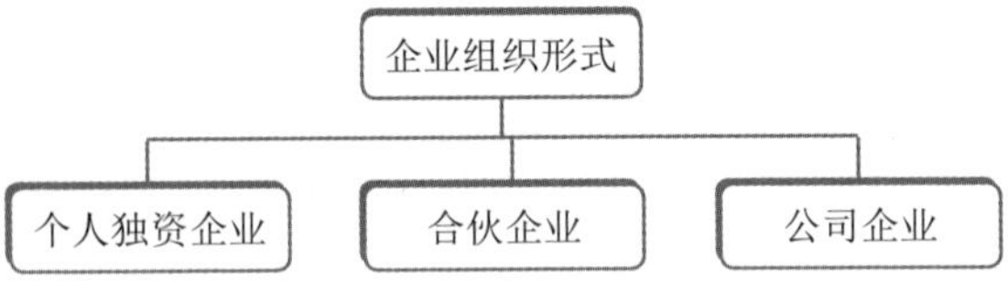

图 7-1

个人独资企业和合伙企业只交个人所得税，不交企业所得税。

7.1.1 利用有限公司进行纳税筹划

《公司法》所称一人有限责任公司，是指只有一个自然人股东或者一个法人股东的有限责任公司。《企业所得税法》规定，在中华人民共和国境内，企业和其他取得收入的组织为企业所得税的纳税人，依照本法的规定缴纳企业所得税。个人独资企业、合伙企业不适用本法。个人独资企业应缴纳个人所得税。

【例 7-1】 小陈创办一家个人独资企业，老李也创办一家注册资本为10万元的一人有限责任公司，2018年年底，小陈的个人独资企业和老李的一人有限责任公司应纳税所得额分别为150 000元。

（1）当年个人独资企业应缴纳个人所得税：

应纳税所得额为150 000元时，税率35%，速算扣除数14 750元。

应纳税额为 =150 000 × 35%−14 750=37 750（元）

（2）当年一人有限责任公司应缴纳企业所得税，小微企业所得税率20%。

应纳税所得额为150 000元时，

应纳税额为 =150 000 × 20% =30 000（元）

7.1.2 分公司与子公司的选择

子公司是指被母公司有效控制的下属公司或者是母公司直接或间接控制的

一系列公司中的一家公司；分公司是指作为公司的分支构而存在，在国家税收中，它往往与常设机构是同义词。子公司属于独立法人，而分公司则不属于独立法人。两者的区别：一是设立手续不同；二是核算和纳税形式不同；三是税收优惠不同。

【例 7-2】 久蒙公司所得税税率为 25%。2018 年 1 月拟投资设立一家子公司，预测其当年的税前会计利润为 8 万元，假定久蒙公司当年实现税前会计利润 210 万元。现有两种方案可供参考：一是设立全资子公司，并向久蒙公司分配利润 2 万元；二是设立分公司（假设不存在纳税调整事项）。

（1）设立全资子公司情况下集团公司的所得税税负：

子公司缴纳的所得税 =8×20%=1.6（万元）；

久蒙公司缴纳的所得税=210×25%+2÷（1−20%）×（25%−20%）=52.5+0.125=52.625（万元）；

集团公司整体税负 =1.6+52.625=54.225（万元）。

（2）设立分公司的情况下总公司的所得税税负：

久蒙公司缴纳的所得税 =（210+8）×25%=54.5 万元。

（3）比较久蒙公司的整体税负。

设立分公司的所得税税负比设立子公司的所得税税负多 0.275（54.5−54.225）万元。

综上所述：企业投资设立下属公司，当下属公司微利的情况下，企业应考虑选择设立子公司的组织形式。

企业投资设立下属公司，当下属公司亏损的情况下，企业应选择设立分公司的组织形式。

7.2 应税收入确认金额的筹划

收入总额是指企业以货币形式和非货币形式从各种来源取得的收入，包括纳税人来源于中国境内、境外的生产经营收入和其他收入。

7.2.1 应税收入确认时间的筹划

（1）以分期收款方式销售货物的，按照合同约定的收款日期确认收入的实现。

（2）企业受托加工制造大型机械设备、船舶、飞机等，以及从事建筑、安装、装配工程业务或者提供劳务等，持续时间超过 12 个月的，按照纳税年度内完工进度或者完成的工作量确认收入的实现。

推迟应税所得的实现可以延迟纳税，相当于使用国家的一笔无息贷款。通过销售结算方式的选择，控制收入确认的时间，可以合理归属所得年度，以达到减税或延缓纳税，从而降低税负。

【例 7-3】荣祥有限公司签订一个 800 万元的销售合同，但这 800 万元是分三个年度收回：第一年收回 400 万元，第二年收回 300 万元，第三年收回 100 万元。这批货物的进价为 500 万元（现金付款 300 万元，尚欠 200 万元）其他费用为销售额的 8%，即 64 万元。税金及其他相关指标计算如下：

增值税：（800−500）×13%=39（万元）

城建税及教育费附加：39×（7%+3%）=3.9（万元）

企业所得税：（800−500−39−3.9）×25%=64.28（万元）

合计纳税为：39+3.9+64.28=107.18（万元）

税后利润为：800−500−3.9−64.28−64=167.82（万元）

现金流为：400−300−107.18=−7.18（万元）

把普通的销售合同改为分期收款销售合同。在合同上约定：销售总收入为 800 万元，但这 800 万元分三个年度收回：第一年 1 月 1 日收回 400 万元，第二年 1 月 1 日收回 300 万元，第三年 1 月 1 日收回 100 万元，同时对货物的成本做相应的分摊，成本为售价的 62.5%。

第一年应缴纳的税金及其他相关指标：

增值税：（400−400×62.5%）×13%=19.5（万元）

城建税及教育费附加：19.5×（7%+3%）=1.95（万元）

企业所得税：（400−250−400×8%−1.95）×25%=29.01（万元）

合计纳税为：19.5+1.95+29.01=50.46（万元）

税后利润为：400−250−32−1.95−29.01=87.04（万元）

现金流为：400−300−50.46=49.54（万元）

第二年应缴纳的税金及其他相关指标：

增值税：（300−300×62.5%）×13%=14.63（万元）

城建税及教育费附加：14.63×（7%+3%）=1.46（万元）

企业所得税：（300−187.5−300×8%−1.46）×25%=21.76（万元）

合计纳税为：14.63+1.46+21.76=37.85（万元）

税后利润为：300−187.5−24−1.46−21.76=65.28（万元）

现金流为：300−37.85=262.15（万元）

第三年应缴纳的税金及其他相关指标：

增值税：（100−100×62.5%）×13%=4.88（万元）

城建税及教育费附加：4.88×（7%+3%）=0.49（万元）

企业所得税：（100−62.50−100×8%−0.49）×25%=7.25（万元）

合计纳税为：4.86+0.49+7.25=12.6（万元）

税后利润为：100−62.50−8−0.49−7.25=21.76（万元）

现金流为：100−12.6=87.4（万元）

根据例中计算可知，企业应尽可能采用赊欠和延迟付款的形式，增加现金流，保障企业有足够的现金用于周转。很多经营良好的企业都会向上流企业争取较长的账期，向下流企业延长付款时间，保障账面资金充裕，避免出现有利润没有钱的尴尬处境。

7.2.2 利用生产工序进行纳税筹划

利用子公司不同的企业所得税进行纳税筹划。

【例 7–4】 恒升有限公司生产的产品有三道工序，第一道工序完成后单位生产成本为 220 元，第二道工序完成后单位生产成本为 440 元，第二道工序完成后，完工产品的单位生产成本为 740 元，该产品销售单价为 1 160 元，2018 年该产品预计可销售50万件。恒升有限公司适用的所得税税率为25%。其他有关数据预测如下：管理费用、销售费用、财务费用合计为12 300万元，税金及附加为120万元，假设无纳税调整事项。恒升有限公司2018年应纳的所得税税额是多少？

恒升有限公司2018年度应纳所得税额计算如下：

主营业务收入=50×1 160=58 000（万元）

主营业务成本=50×740=37 000（万元）

应纳税所得额=58 000−37 000−120−12 300=8 580（万元）

应纳所得税额=8 580×25%=2 145（万元）

如果恒升有限公司设立一全资子公司（乙），且乙公司被认定为高新技术企业，适用15%的所得税税率，恒升有限公司可将上述产品在第二道工序完成后的半成品按成本440元加价24%后销售给乙公司，由乙公司完成第三道工序。假设恒升有限公司期间费用和税金及附加的10%转移给乙公司，另外，由于乙公司是新建公司，另增加管理成本130万元。恒升有限公司、乙公司组成的企业集团应纳的企业所得税税额是多少？这种筹划方式是否可行？

恒升有限公司2018年度应纳所得税额计算如下：

主营业务收入=50×440×（1+24%）=27 280（万元）

主营业务成本=50×440=22 000（万元）

应纳税所得额=27 280−22 000−120×90%−12 300×90%＜0（万元）

应纳所得税额=0×25%=0（元）

乙公司2018年度应纳所得税额计算如下：

主营业务收入=1 160×50=58 000（万元）

主营业务成本=[440×（1+24%）+（740−440）]×50=42 280（万元）

应纳税所得额=58 000−42 280−120×10%−12 300×10%−130=14 348（万元）

应纳所得税额=14 348×15%=2 152.20（万元）

集团公司减轻税负：2 145−2 152.20=−7.2（万元）

7.3 存货销售成本的税务筹划

存货成本的计价，对于产品成本、企业利润及所得税都有较大的影响。选择合适的存货计价方法，会导致不同的报告利润和存货估价，并对企业所得税的税收负担、现金流量产生不同的影响。

7.3.1 利用存货成本计算方法进行纳税筹划

1. 法规依据

《企业所得税法》第十五条：按照规定计算的存货成本，准予在计算应纳税所得额时扣除 。

《企业所得税法实施条例》第七十三条：存货成本计算方法可在先进先出法、加权平均法、个别计价法中选用一种；一经选用，不得随意变更。

《企业会计准则第 1 号——存货》第十四条规定，企业应当采用先进先出法、加权平均法或者个别计价法确定发出存货的实际成本。

2. 筹划要点

使用或销货成本 = 期初存货 + 本期生产 − 期末存货

不同计算方法所计算的销货成本不同，通过选择存货计价方法而改变销货成本，进而实现递延纳税。

【例 7-5】 博达有限公司 2018 年购销货情况，见表 7-1。在通常纳税环境下，其选择哪种存货计价方法对博达有限公司所得税最为有利？

表 7-1　博达有限公司购销一览表

购　货			销　货		
日　期	数　量	单　价	日　期	数　量	单　价
1.1	100	20	2.1	80	40
3.1	40	25	12.23	100	60
9.1	50	30			
12.21	40	35			

下面分别采用先进先出法、加权平均法，计算应纳税所得额，结果见表 7-2。

表 7-2　不同存货计价方法影响纳税比较表

存货计价方法	期末存货	销货收入	销货成本	销货毛利	有利顺序
先进先出法	1 700	9 200	4 200	5 000	2
加权平均法	1 283	9 200	4 617	4 583	1

7.3.2 存货盘亏的税务筹划

（1）建立健全会计制度，规定盘损率，以加强内部控制。

（2）委托注册会计师监督盘点签证，企业可凭签证报告作为证明文件。

（3）并入耗料计算，根据盘损原材料数量及金额，再填制一份领料单，将盘亏的原料列入制造成本，但需注意材料的消耗量是否已超过颁布的耗量标准。

7.4 费用的税务筹划

费用包括职工薪酬、期间费用、折旧费用、累计摊销等。

7.4.1 职工薪酬的税务筹划

采用非货币支付办法，提高职工公共福利支出：免费为职工提供宿舍、免费提供交通便利、提供职工免费用餐等。

工资费用的正当税务筹划注意事项：

（1）建立工会等群团组织，借以增加期间的工会经费；

（2）国有企业的职工工资控制在工资薪金总额之内，以免被税务机关从费用中剔除；

（3）改变职工发放红利为年终奖金，增加税后净利润；

（4）职工退休金采取较高比例计提；

（5）提列职工“五险一金”和据实列支职工福利费；

（6）企业股东、董事或合伙人兼任管理人员或职工，以使其个人收入计入工资；

（7）后勤、辅助管理部门职工工资尽可能同生产车间职工工资相分离，以便计入期间费用，而不计入产品成本。

7.4.2 管理费用的税务筹划

在税法规定的范围内，使其费用最大化；关联公司之间，由集团公司分派给所属公司负担的管理费用，需有合法合同为凭，按照接受管理服务付费。

业务招待费的税务筹划如下：

（1）改变费用支付的形式，能在其他费用项目列支的，就不要列入业务招待费。

（2）关于列支业务招待费记账依据：保证真实有效性，发票并非唯一凭证。

（3）妥善处理企业筹备期间支付的业务招待费，并入开办费摊销。

（4）超过标准部分，应自行调增应纳税所得额，以免税收机关稽查补征并罚款。

7.4.3 避免费用和损失被剔除的税务筹划

（1）应取得统一发票、收据、证明等合法凭证。

（2）应与生产经营活动有关，且业已实现；无关的损费，均不得列入。列支以实现为原则，但税法另有规定的除外。

（3）应归属本年度负担的费用，可以列支；不应归属本年度负担的费用，不可摊入当期。

（4）对于税法订有限额标准的各项费用及损失，实行内部控制制度管理。

（5）合法报告备案，即当企业处理有关非常费用、损失时，应事先向税收机关报告备案。

7.4.4 财务费用的税务筹划

利息支出税务筹划如下：

（1）当企业处于免税期或亏损年度，或有前五年亏损可资扣抵时，利息支出应尽早予以资本化；

（2）当企业处于盈利年度时，利息支出尽量予以费用化，以期达到费用极大化目的；

（3）注意利息费用列支渠道的合法性；

（4）应尽量向金融机构贷款，以免遭税收机关对超额利息的剔除。

7.4.5 租金费用的税务筹划

（1）合理分配跨期间费用。属于预付租金的应将有效期间未经过部分转列待摊费用；属于延后支付租金的，应按已使用期间预提租金，以免于支付年度全数列报租金费用时遭到剔除。

（2）尽量以经营租赁方式承租，以达到费用极大化，但尚应考虑租金支付中包含的利息费用是否划算，应该用净现值的方法测算比较不同承租方案。

（3）联属企业财产无偿借用造成此企业未列费用，而彼企业仍需计列租赁收入，对所得税不利。

（4）承租私人固定资产，支付租金要注意扣缴税款。

7.4.6 对外捐赠的税务筹划

《企业所得税法》第九条：公益性捐赠支出在年度利润总额 12% 以内准予扣除。

《企业所得税法》第二十五条规定：企业发生非货币性资产交换，以及将货物、财产、劳务用于捐赠、偿债、赞助、集资、广告、样品、职工福利或者利润分配等用途的，应当视同销售、转让财产或者提供劳务。

《财政部　国家税务总局　民政部关于公益性捐赠税前扣除》进行了详细规定。

【例 7-6】 甲公司 2018 年实现利润总额 1 420 万元，无其他税务调整事项。假设企业所得税税率为 25%。为了提升企业形象，提高企业知名度，公司在 2018 年向社会捐赠 200 万元。有以下两种捐赠方案可供选择：

方案一：通过国家机关向遭受自然灾害地区捐赠 80 万元；

方案二：直接向当地的贫困山区捐赠 80 万元。

分析：

第一种方案中，捐赠 12% 限额扣除。

捐赠扣除限额 =1 420 × 12%=170.4（万元）

调增应纳税所得额 =200−170.4=29.60（万元）

应纳税所得额 =1 420+29.60=1 449.60（万元）

应纳所得税额 =1 499.60 × 25%=362.40（万元）

第二种方案，捐赠未通过非营利性社会团体或国家机关，所以不得从应纳税所得额中扣除。

应纳税所得额 =1 420+200=1 620（万元）

应纳所得税额 =1 620 × 25%=405（万元）

同样是捐赠 200 万元，由于选择了不同的捐赠方式和捐赠对象，导致企业的实际应纳所得税额有差异 42.6 万元（405−362.4）。

【例 7-7】 如果甲公司为了和商场搞好关系，向商场赠送其 5 台空气净化器。这 5 台空气净化器的生产成本合计为 13 500 元，市场零售价为 22 099.32 元（含增值税 2 542.40 元）。

由于税收法规的规定，将货物用于捐赠、赞助应当视同销售。于是该公司的会计处理为：

借：营业外支出——捐赠支出	16 042.40	
贷：库存商品——空气净化器		13500
应交税费——应交增值税（销项税额）		2 542.40

年末企业所得税汇算清缴时，该公司做纳税调增：

（1）营业外支出 16 042.40 元，非公益性捐赠不能税前扣除；

（2）货物捐赠视同销售增加销售利润 6 056.92 元；

上述两项合计为 22 099.32 元。可见，赠送实物要多纳所得税。

7.4.7 固定资产折旧纳税筹划

1. 法规依据

根据《企业所得税法》规定，在计算应纳税所得额时，企业按照规定计算的固定资产折旧，准予扣除。企业的固定资产由于技术进步等原因，确需加速折旧的，可以缩短折旧年限或者采取加速折旧的方法，如图 7-2。

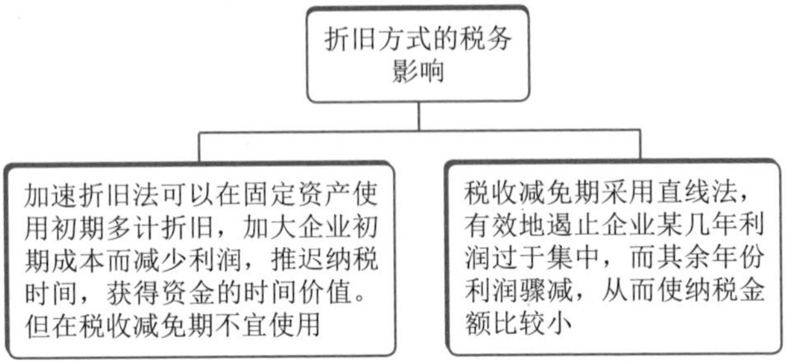

图 7-2

筹划要点图 7-3 所示。

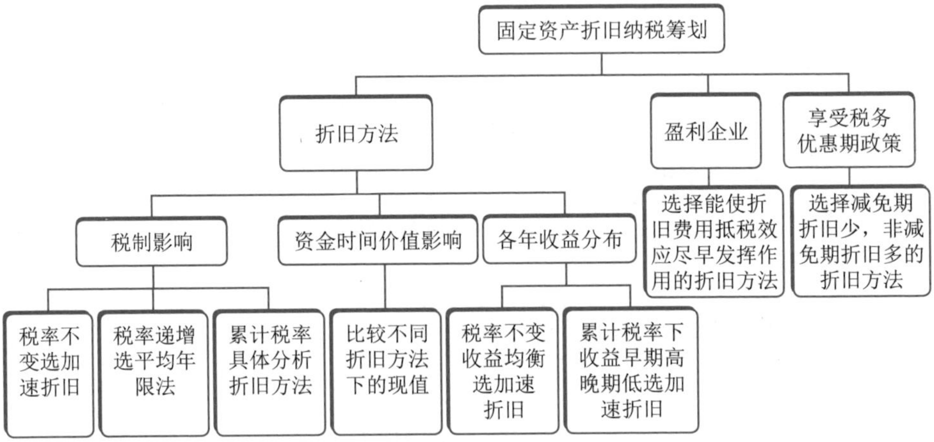

图 7-3 固定资产折旧纳税筹划

2. 固定资产修理费用的税务筹划

政策依据：固定资产的修理费用在实际发生时计入当期损益。符合下列条件之一的，应作为固定资产的大修理支出：修理支出达到取得固定资产时的计税基础 50% 以上；修理后固定资产的使用年限延长 2 年以上。

盈利尽早确认费用，减少所得额。

减免税期或亏损期尽量使修理费用满足税法大修理条件，跨期摊销。

7.4.8 无形资产摊销费和递耗资产折耗费的税务筹划

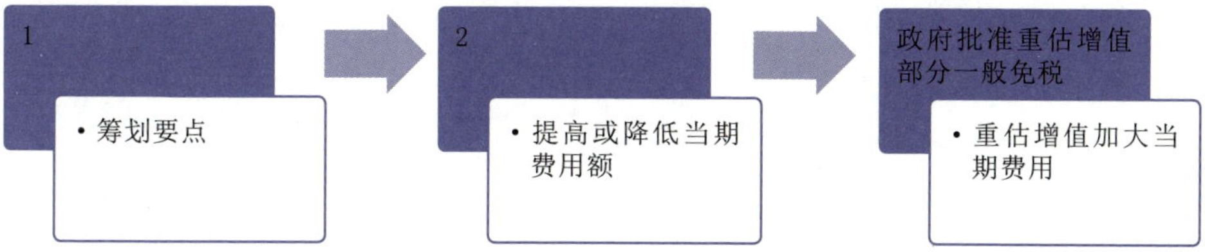

筹划方法：

（1）产品更新换代争取政府部门立项，获税收部门批准，享受加计 50% 扣除的所得税优惠。

（2）企业科研技术部门有计划、分步骤地安排储备一代的产品和技术作为试生产与销售，获得经常的开发费用扣抵优惠。

（3）研究与开发费用，在有确凿证据资本前，都可费用化，计算所得税时加计扣除；符合资本化条件计入“无形资产”科目的开发阶段费用，在以后的使用期间分期加计 50% 摊销。

（4）研究与开发费用归集到“研发支出”中核算，期末再根据分别费用化和资本化。实务中很多企业都未能将上述费用从生产经营的日常费用中充分分离出来，因而丧失了税收优惠政策的利用。

第 8 章

消费税税务筹划

根据《消费税暂行条例》，目前我国对消费税的征收范围仅限于 11 种商品，分别是：烟、酒及酒精、化妆品、护肤护发品、贵重首饰及珠宝玉石、鞭炮及烟火、汽油、柴油、汽车轮胎、摩托车和小汽车。

如果企业希望从源头上税，不妨在投资决策的时候避开上述消费品，而选择其他符合国家产业政策、在流转税及所得税方面有优惠措施的产品进行投资，如摄像器材、音响设备、裘皮制品、移动电话、装饰材料等。在市场前景看好的情况下，企业选择这类项目投资，也可以达到减轻消费税税收负担的目的。

8.1 消费税纳税人的税收筹划

消费税是对我国境内从事生产、委托加工和进口应税消费税的单位和个人在特定环节征收的税 。对于消费税纳税人筹划的空间相对较小。

8.1.1 通过企业合并，递延消费税的纳税时间

（1）企业合并会使原来企业与企业之间的购销行为转变为企业内部的购销行为，而企业内部的购销行为是不需要缴纳消费税的，这就递延了消费税的纳税时间。若两企业之间存在原材料供应关系，则在合并前原材料的转让关系为购销关系，应按正常的购销价格缴纳消费税；合并后企业之间的原材料供应关系转变为企业内部的原材料转让关系，内部转让环节不缴纳消费税，而是递延到对外销售环节再缴纳。

（2）如果后一环节的消费税税率较前一环节的消费税税率低，则通过企业合并可直接减轻企业的消费税税负。

8.1.2 独立核算部门和非独立核算部门的筹划

税法规定，纳税人通过自设非独立核算门市部销售的自产应税消费品，应当按照门市部对外销售额或销售数量计算征收消费税。税法对独立核算部门的门市则没有限制。

【例 8-1】 新雅化妆品厂生产化妆品，正常销售价格为每套 200 元，用税率 30%，应纳消费税 60 元；若该厂设立独立核算的经销部，向经销部供货时的价格为 160 元 / 套，则消费税 48 元，节省 12 元。而经销部向外销售不再需要交纳消费税。

8.2 计税依据的税收筹划

8.2.1 关联企业转让定价的税收筹划

转让定价是指在经济活动中，有关联关系的企业各方为均摊利润或转移利

润而在产品交换或买卖过程中，不依照市场买卖规则和市场价格进行交易。在这种转让中，产品的转让价格根据双方的意愿，可高于或低于市场上供求关系决定的价格，已达到相互之间利益的最大化。根据规定，企业的销售价格应当按照社会的平均销售价格而定。

8.2.2 选择合理加工方式的税收筹划

企业、单位或个人由于各自技术、设备、人力资源等方面的局限或其他方面的原因，不可能也没有必要生产本单位所需要的所有产品，常常要委托其他单位代为加工应税消费品。

委托加工应税消费品的计税依据是受托方同类产品的销售价格或组成计税价格，而自行加工应税消费品的计税依据是产品的对外销售价格。在通常情况下，委托方收回委托加工的应税消费品后，要以高于成本的价格出售，此时，委托加工应税消费品的税负低于自行加工应税消费品的税负。因此，纳税人可以选择合理的加工方式进行税收筹划。另外，为了避免受托方人为地压低计税价格，虚假代收代缴消费税，我国税法规定，委托加工应税消费品应由委托方提供原材料和主要材料，受托方只收取加工费和代垫部分辅助材料加工。

【例 8-2】 云松卷烟厂委托霞飞路卷烟厂将一批价值为 180 万元的烟叶加工成雪茄烟，协议规定加工费为 60 万元；加工的烟丝运回云松卷烟厂后，云松卷烟厂继续加工成雪茄烟，加工成本、分摊费用共计 70 万元，该批卷烟售出价格 512 万元，烟丝税率 30%，雪茄烟消费税的税率为 36%。

云松卷烟厂向霞飞路卷烟厂支付加工费的同时，向受托方支付其代收代缴的消费税（不考虑量，不考虑附加税）。

消费税组成计税价格 =（180+60）÷（1−30%）=342.86（万元）

应缴消费税 =342.86×30%=102.858（元）

云松卷烟厂销售卷烟后应缴的消费税：

512×36%−102.858=81.462（万元）

云松卷烟厂税后的利润：

（512−180−60−102.858−70−81.462）×（1−25%）=13.26（万元）

委托加工后收回的应税消费品运回后，委托方不再继续加工，而是直接对外销售。

【例 8-3】上述条件不变，如果云松卷烟厂委托 N 厂将烟叶加工成乙类卷烟，烟叶成本不变，加工费为 130 元，加工完毕后，运回云松卷烟厂，云松卷烟厂对外的销售价格仍为 512 万元。

云松卷烟厂向 N 厂支付加工费时，向其支付代收代缴消费税：

（180+130）÷（1−30%）×30%=132.86（元）。

由于委托加工的应税消费品直接对外销售，云松卷烟厂销售是不必缴纳消费税，其税后利润为：

（512−180−130−132.86）×（1−25%）=51.855（元）。

从以上看出，加工后直接出售企业利润增加 34.175 元。

8.2.3 包装物的税收筹划

随着市场竞争的日益深化，消费者对产品包装的要求也越来越高。但对于消费税所调节的应税消费品而言，生产企业往往不能随心所欲的包装自己的产品，否则就有可能陷入高税收负担的泥潭。

1. 采用“先销售后包装”销售方式纳税筹划

采用“先包装后销售”的方式销售由于该公司生产销售不同消费税税率的产品。

【例 8-4】2018 年“十一”期间，恒丰酒业有限公司推出“组合装礼品酒”的促销活动，将粮食白酒和果酒各 1 瓶组成价值 255 元的成套礼品酒进行销售，这两种酒的出厂价分别为：80 元 / 瓶、48 元 / 瓶，假设两种酒每瓶均为 1 斤装。该月共销售 25 000 套礼品酒。

不将各种类型的酒组成成套的礼品酒且分别核算销售额，则只需将各种类型的酒按各自消费税的计算方法，计算出各类酒应纳消费税税额；再将各类酒应纳消费税额汇总相加，得到公司总共应纳的消费税税额，在这种情况下，

10 月该公司应纳消费税税额为：

25 000 ×（0.5+80 × 20%）+25 000 × 48 × 10%=412 500+120 000=532 500（元）

由此可见，“先销售后包装”比“先包装后销售”节约税款 132 500 万元（665 000−532 500）。

【例 8–5】 2018 年“十一”期间，恒丰酒业有限公司推出“组合装礼品酒”的促销活动，将粮食白酒、薯类白酒和果酒各 1 瓶组成价值 255 元的成套礼品酒进行销售，这三种酒的出厂价分别为：20 元 / 瓶、16 元 / 瓶、14 元 / 瓶，假设三种酒每瓶均为 1 斤装。该月共销售 1 万套礼品酒。试分别用“先包装后销售”和“先销售后包装”两种方式来分析该公司的税款负担。

方案一：

采用“先包装后销售”的方式销售由于该公司生产销售不同消费税税率的产品，这三种酒的消费税税率（税额）分别为：

粮食白酒：每斤 0.5 元 + 出厂价 × 25%

薯类白酒：每斤 0.5 元 + 出厂价 × 15%

果酒按销售额 × 10%

该公司将这些适用不同税率的应税消费品组成成套消费品销售，不能分别核算销售额，因此应按从高原则，即适用粮食白酒的消费税计算方法计税，其应纳消费税税额为：

10 000 ×（0.5 × 3+50 × 25%）=140 000（元）

方案二：

采用“先销售后包装”的方式销售，不将各种类型的酒组成成套的礼品酒且分别核算销售额，则只需将各种类型的酒按各自消费税的计算方法，计算出各类酒应纳消费税税额；再将各类酒应纳消费税额汇总相加，得到公司总共应纳的消费税税额，在这种情况下，此月份该公司应纳消费税税额为：

10 000 ×（0.5+20 × 25%）+10 000 ×（0.5+16 × 15%）+10 000 × 14 × 10%=55 000+29 000+14 000=98 000（元）

由此可见，“先销售后包装”比“先包装后销售”节约税款 4.2 万元（14−9.8）。

2. 包装物押金的筹划

《消费税暂行条例实施细则》规定：如果包装物不作价随同产品销售，而是收取押金（收取酒类产品包装物押金除外），且单独核算又未过期的，此项押金则不应并入应税消费品的销售额中征税。因此，企业要在包装物上节税，除了酒类产品（黄酒、啤酒除外），企业应该将包装物与产品分开核算，而且包装物不能作假随同产品销售，而应采取收取押金的方式，这样“押金”就不并入销售额计算消费税了。即使在经过 1 年后需要将押金并入应税消费品的销售额征税，也是企业获得了该笔消费税金额的 1 年的资金免费使用权。

8.2.4 应税消费品特殊业务的税收筹划

根据税法规定，纳税人用于换取生产资料和消费资料，投资入股和抵偿债务等方面的应税消费品，应当以纳税人同类应税消费品的最高销售价格作为计税依据计算消费税。因此如果企业存在以应税消费品抵债、入股的情况下，最好先销售，再作抵债或入股的处理。

8.2.5 外购应税消费品的用于连续生产的税收筹划

消费税属于一次性课征。用外购的已缴纳的应税消费品连续生产的应税消费品，在计算征收消费税时，允许按当期生产领用数量计算准予扣除外购的应税消费品已纳的消费税税款。对自己不生产应税消费品，而只是购进后再销售应税消费品的工业企业，如销售的化妆品、鞭炮焰火等凡不能构成最终消费品直接进入消费品市场，而需进一步生产加工的，应征收消费税，同时允许扣除上述外购应税消费品的已纳税款。

国税发〔1997〕84 号文件规定，“外购已税消费品连续生产应税消费品，已纳消费税可以抵扣”，具体规定主要包括：

（1）为生产出口卷烟而外购的已税烟丝的已纳税款不予扣除。

（2）纳税人购进的烟丝等 8 种已税消费品如开具的是普通发票，在抵扣时应换算为不含增值税的销售额，换算一律采用 6% 的征收率。

（3）纳税人用外购的已税珠宝玉石生产的、改在零售环节征收消费税的金银首饰，在计税时一律不得扣除外购珠宝玉石的已纳税款。

【例 8-6】 双井有限公司为小规模纳税人，2019 年 4 月从一般纳税人清扬有限公司购进甲种应税消费品一批用于连续生产应税消费品，支付价税合计 360 000 元，消费税税率 30%。向供货方索取普通发票好，还是索取专用发票好？

分析：

方案一：取得普通发票，允许抵扣的增值税和消费税为：

增值税进项税额 =0（元）；消费税可抵扣税额 =360 000 × 30% ÷（1+6%）=101 886.79（元）

方案二：取得专用发票，允许抵扣的增值税和消费税为：

增值税进项税额 =0（元）；消费税可抵扣税额 =360 000 × 30% ÷（1+13%）=95 575.22（元）

结论：对于供货方，其应纳增值税和消费税不变。对于购货方，不增加增值税税负，但索取普通发票能够获得更多的消费税抵扣。

结论：对于供货方，其应纳增值税和消费税不变。对于购货方，不增加增值税税负，但索取普通发票能够获得更多的消费税抵扣。

8.3 消费税税率的税收筹划

消费税税率分为比例税率和定额税率。消费税税率形式的选择，主要是根据课税对象的具体情况来确定，对一些供求基本平衡，价格差异不大，计量单位规范的消费品，选择计税简便的定额税率；对一些供求矛盾突出、价格差异较大，计量单位不规范的消费品，选择价税联动的比例税率。纳税人针对消费税的税率多档次的特点，税收筹划的空间并不大。

8.3.1 将不同税负应税产品的销售额和销售数量分别核算

在企业的经营过程中，往往会发生在同一企业生产不同税负产品并分别销售的情况。企业从降低税负的角度考虑，应严格将不同税负产品的销售额和销售数量分别核算，否则将面临对全部产品统一适用高税率的可能。

【例 8–7】 好滋味食品厂在广泛调查市场的基础上，决定生产、组装成套的月饼大礼盒，（每盒月饼的售价为 130 元至 150 元，毛利 25%）其内装有：各种口味的月饼 8 块，125 克特制瓷瓶白酒瓶。从酒业公司购进高档的粮食散装白酒，从酒厂购进少量的粮食原酒，高薪聘进一位国家一级调酒师，为月饼销售专门调制一种特殊的清香型的粮食白酒。然后将每 125 克的粮食白酒装入一个特制的瓷瓶内。

但税务局规定：① 组装的月饼盒销售要缴消费税，月饼盒缴消费税是因为白酒的原因；② 自行勾兑白酒是生产白酒的行为。

食品厂的困惑：

食品厂定价，每盘 130~150 元的售价，目标毛利 25%，一盒月饼的利润为 25 元左右，但要缴消费税：

130 × 25%+0.125=32.625

150 × 25%+0.125=37.625

结果企业亏损销售，与其预期相悖。

上级税务局的回答：

第一，消费税条例中没有兼营免税、减税项目是否单独核算征免税的规定，也没有应税、非应税消费品组装如何征税的规定，只有应税消费品分别核算使用不同税率的规定，因此，纳税人将非应税产品和应税产品包装销售，目前没有特别直接和明确的政策。

因此，对月饼礼盒征收消费税的说法没有法律根据。

第二，月饼礼盒中的白酒，是食品厂生产勾兑出来的，要就此缴纳消费税。但如果没有白酒的直接勾兑过程，就没有消费税的问题。

结论：用外购的散装白酒进行调剂、装瓶并组装成套的食品对外销售，会提高成本；还有可能因此造成消费税的重复征税问题。确定销售方式时要充分考虑这一点。

8.3.2 合理确定商品的销售价格

《消费税暂行条例》规定：啤酒每吨出厂价在 3 000 元（含 3 000 元，不含增值税）以上的，单位税额为 250 元 / 吨；每吨出厂价在 3 000 元以下的，单位税额为 220 元 / 吨。娱乐业、饮食业自制啤酒，单位税额 250 元 / 吨。啤酒消费税的税率为从量定额税率，同时根据啤酒的单位价格实行全额累进。全额累进税率的一个特点是：在临界点，税收负担变化比较大，会出现税收负担的增加大于计税依据增加的情况。在这种情况下，企业可以巧妙地运用临界点的规定适当降低产品价格，从而增加税后利润。

8.3.3 消费税税收筹划应注意的问题

要有效地做好税收筹划，实现税后收益最大化，在实践中需做好以下几个方面：

（1）税收筹划要把握好“度”。

不应把税收筹划演变为避税、逃税。避税虽然不违法，但却违背了国家立法意图和道德，钻法律空子。逃税则是明显违反了税收法律规定，是国家不允许的。税收筹划的目的是节税，使企业承担较小的纳税成本，必须在税收法律、制度规定的范围内进行。不可将税收筹划凌驾于法律之上，自行其是，随意操作。

（2）必须在规定期限及地点纳税。

税法规定了消费税的纳税期限及纳税地点，企业必须认真履行纳税义务，在规定期限内和规定地点及时足额缴纳税款。例如进口应税消费品，应当在海关填发税款缴纳证的当日起 15 日内向报关地海关缴纳税款。如果由于特殊原因不能按时缴纳税款的，需及时向税务机关提出延期缴纳的申请。否则就要接受加收滞纳金和罚款等惩罚，甚至应税消费品还有可能被保全和强制执行，这样就大大增加了企业的税收负担，增大了企业的财务风险，对企业经营极为不利。

（3）必须认真填写和保管好有关发票、凭证。

各种发票、凭证的填写应真实、准确、完整，每张发票都要附有合法的凭证。发票填写不规范，就不能作为相应的扣除依据或被迫多纳税。

（4）必须考虑成本—效益原则。

税收筹划追求的是企业整体税负最小，而不是片面追求某个税种的最小。进行税收筹划企业不仅要聘请专门的精通税收法律、制度的财务人员，还要向外界税务专家咨询、请教，企业要耗费大量的成本，因此企业就必须综合考虑进行税收筹划所获得的收益是否大于其成本，是否能够保证税后收益最大，从而决定是否有必要进行税收筹划。而且进行税收筹划不能影响企业正常的生产经营活动，不能为了片面追求税负的减轻而影响了企业价值最大化，那样则是得不偿失。

消费税是在对货物普遍征收增值税的基础上选择少数消费品再征收的一种流转税。消费税采用一次征收制。根据消费税的特点，消费税的税收筹划主要侧重于改变经营方式，采取企业间分立或合并的形式，减少纳税；尽量适用低税率，最大限度避免从高计税；充分利用货币的时间价值，递延纳税时间；通过设立关联企业，降低生产销售价格，减轻税收负担，取得节税收益。

第 9 章

个人所得税纳税筹划

个人所得税应对不同收入项目计税依据和税率进行筹划。

9.1 工资、薪金所得的纳税筹划

1. 纳税人

纳税人分为两种：居民纳税人和非居民纳税人。

（1）居民纳税人负有无限纳税义务，在一定期限内的个人获得的一切利益，不论来源中国境内还是境外；不论取得方式；不论是偶然所得，还是临时所得；不论是货币、有价证券，还是实物等。

居民纳税人确认条件：在中国境内有住所；在中国境内无住所，但居住满一年。

（2）非居民纳税人——负有有限纳税义务，只有来自中国境内的来源征收个人所得税。

非居民纳税人确认条件：在中国境内无住所又不居住；无住所，且居住不满一年。

2. 计征规定

以每月收入减除 5 000 元后的余额为应税所得。

（1）单位、个人缴付的“五险一金”允许扣除。

（2）不征税的津贴、补贴有：

- 独生子女补贴
- 执行公务员工资制度未纳入基本工资总额的补贴、津贴差额
- 家属成员的副食品补贴
- 托儿补助费
- 差旅费津贴、误餐补助

9.2 利用“五险一金”筹划

企业在“五险一金”等方面多给职工缴纳，比多发放工资更合算。

【例 9-1】 赵景兰月工资 12 000 元，缴纳 2 540 元社会保险费。

则：应纳税额 =（12 000−2 540−5 000）× 10%−210=236（元）

全年应纳税额 =236 × 12=2 832（元）

筹划：如果单位按 12% 给职工存入住房公积金，则职工个人也从工资中存入相同的数额。

则：住房公积金 =12 000 × 12%=1 440（元）

应纳税额 =（12 000−2 540−1 440−1 440−5 000）× 3%=47.4（元）

全年应纳税额 =47.4 × 12=568.80（元）

提供职工假期旅游津贴、免费工作餐、家具、住宅设备、交通费、住房、办公设备（如笔记本电脑等）、给职工子女提供奖金、为职工提供公共设施服务，如水、电、煤气、电话等。

【例 9-2】 苏彬是一家房地产企业的销售人员，其工资收入按照基本工资 3 000 加提成的方式发放。由于房地产市场有淡季和旺季，所以该纳税人每月的工资差距可能很大。

在 2018 年，苏彬每月工资情况如下：1~2 月 6 000 元，3~4 月 8 000 元，5~10 月 12 000 元，11~12 月 9 000 元。

如果不进行税收筹划，该纳税人的全年应纳税情况如下：

1~2 月应纳税额 =（6 000−5 000）× 3%=30（元）

3~4 月每月应纳税额 =（8 000−5 000）× 3%=90（元）

5~10 月月每月应纳税额 =（12 000−5 000）× 10%=700（元）

11~12 月每月应纳税额 =（9 000−5 000）× 10%=400（元）

该纳税人全年应纳税额 =30 × 2+90 × 2+700 × 6+400 × 2=5 240（元）

如果纳税人与房地产企业达成协议，根据其以往年度的销售业绩和年收入总额估计其 2018 年的年收入，并在每月平均发放，这样将使纳税人节省大笔税款。例如，根据以前数据确定 2018 年该纳税人每月取得工资、薪金所得 10 000 元，到年底再结清余额。在这种情况下，房地产企业支付的工资数额没有改变，但纳税人获得了更多的税后收入。具体计算如下：

1~11 月每月应纳税额 =（10 000−5 000）×10%=500（元）

12 月的应纳税所得额 =（6 000×2+8 000×2+12 000×6+9 000×2）−10 000×11=8 000（元）

12 月应纳税额 =（8 000−5 000）×3%=90（元）

全年应纳税额 =500×11+90=5 590（元）

9.3 年终奖的筹划

在计算一次性奖金的时候，为了降低税额往往采用按年平均取低税率的方法。首先将个人取得的一次性奖金除以 12，按照得出的数值来确定适用的税率和速算扣除数。

1. 工资高于个税起征点

应纳税额 = 一次性奖金 × 适用税率 − 速算扣除数

2. 工资低于费用个税起征点

在这种情况下要先将奖金减去工资与个税起征点的差额，再除以 12 来确定适用税率。

应纳税额 =（一次性奖金 − 个人工资与个税起征点的差额）× 适用税率 − 速算扣除数

3. 个人对取得一次性年终奖金的计税方法

法律规定，当每个月的工资薪金超过 5 000 元扣除数，则年终奖金直接除以 12；如果每个月的工资薪金未超过 5 000 元的扣除数，计算公式如下：

（年终奖金 + 当月薪金 −5 000 元）÷12，找适合的税率和速算扣除数。

【注】一年只能有一次这样的计算。

【例 9-3】 孟萍为中国公民，每月绩效工资 4 500 元，12 月又一次性领取年终奖 18 000 元。该月应缴纳个人所得税为多少？

则：每月奖金平均额 =（18 000+4 500−5 000）÷ 12=1 458.33（元）。

适用税率 3%，应纳税额 =1 458.33 × 3%−0=43.75（元）。

9.4 个人所得税优惠

优惠政策的有关规定如下：

1. 免纳个人所得税的项目

（1）省政府、国家部委和军以上单位以及外国组织颁发各种奖金。

（2）国债和国家发行的金融债券利息。

（3）按照国家统一规定发给的补贴、津贴。

（4）福利费、抚恤金、救济金。

（5）保险赔款。

（6）军人的转业费、复员费。

（7）按规定发放安家费、退休工资、离休工资、离休生活补助费 。

（8）规定应予免税的各国公使和其他人员的所得。

（9）中国政府参加的国际公约以及签订的协议中规定免税的所得。

（10）见义勇为奖金免征个人所得税。

（11）住房公积金、医疗保险金、基本养老保险金，免征个人所得税。

（12）对个人取得的各类专项基金存款的利息所得，免征个人所得税。

（13）经国务院财政部门批准免税的所得。

2. 经批准可以减征个人所得税的情况

（1）残疾、孤老人员和烈属的所得。

（2）因严重自然灾害造成重大损失的。

（3）其他经国务院财政部门批准减税的

3. 外籍员工个人所得税优惠

新个人所得税法对居民与非居民的判别标准如下：

居民纳税人	非居民纳税人
在中国境内有住所，或者无住所而一个纳税年度内在中国境内居住累计满183天的个人	在中国境内无住所又不居住，或者无住所而一个纳税年度内在中国境内居住累计不满183天的个人

注意：

对于外籍员工在一个纳税年度内（自然年度）：①构成中国居民身份的，全球收入征税；②非中国居民身份，来源于中国境内的收入征税；来源于中国境外的收入不征税。

（1）“5年例外规则”调整

新《个人所得税法》平移并提高了对在中国境内无住所、构成居民纳税人身份不满连续6年（原来是5年），或连续满6年但任一纳税年度内有一次离境超过30天以上的其取得来源于境外且不是由中国境内企业和个人支付的所得不需要缴纳个人所得税的政策。

（2）离境超过30天

新《个人所得税法》平移了对在中国境内无住所、构成居民身份任一年度中有一次离境超过30天的，其构成居民身份年度的连续年限可以重新起算的政策。取消了原累计出境90天以上可以重新计算年限的判别规则。

（3）个税起征点上调5 000元统一了国内外人员基本减除费用标准，外籍人员不再享受1 300元/月的附加减除费用。根据《个人所得税专项附加扣除暂行办法》规定，即工薪族将于2019年1月1日起享受在5000元基本减除费用扣除和“五险一金”等专项扣除外，税前新增了6项专项附加扣除，包括子女教育、继续教育、大病医疗、住房贷款利息或住房租金，以及赡养老人等专项附加扣除。这些规定同样适用于外籍人员。

另外，有些地方根据本地情况，又增加了一些对外籍人员税收优惠的措施，如广州市发布《广州市鼓励外商投资设立总部和地区总部的规定》，新设立机构并被认定为总部或地区总部，外籍员工可以按照有关规定享受住房补贴、探亲费、子女教育补贴等方面的个人所得税优惠政策。

第 10 章 契税纳税筹划

依据《中华人民共和国契税暂行条例》规定，企业可从税收优惠及计税依据的角度，考虑纳税筹划。

10.1 企业分立、合并、改制、重组、破产纳税筹划

契税的税收筹划从计税依据入手，纳税筹划可从以下几个方面进行。

1. 企业分立可以享受的契税减免优惠政策

所谓企业分立是指企业依照法律规定、合同约定分设为两个或两个以上投资主体相同的企业行为。分立有两种形式。

（1）原企业存续，而其一部分分出新企业的，为存续分立。分立有存续分立和新设派生设立为一个或数个。

（2）原企业解散，分立出的各方分别设立为新企业的，为新设分立。

在企业分立中，对派生方、新设方承受原企业土地、房屋权属的，不征契税。

2. 改变投资方式，享受免征契税政策

【例 10-1】 王明有一幢商品房价值 500 万元，李立有货币资金 300 万元，两人共同投资开办新华有限责任公司，新华公司注册资本为 800 万元。新华公司接受房产投资后应缴纳契税 =500 × 4%=20（万元）。

纳税筹划思路：根据财税〔2003〕184 号文件的规定：非公司制企业，按照《中华人民共和国公司法》的规定，整体改建为有限责任公司（含国有独资公司）或股份有限公司，或者有限责任公司整体改建为股份有限公司的，对改建后的公司承受原企业土地、房屋权属，免征契税。根据上述文件对于免征契税的规定，提出纳税筹划方案如下：第一步，王明到工商局注册登记成立王明个人独资公司，将自有房产投入王明个人独资公司，由于房屋产权所有人和使用人未发生变化，故无需办理房产变更手续，不需缴纳契税。第二步，王明对其个人独资公司进行公司制改造，改建为有限责任公司，吸收李立投资，改建为新华有限责任公司，改建后的新华有限责任公司承受王明个人独资公司的房屋，免征契税，新华公司减少契税支出 20 万元。

在以上对于契税缴纳的若干案例筹划中，要注意契税缴纳和土地增值税缴纳密切相关，进行税收筹划时需同时考虑土地增值税的税负，并结合有关营业

税和企业所得税的相关免征政策，综合考虑企业总体税负支出，方能取得较好的筹划效果。

3. 企业合并可以享受的契税减免优惠政策

企业合并是指两个或者两个以上的企业，依照法律规定、合同约定改建为一个企业的行为。合并有吸收合并和新设合并两种形式。

（1）一个企业存续，其他企业解散的，为吸收合并。

（2）设立一个新企业，原各方企业解散的，为新设合并。

在企业合并中，新设方或者存续方承受被解散方土地、房屋权属的，如合并前各方为相同投资主体的，不征契税，其余的征收契税。

4. 公司制改造中可以享受的契税减免优惠政策

公司制改造是指非公司制企业按照《公司法》要求改建为有限责任公司，含国有独资公司、或股份有限公司、或经批准由有限责任公司变更为股份有限公司。

（1）对其余涉及土地、房屋权属转移的，征收契税。

（2）对独家发起、募集设立的股份有限公司承受发起人土地、房屋权属的，免征契税。

（3）在公司制改造中，对不改变投资主体和出资比例改建成的公司制企业承受原企业土地、房屋权属的，不征契税。

（4）对国有、集体企业经批准改建成全体职工持股的有限责任公司或股份有限公司承受原企业土地、房屋权属的，免征契税。

【例 10-2】 某子公司由于各种原因，需要依照有关法律法规规定实施破产，公司账上拥有土地、房屋等不动产，都过户到母公司名下。母公司根据需要安置了 40% 员工，均签订了不少于 3 年的劳动合同，母公司未缴纳任何契税。

分析：母公司应当就接收的土地、房屋评估价值的 50% 缴纳契税。

税收文件提示：《财政部国家税务总局关于进一步支持企业事业单位改制重组有关契税政策的通知》（财税〔2015〕37 号）第五条规定："企业依照有关法律法规规定实施破产，债权人（包括破产企业职工）承受破产企业抵偿债务的土地、房屋权属，免征契税；对非债权人承受破产企业土地、房屋权属，凡按照《中华人民共和国劳动法》等国家有关法律法规政策妥善安置原企业全部职工，与原企业全部职工签订服务年限不少于三年的劳动用工合同的，对其承受所购企业土地、房屋权属，免征契税；与原企业超过 30% 的职工签订服务年限不少于 3 年的劳动用工合同的，减半征收契税。”

5. 企业股权重组可以享受的契税减免优惠政策

企业股权重组是指企业股东持有的股份或出资发生变更的行为。股权重组主要包括股权转让和增资扩股两种形式。

（1）股权转让是指企业的股东将其持有的股份或出资部分全部或部分转让给他人。

（2）增资扩股是指公司向社会公众或特定单位、个人募集资金，发行股票。

在股权转让中，单位、个人承受企业股权，企业的土地、房屋权属不发生转移的，不征契税；在增资扩股中，对以土地、房屋权属作价入股或作为出资投入企业的，征收契税。

6. 企业破产可以享受的契税减免优惠政策

企业破产，是指企业因经营管理不善造成严重亏损，不能清偿到期债务而依法宣布破产的法律行为。

（1）对非债权人承受破产企业土地、房屋权属的，征收契税。

（2）企业破产清算期间，对债权人（包括破产企业职工）承受破产企业土地、房屋权属以抵偿债务的，免征契税。

若企业破产，债权人可利用企业土地、房屋权抵偿债务，这种情况下也免征契税。

根据《财政部 国家税务总局关于改制重组若干契税政策的通知》财税〔2003〕184 号文件规定：企业按照有关法律、法规的规定实施关闭、破产后，债权人（包括关闭、破产企业职工）承受关闭、破产企业土地、房屋权属以抵偿债务的，免征契税。

【例 10-3】 金图公司因严重亏损准备关闭，尚欠主要债权人明珠公司

5 000 万元，准备以公司一块价值 5 000 万元的土地偿还所欠债务。明珠公司接受金图公司土地抵债应缴纳契税 =5 000 × 4%=200（万元）。纳税筹划思路：根据《财政部国家税务总局关于改制重组若干契税政策的通知》财税〔2003〕184 号文件规定：企业按照有关法律、法规的规定实施关闭、破产后，债权人（包括关闭、破产企业职工）承受关闭、破产企业土地、房屋权属以抵偿债务的，免征契税。根据上述文件对于免征契税的规定，提出纳税筹划方案如下：明珠公司改变接受金图公司以土地抵债的时间，先以主要债权人身份到法院申请金图公司破产，待金图公司破产清算后再以主要债权人身份承受金图公司以价值 5 000 万元的土地抵偿债务，可享受免征契税，节约契税支出 200 万元。

10.2 契税其他筹划方法

企业还可以从以下几方面进行契税筹划。

1. 签订等价交换合同，享受免征契税政策

根据我国关于契税方面的规定，契税的计税依据是交换的土地使用权、房屋的价格差额，由多缴纳货币、实物、无形资产或其他经济利益的一方直接在税务局缴纳税款，若双方是交换价格相等的，则是免征契税。房屋产权相互交换，双方交换价值相等，免纳契税，办理免征契税手续。其价值不相等的，按超出部分由支付差价方缴纳契税。当双方交换不等价的房屋时，如果能通过一定的手段尽量降低双方交换房屋的差价，这时以差价为计税依据计算的应纳契税就会降低。

【例 10-4】 金地地产有限公司有一块土地价值 9 000 万元拟出售给方正有限公司，然后从方正有限公司购买其另外一块价值 9 000 万元的土地。双方签订土地销售与购买合同后，金地地产有限公司应缴纳契税 =9 000 × 4%=360（万元），南方公司应缴纳契税 =9 000 × 4%=360（万元）。

纳税筹划思路：根据《中华人民共和国契税暂行条例》及其《实施细则》规定：土地使用权、房屋交换，契税的计税依据为所交换的土地使用权、房屋的价格差额，由多交付货币、实物、无形资产或其他经济利益的一方缴纳税款，交换价格相等的，免征契税。根据上述文件对于免征契税的规定，提出纳税筹划方案如下：金地地产有限公司与方正有限公司改变合同定立方式，签订土地使用权交换合同，约定以 9 000 万元的价格等价交换双方土地。根据契税的规定，金地地产有限公司和方正有限公司各自免征契税 360 万元。

2. 签订分立合同，降低契税支出

契税当中有明确规定，若是双方交易当中不涉及土地使用权和房屋所有权转移变动的，双方不征收契税。若是一方采取分期付款方式购买房屋使用权和所有权的，应按合同规定的总价款计征契税。根据《财政部国家税务总局关于房屋附属设施有关契税政策的批复》（财税〔2004〕126 号）规定：对于承受与房屋相关的附属设施（包括停车位、汽车库、自行车库、顶层阁楼以及储藏室，下同）所有权或土地使用权的行为，按照契税法律、法规的规定征收契税，对于不涉及土地使用权和房屋所有权转移变动的，不征收契税。

【例 10–5】 维新制药有限公司因近期改变经营策略，将葡萄糖车间拟出售给晨星营养有限公司，该葡萄糖生产车间有一幢厂房及附属物。附属物主要为围墙、高炉、水塔、变电塔等，葡萄糖生产车间总占地面积 1 600 平方米，整体评估价为 800 万元（其中生产厂房评估价为 300 万元，1 600 平方米土地评估价为 120 万元，生产设备评估价为 380 万元），晨星营养有限公司按整体评估价 800 万元购买，应缴纳契税 =800 × 4%=32（万元）。

纳税筹划思路：根据《财政部国家税务总局关于房屋附属设施有关契税政策的批复》（财税〔2004〕126 号）规定：

（1）对于承受与房屋相关的附属设施（包括停车位、汽车库、自行车库、顶层阁楼以及储藏室，下同）所有权或土地使用权的行为，按照契税法律、法规的规定征收契税；对于不涉及土地使用权和房屋所有权转移变动的，不征收契税。

（2）采取分期付款方式购买房屋附属设施土地使用权、房屋所有权的，应按合同规定的总价款计征契税。

（3）承受的房屋附属设施权属如为单独计价的，按照当地确定的适用税率征收契税；如与房屋统一计价的，适用与房屋相同的契税税率。根据上述文件对于免征契税的规定，在支付独立于房屋之外的建筑物、构筑物以及地面附着物价款时不征收契税，由此提出纳税筹划方案如下：维新制药有限公司与晨星营养有限公司签订两份销售合同，第一份合同为销售生产厂房及占地 1 600 平方米土地使用权的合同，销售合同价款为 420 万元，第二份合同为附属物销售合同，销售合同价款为 380 万元。经上述筹划，晨星营养有限公司只就第一份销售合同缴纳契税，应缴纳契税 =420 × 4%=16.80（万元），节约契税支出 15.20 万元。

【例 10-6】 红叶实业公司有一化肥生产车间拟出售给月星化工公司，该化肥生产车间有一幢生产厂房及其他生产厂房附属物，附属物主要为围墙、烟囱、水塔、变电塔、油池油柜、若干油气罐、挡土墙、蓄水池等，化肥生产车间总占地面积 3 000 平方米，整体评估价为 600 万元（其中生产厂房评估价为 160 万元，3 000 平方米土地评估价为 240 万元，其他生产厂房附属物评估价为 200 万元），月星化工公司按整体评估价 600 万元购买，应缴纳契税 =600 × 4%=24（万元）。